古典文獻研究輯刊

二二編

潘美月・杜潔祥 主編

第 2 冊

21世紀遼金史論著目錄（下）
（2001～2010 年）

周 峰 著

國家圖書館出版品預行編目資料

21 世紀遼金史論著目錄（2001～2010 年）（下）／周峰 著 — 初
版 — 新北市：花木蘭文化出版社，2016〔民 105〕
目 4+212 面；19×26 公分
（古典文獻研究輯刊 二二編；第 2 冊）
ISBN 978-986-404-495-5（精裝）
1. 遼史 2. 金史 3. 專科目錄
011.08   105001911

古典文獻研究輯刊
二二編 第 二 冊   ISBN：978-986-404-495-5

21 世紀遼金史論著目錄（2001～2010 年）（下）

作　　者　周峰
主　　編　潘美月　杜潔祥
總 編 輯　杜潔祥
副總編輯　楊嘉樂
編　　輯　許郁翎
企劃出版　北京大學文化資源研究中心
出　　版　花木蘭文化出版社
社　　長　高小娟
聯絡地址　235 新北市中和區中安街七二號十三樓
　　　　　電話：02-2923-1455／傳眞：02-2923-1452
網　　址　http://www.huamulan.tw 信箱 hml 810518@gmail.com
印　　刷　普羅文化出版廣告事業
初　　版　2016 年 3 月
全書字數　307983 字
定　　價　二二編 15 冊（精裝）新台幣 28,000 元

21世紀遼金史論著目錄

（2001～2010 年）（下）

周峰 著

目次

十、文化

（一）概論

1. 遼金文化比較研究，宋德金，北方論叢，2001 年第 1 期。
2. 遼金文化比較研究，關亞新，黑龍江民族叢刊，2002 年第 1 期。
3. 契丹國（遼）の成立と中華文化圈の擴大，武田和哉，北東アジアの歷史と文化，北海道大學出版會，2010 年 12 月。
4. 東北地域文化三題，宋德金，光明日報，2009 年 7 月 14 日第 12 版。
5. 遼文化的特點、成就和地位，宋德金，首屆遼上京契丹·遼文化學術研討會論文集，內蒙古文化出版社，2009 年。
6. 關於金遼宋時期少數民族的文化研究，李速達，華章，2009 年第 11 期。
7. 遼金時期民族文化的認同與發展，張志勇，歷史與社會論叢（第 3 輯），吉林大學出版社，2010 年。
8. 淺談黑龍江地區遼金時期的文化與藝術特色，于良文，藝術研究，2008 年第 2 期。
9. 遼代文化與政治述論，曾肖，東疆學刊，2005 年第 1 期。
10. 雙軌制與遼代文化，郭康松，北方文物，2002 年第 3 期。
11. 遼朝的文化衝突與文化抉擇，郭康松，遼金史論集（第 10 輯），中國社會科學出版社，2007 年。
12. 遼朝的忠君觀念及其教育形式，高福順，東北亞研究論叢（第二輯），吉林大學出版社，2008 年。

13. 遼朝建立前契丹族文化與習俗考，張志勇，遼寧工程技術大學學報（社會科學版），2009 年第 4 期。

14. 論遼代契丹文化的特點及其歷史影響，武玉環，中國‧平泉首屆契丹文化研討會論文集，吉林大學出版社，2010 年。

15. 契丹文化對中原傳統文化的影響，孫佳佳、任仲書，赤峰學院學報（漢文哲學社會科學版），2009 第 2 期。

16. 契丹文化變遷與早期政治，宗喀‧漾正岡布、劉鐵程，西北民族大學學報（哲學社會科學版），2009 年第 3 期。

17. 西方文化在遼代的傳播，孫泓，遼金歷史與考古（第一輯），遼寧教育出版社，2009 年。

18. 遼代經學試探，張厚齊，（臺灣）經學研究集刊（第 8 期），2010 年 4 月。

19. 遼朝文化中心在南京（今北京），鄭恩淮，遼寧工程技術大學學報（社會科學版），2009 年第 2 期。

20. 遼代西京文化研究，辛鵬龍，長春師範學院碩士學位論文，2010 年。

21. 阜新契丹、遼文化研究的思考，胡健，遼金歷史與考古（第二輯），遼寧教育出版社，2010 年。

22. 遼金元都城文化的特點及形成原因，李多楠，學術交流，2009 年第 9 期。

23. 論遼夏金文化中的兩種傳統，佟建榮，固原師專學報，2005 年第 1 期。

24. 遼代文化遺存三題，哈占元，承德民族師專學報，2003 年第 1 期。

25. 遼代文化遺存面面觀，薛長傑、張英，藝術市場，2010 年第 7 期。

26. 遼代的大連文化——游牧文化和中原文化的撞擊，李振遠，大連日報，2009 年 6 月 30 日 A10 版。

27. 依託大遼文化脈絡 再現草原古城遺韻——巴林左旗深入挖掘遼文化底蘊 全力打造北方山水林城，朱玉民，小城鎮建設，2009 年第 3 期。

28. 應將遼文化申請為世界文化遺產——訪市政協委員、左旗政協主席閆彪，李佳雋，赤峰日報，2010 年 1 月 13 日第 2 版。

29. 赤峰市遼文化旅遊資源的整合與開發，孫國學，前沿，2009 年第 11 期。

30. 關於契丹民族草原文化形成與特點的思考，穆鴻利，北方民族，2008 年第 4 期。

31. 白狼水東遼代及契丹族文化再考，李品清，遼寧工程技術大學學報（社科版），2003 年第 4 期。

32. 挖掘契丹文化，開發文化產業，姜振利，中國‧平泉首屆契丹文化研討會論文集，吉林大學出版社，2010 年。

33. 遼河源契丹文化綜述，王翠琴，中國‧平泉首屆契丹文化研討會論文集，吉林大學出版社，2010 年。

34. 遼文化在平泉歷史文化中的地位和作用，吳寶泉，中國‧平泉首屆契丹文化研討會論文集，吉林大學出版社，2010 年。

35. 神秘的契丹文化，劉玉華、高德利，素質教育論壇，2007 年第 10 期。

36. 契丹民族文化的特徵，婁佳傑，蘭臺世界，2006 年第 11 期。

37. 《契丹國志》和《遼史》所見遼人黃金文化，周維強，（臺灣）科學史通訊（第 34 卷），2010 年 9 月。

38. 略論漢文化對遼金文化的影響，潘淑豔，青年文學家，2005 年第 12 期。

39. 中原典籍對遼、金制度文化的影響，陳莉，（臺灣）中國文化月刊（第 262 期），2002 年 1 月。

40. 金代文化是中華民族文化的重要組成部分，薛瑞兆，文史知識，2007 年第 2 期。

41. 金代文化是中華民族文化的重要組成部分，薛瑞兆，金上京文史論叢（第二集），哈爾濱出版社，2008 年。

42. 金初開放的文化政策與金代文化的快速發展，李成，金上京文史論叢（第二集），哈爾濱出版社，2008 年。

43. 論我國金代文化的發展史，賀亮，黑龍江史志，2008 年第 11 期。

44. 有金一代：輝煌的歷史與燦爛的文化，周惠泉，江蘇大學學報（社會科學版），2010 年第 2 期。

45. 走向共同文明──從大定到承安的金文化史初探，王耘，復旦大學博士學位論文，2008 年。

46. 衝突與融合──金代文化的變遷，龍小松，浙江大學博士學位論文，2008 年。

47. 文化交融：金代女眞族與漢族的雙向交流，劉志陽，中學歷史教學參考，2007 年第 5 期。

48. 試論金朝重北輕南政策與中原文化北移關係，沈文雪，文教資料，2009 年第 9 期。

49. 金朝女眞文化研究，葛洪源，山東大學博士學位論文，2002 年。

50. 龍與女眞語「木杜兒」對譯關係的文化寓意，李秀蓮、姚玉成，邊疆經濟與文化，，2008 年第 6 期。

51. 金代における中國文化と女眞文化，高橋弘臣，多文化社會研究會研究報告（2），2003 年。

52. 金代文化與經學變古思潮，王耘，蘭州學刊，2007 年第 7 期。

53. 金代黑龍江流域的歷史與文化，工禹浪、王宏北，哈爾濱學院學報，2006 年第 1 期。

54. 宋金時期山東地區的社會與文化，曹文瀚，（臺灣）中國文化大學碩士學位論文，2010 年。

55. 金代區域文化研究，王萬志，吉林大學博士學位論文，2009 年。

56. 金代山西區域文化，王萬志，吉林大學碩士學位論文，2006 年。

57. 試論金代山西區域文化的成就與特色，王萬志，金上京文史論叢（第二集），哈爾濱出版社，2008 年。

58. 金代山西宗教文化簡論，王萬志，牡丹江大學學報，2009 年第 2 期。

59. 金代遼寧地域文化述略，王德朋，遼寧師範大學學報（社會科學版），2009 年第 6 期。

60. 金元時期陵川的教育與文化，馬玉山，天風海濤——中國‧陵川郝經暨金元文化學術研討會論文集，山西春秋電子音像出版社，2007 年。

61. 陵川金元文化，張國文，天風海濤——中國‧陵川郝經暨金元文化學術研討會論文集，山西春秋電子音像出版社，2007 年。

62. 金元時期空前繁榮的晉城文化，吳廣隆，天風海濤——中國‧陵川郝經暨金元文化學術研討會論文集，山西春秋電子音像出版社，2007 年。

63. 地域政治與金元時期陵川文化的興盛，張廣善，天風海濤——中國‧陵川郝經暨金元文化學術研討會論文集，山西春秋電子音像出版社，2007 年。

64. 論金元時期陵川文化鼎盛的原因，秦雪清，天風海濤——中國‧陵川郝經暨金元文化學術研討會論文集，山西春秋電子音像出版社，2007 年。

65. 論金元陵川文化的歷史地位，張建軍，天風海濤——中國‧陵川郝經暨金元文化學術研討會論文集，山西春秋電子音像出版社，2007 年。

66. 西夏與女眞族對草原文化的貢獻，張明馥，呼和浩特日報，2006 年 12 月 18 日。

67. 金朝文化政策成因探析，韓育臻，青島大學師範學院學報，2007 年第 4 期。

68. 論金代中期的文化生態及其對漢族士人人生價值觀的影響，楊忠謙，民族文學研究，2007 年第 1 期。

69. 薛史的亡佚與金朝的禁書，甄士龍，書品，2005 年第 1 期。

70. 金代金石學述要，周峰，中國歷史文物，2007 年第 4 期。

71. 論遼代的文書檔案工作，王冰，蘭臺世界，2009 年第 6 期。

72. 試論遼代的文書檔案工作，趙彥昌，東北史研究，2009 年第 3 期。

73. 金代文書檔案事業探論，趙彥昌，天風海濤——中國・陵川郝經暨金元文化學術研討會論文集，山西春秋電子音像出版社，2007 年。

74. 論金源文化，王禹浪，黑龍江民族叢刊，2003 年第 3 期。

75. 試論金源文化之內涵，洪仁懷，東北史研究，2010 年第 3 期。

76. 漢火百鍊金源金，周制一用中華中——金源文化考論，郭明志，北方論叢，2009 年 5 期。

77. 也論「金源文化」，王久宇，東北史研究，2006 年第 1 期。

78. 也論「金源文化」，王久宇、劉麗麗，黑龍江史志，2007 年第 11 期。

79. 獨具特色的金源文化，姜豔芳，光明日報，2006 年 7 月 7 日。

80. 金源文化的歷史地位，宋德金，東北史研究，2008 年第 1 期。

81. 金源文化的歷史地位，宋德金，學理論，2008 年第 6 期。

82. 金源文化的歷史地位，宋德金，金上京文史論叢（第二集），哈爾濱出版社，2008 年。

83. 金源文化階段性發展述論，李秀蓮，北方論叢，2005 年第 5 期。

84. 金源文物與金源文化，賈英哲，戲劇文學，2004 年第 2 期。

85. 大金國的崛起與金源文化的成因，曹志，黑龍江省社會主義學院學報，2007 年第 3 期。

86. 金源文化中心滿族尋根熱點——赫赫女眞人文阿城，佟光英，（臺灣）中國通財經月刊（第 120 期），2004 年 6 月。

87. 歷久彌珍的金源文化，韓克，（臺灣）歷史月刊（第 166 期），2001 年 11 月。

88. 金代故都阿城市 東北第一縣（市）——金源文化金字招牌，白山黑水明日之星，佟光英，（臺灣）卓越世界（第 219 期），2002 年 11 月。

89. 黑龍江省金源文化旅遊發展研究，常徵，哈爾濱學院學報，2007 年第 7 期。

90. 金源文化是黑龍江旅遊文化一個閃光的金色品牌，姜明新，今日科苑，2007 年第 7 期。

91. 吉林省金源軍事遺址旅遊開發對策淺析，周麗君、王兆明，中國地名，2010 年第 11 期。

92. 承金源歷史文脈 鑄國際文化品牌，黃文利、何建民、楊興文，哈爾濱日報，2006 年 6 月 19 日。

93. 金史、金源文化地方特色文獻數據庫建設探討，劉鳳琴、劉長髮，圖書館學刊，2009 年第 9 期。

94. 深層次發展黑龍江省金源文化旅遊的思路，朱彩雲，北方經貿，2005 年第 5 期。

95. 大力開發金源文化資源的對策研究，林占生，管理觀察，2008 年第 6 期。

96. 懷古追今說阿城（上）：金朝歷史和金源文化回眸，靳庶田，奮鬥，2002 年第 2 期。

97. 傳承金源文化 重現阿城歷史，張存剛、張爽，中國旅遊報，2006 年 7 月 10 日。

98. 重繪女眞燦爛文化 再現金源千年史詩，齊光瑞、朱偉華，光明日報，2002 年 3 月 12 日。

99. 略論金源文化的地域範圍問題，穆鴻利，金上京文史論叢（第二集），哈爾濱出版社，2008 年。

100. 金源文化對中華文化發展的貢獻——金代女眞大字研究概述，金適、烏拉熙春，金上京文史論叢（第二集），哈爾濱出版社，2008 年。

101. 淺談金源文化對黑龍江流域文明的影響，曲豔麗，金上京文史論叢（第二集），哈爾濱出版社，2008 年。

102. 論黑龍江流域古代文明的模式——以金上京地區歷史文化爲例，郝慶雲，金上京文史論叢（第二集），哈爾濱出版社，2008 年。

103. 發揚金源名城優勢創造社會文明，李建勳，金上京文史論叢（第二集），哈爾濱出版社，2008 年。

104. 關於金源文化開發利用的幾點理論思考，黃澄，金上京文史論叢（第二集），哈爾濱出版社，2008 年。

105. 打造哈爾濱金源文化品牌促進哈爾濱旅遊經濟發展，李狆，商業經濟，2008 年第 18 期。

106. 推進金源文化利用和開發、推動文化旅遊經濟又快又好的發展，聶磊，金上京文史論叢（第二集），哈爾濱出版社，2008 年。

107. 把金源文化的開發和利用作爲阿城區城市新一輪發展的引擎，王永年，金上京文史論叢（第二集），哈爾濱出版社，2008 年。

108. 金源文化研究在我校的十個春秋，金源文化研究所籌備組，黑龍江農墾師專學報，2002 年第 4 期。

109. 金源飲食文化述論，程妮娜，民間文化旅遊雜誌，2001 年第 2 期。

110. 金源文化立篇的實踐與認識，周鵬君，黑龍江史志，2002 年第 4 期。

111. 《完顏金娜》與女眞金源文化，曲六乙，上海戲劇，2002 年第 2 期。

112. 金源义化的再現——京劇新作《完顏金娜》答記者問，張新民，上海戲劇，2002 年第 2 期。

113. 「京腔京味金風金俗」——金史京劇《完顏金娜》，邢美珠，上海戲劇，2002 年第 2 期。

114. 赫赫女眞 悠悠文化——領略阿城古老的金源文化，張雪岩、譚宇明，學習時報，2004 年 6 月 14 日。

115. 揚燦爛金源展人文阿城，蔣國紅，黑龍江日報，2004 年 6 月 19 日。

116. 金源文化爲阿城帶來財源，何建民、馬少忠，黑龍江日報，2004 年 5 月 12 日。

117. 金源文化，踩響黑水文明，吳文夫，光明日報，2002 年 3 月 12 日。

118. 擦亮金源文化這張「名片」，黃文力、何建民、陳猛、馬少忠，黑龍江日報，2006 年 6 月 6 日。

119. 金源文化 千年文脈餘韻長，哈爾濱日報，2006 年 4 月 28 日。

120. 阿城重拳打造金源文化品牌，黃文利、何建民、唐小清、陳猛、馬少忠，黑龍江日報，2006 年 6 月 22 日。

121. 哈爾濱市阿城區金源文化旅遊區資源開發評價，武繼欣、常璽強、王昆，黑龍江科技信息，2009 年第 6 期。

122. 金源文化旅遊：哈爾濱旅遊開發的深度思考，詹利、王晶，哈爾濱學院學報，2010 年第 12 期。

123. 論滿族文化與金源文化的關係，王久宇，滿語研究，2008 年第 2 期。

124. 吉林省金源文化旅遊開發研究，周麗君、兆明，黑龍江史志，2010 年第 13 期。

125. 論五國城文化，高國軍、廖懷志，黑龍江史志，2008 年第 17 期。

126. 五國城文化瑣談，宋德金，東北史地，2010 年第 1 期。

127. 女真文化對瀋陽城市形態的影響，王鶴、董衛，建築與文化，2010 年第 6 期。

128. 儒家思想在遼朝的傳播及其對契丹貴族女性的影響，李秀，作家雜誌，2008 年第 4 期。

129. 淺析遼代契丹人的儒家倫理思想，張少珊、呂富華，首屆遼上京契丹・遼文化學術研討會論文集，內蒙古文化出版社，2009 年。

130. 試論金朝儒家文化分期——兼議「崇儒重道」基本國策，孟古托力，滿語研究，2001 年第 2 期。

131. 論金代儒學的傳播，楊忠謙，晉中師院學報，2005 年第 2 期。

132. 金代儒學研究，劉輝，吉林大學博士學位論文，2008 年。

133. 吾道——三教背景下的金代儒學，邱軼皓，新史學（20 卷第 4 期），2009 年 12 月。

134. 儒學在金代發展的三個階段及其基本取向，王穎，上海師範大學學報，2009 年增刊。

135. 金朝儒學與文學，劉達科，江蘇大學學報（社會科學版），2008 年第 5 期。

136. 金代儒學的傳統復歸——以王若虛及其《滹南遺老集》為例，王穎，保定學院學報，2009 年第 6 期。

137. 儒學在金源，郭長海，遼金史研究通訊，2009 年第 1、2 期。

138. 金元代華北における外來民族の儒學習得とその契機——モンゴル時代華北駐屯軍所屬家系の事例を中心に，飯山知保，中國——社會と文化（22 號），2007 年 6 月。

139. 金代理學發展路向考論，晏選軍，北京師範大學學報（社會科學版），2004 年第 6 期。

140. 金代理學發展初探，魏崇武，天風海濤——中國・陵川郝經暨金元文化學術研討會論文集，山西春秋電子音像出版社，2007 年。

141. 金代北族之漢學，王明蓀，（臺灣）史學彙刊（第 26 期），2010 年 12 月。

142. 金代諸帝之漢學，王明蓀，（臺灣）史學彙刊（第 24 期），2009 年 12 月。

143. 論金朝華夷觀的演化，齊春風，社會科學輯刊，2002 年第 6 期。

144. 「華夷之辨」思想在金源社會淡化的階段性，李淑岩，佳木斯大學社會科學學報，2008 年第 1 期。

145. 金源女真淡化「華夷之辨」的成功舉措，李淑岩、李英姿，邊疆經濟與文化，2008 年第 5 期。

146. 金朝「夷可變華」及「華夷同風」的治邊思想，麻鈴，東北史研究，2007年第 4 期。

147. 宋、金、元文化思想碰撞與融合：探究郝經的夷夏觀、正統論與道學演變，田浩（Hoyt Cleveland Tillman），10～13 世紀中國文化的碰撞與融合，上海人民出版社，2006 年。

148. 金代州縣方志考略，顧宏義，遼金契丹女真史研究，2008 年第 1 期。

149. 宋金元人論管仲，趙文坦，管子學刊，2008 年第 4 期。

（二）教育與科舉

1. 宋、遼、金、元時期廟學制度的形成與普及，成一農，10～13 世紀中國文化的碰撞與融合，上海人民出版社，2006 年。

2. 金代孔廟的發展、成因及作用，丁學斌、孫雪坤，北方論叢，2003 年第 4 期。

3. 契丹民族的教育特色，湯冰，法制與社會，2009 年第 2 期。

4. 遼朝文教政策之影響，高福順，史學月刊，2007 年第 11 期。

5. 尊孔崇儒 華夷同風——遼朝文教政策的確立及其特點，高福順，學習與探索，2008 年第 5 期。

6. 遼朝教育的發展演變，桑秋傑、高福順，社會科學戰線，2010 年第 7 期。

7. 遼代上京地區官學教育發展探析，高福順，黑龍江民族叢刊，2007 年第 2 期。

8. 遼朝中京地區官學教育發展探析，高福順，黑龍江民族叢刊，2008 年第 5 期。

9. 遼朝南京地區官學教育發展探析，高福順，社會科學戰線，2008 年第 1 期。

10. 遼朝西京地區官學教育發展探析，高福順，黑龍江民族叢刊，2007 年第 6 期。

11. 遼朝東京地區官學教育發展探析，桑秋傑、高福順，東北師大學報（哲學社會科學版），2008 年第 3 期。

12. 遼朝蒙養教育述論，高福順、陶莎，東北史地，2010 年第 1 期。

13. 遼朝私學教育初探，高福順，求是學刊，2010 年第 4 期。

14. 略論遼代西京的文化教育，馬志強，社會科學戰線，2006 年第 3 期。

15. 遼代科舉制度探析，武玉環，東北歷史地理論叢，哈爾濱出版社，2002 年。

16. 遼朝科舉制度研究，高福順，吉林大學博士學位論文，2008 年。

17. 遼朝科舉制度的發展演變，高福順，東北史地，2009 年第 3 期。

18. 遼朝初期科舉制度述論，高福順，科舉學論叢（第 1 輯），線裝書局，2008 年。

19. 遼代科舉研究——以科次科目為中心，李桂芝，元史論叢（第 11 輯），天津古籍出版社，2009 年。

20. 遼朝科舉與辟召，高井康典行，史學集刊，2009 年第 1 期。

21. 遼朝科舉考試次數及其規模述論，高福順，東北亞研究論叢（第三輯），吉林大學出版社，2009 年。

22. 遼朝科舉考試錄取規模述論，高福順，內蒙古社會科學（漢文版），2010 年第 4 期。

23. 遼代科舉體制下少數民族教育公平問題及解決策略——兼議對解決當今少數民族教育公平問題的啟示，花文鳳、郭瑞，昆明理工大學學報（社會科學版），2009 年第 12 期。

24. 遼朝「進士」稱謂考辨，高福順，史學集刊，2009 年第 1 期。

25. 遼朝進士題名錄及說明，高福順，科舉學論叢（第 2 輯），線裝書局，2009 年。

26. 遼朝進士雜考，李桂芝，學習與探索，2009 年第 2 期。

27. 撫輯新附內外有別——遼金科舉的民族特色，徐梓，中國教師，2008 年第 13 期。

28. 遼、金、元科舉制比較研究，劉希偉，中國地質大學學報（社會科學版），2008 年第 3 期。

29. 遼宋科舉制度比較研究，張希清，10～13 世紀中國文化的碰撞與融合，上海人民出版社，2006 年。

30. 論金朝的教育與科舉，黃鳳岐，北方文物，2002 年第 2 期。

31. 金朝科舉之科目探討，李桂芝，民族史研究（第九輯），中央民族大學出版社，2010 年。

32. 八旗科舉仕途：1644～1795——與金元的比較研究，楊旭，東北師範大學碩士學位論文，2010 年。

33. 金代教育研究，蘭婷，吉林大學博士學位論文，2008 年。

34. 金代文教政策探析，吳鳳霞，遼寧師範大學學報（社會科學版），2005 年第 2 期。

35. 金代「尊孔崇儒」的文教政策述論，吳鳳霞，遼金史論叢——紀念張博泉教授逝世三週年論文集，吉林人民出版社，2003 年。

36. 金代科舉制度的建立，陳昭揚，遼夏金元史教研通訊，2003 年第 1、2 期合刊。

37.《松漠紀聞》中所見的金初文教及科舉，霍明琨，歷史教學（高校版），2008 年第 2 期。

38. 金朝科舉與文學，劉達科，社會科學輯刊，2007 年第 3 期。

39. 金朝科舉制度探析，孫孝偉，長春師範學院學報（人文社會科學版），2007 年第 3 期。

40. 金代武舉與武學教育，蘭婷、王梅，黑龍江民族叢刊，2007 年第 5 期。

41. 仕金漢人與金朝的教育和科舉，史韻，上海師範大學碩士學位論文，2006 年。

42. 近二十年金代科舉研究述評，張建偉，宋史研究論叢（第十輯），河北大學出版社，2009 年。

43. 金代興學與教育發展，吳鳳霞，史學集刊，2005 年第 1 期。

44. 金代「六學」考辨，姚宏傑，教育史研究，2008 年第 1 期。

45. 金代「六學」考辨，姚宏傑，教育的傳統與變革——紀念《教育史研究》創刊二十週年論文集（二），2009 年。

46. 金代教材建設，蘭婷、孫運來，滿族研究，2009 年第 4 期。

47. 金代女真官學，蘭婷、孫運來，東北史地，2006 年第 2 期。

48. 金代宮廷教育，蘭婷，東北史地，2007 年第 6 期。

49. 金代私學教育，蘭婷，史學集刊，2010 年第 3 期。

50. 金代醫學和司天臺學教育略探，蘭婷，東北史地，2010 年第 5 期。

51. 試論金代女眞人的民族文化教育，李西亞、劉洋，東北史地，2006 年第 2 期。

52. 金代女眞學的興衰及其歷史意義，吳鳳霞，社會科學輯刊，2005 年第 4 期。

53. 金代女眞教育制度，蘭婷、孫運來，黑龍江民族叢刊，2005 年第 6 期。

54. 金代女眞民族教育研究，潘溢，遼寧大學碩士學位論文，2009 年。

55. 金朝女眞民族教育研究，趙俊傑、黃旭、王彤宇，河北師範大學學報（教育科學版），2010 年第 1 期。

56. 論金代女眞人的民族傳統教育，王德朋，遼寧大學學報（哲學社會科學版），2010 年第 2 期。

57. 漢族士人與金代前期貴族教育，古美鳳，史繹（32），2001 年 5 月。

58. 金代女眞族教育特點、歷史地位及影響，蘭婷，社會科學戰線，2005 年第 4 期。

59. 金代女眞族科舉考試制度研究，李文澤，四川大學學報（哲社版），2003 年第 3 期。

60. 金代女眞進士科，張居三，文史知識，2007 年第 2 期。

61. 金代科舉的女眞進士科，都興智，黑龍江民族叢刊，2004 年第 6 期。

62. 金代女眞進士科制度的建立及其對女眞政權的影響，徐秉愉，臺灣大學歷史學報（第 33 期），2004 年 6 月。

63. 金代女眞進士科制度的建立及其對女眞政權的影響，徐秉愉，宋史研究集（第 35 輯），（臺北）蘭臺出版社，2005 年。

64. 金元時期女眞科舉和蒙古科舉比較研究，趙鵬，吉林大學碩士學位論文，2008 年。

65. 金代科舉體制下少數民族教育公平問題及其解決策略，花文鳳，內蒙古師範大學學報（教育科學版），2010 年第 10 期。

66. 科舉・學校政策の變遷からみた金代士人層，飯山知保，史學雜誌（114－12），2005 年。

67. 女眞・モンゴル支配下華北の科舉受驗者數について，飯山知保，史觀（157），早稻田大學史學科，2007 年 9 月。

68. 楊業から元好問へ———一〇〜一三世紀晉北における科舉の浸透とその歷史的意義について，飯山知保，東方學（111），2006 年 1 月。

69. 金代漢地在地社會における女眞人の位相と「女眞儒士」について，飯山知保，滿族史研究（4），2005 年。

70. 金初河北における科舉と士人層—天眷二年以前を對象として，飯山知保，中國——社會と文化（第 19 號），2004 年 6 月。

71. 金、明、清政府對狀元一詞的界定，周臘生，湖北職業技術學院學報，2007 年第 3 期。

72. 《歷史文選》課創新教育實例——從官職透視新發現的金代進士，沈仁國，江蘇教育學院學報（社會科學版），2007 年第 6 期。

73. 金天會二年進士輯補，沈仁國，江海學刊，2006 年第 1 期。

74. 金天會六年進士輯補（一、二），沈仁國，江海學刊，2006 年第 3、4 期。

75. 金天會十年進士輯補，沈仁國，江海學刊，2006 年第 6 期。

76. 金大會間進士辨疑（一、二），沈仁國，江海學刊，2007 年第 3、4 期。

77. 不知科分的天會間進士輯錄，沈仁國，江海學刊，2007 年第 2 期。

78. 金天會間進士輯考小結，沈仁國，江海學刊，2007 年第 5 期。

79. 「陵川七狀元」考證，周臘生，天風海濤——中國‧陵川郝經暨金元文化學術研討會論文集，山西春秋電子音像出版社，2007 年。

（三）史學

1. 遼、金、元的經史翻譯與歷史認同思想，吳鳳霞，河北學刊，2007 年第 6 期。

2. 遼金元時期的經史翻譯及其意義，吳鳳霞，中國少數民族史學研究，北京圖書館出版社，2008 年。

3. 試論遼宋夏金時期的民族史觀，李珍，史學月刊，2002 年第 2 期。

4. 試探遼代史學的發展及其特色，王惠德，內蒙古社會科學（漢文版），2008 年第 2 期。

5. 遼代修史研究，趙彥昌，黑龍江民族叢刊，2007 年第 4 期。

6. 論遼代監修國史制度，黃震，唐山師範學院學報，2010 年第 1 期。

7. 略論遼代官方史書的編撰，霍豔芳，圖書情報工作，2009 年第 19 期。

8. 遼代史官制度研究，黃震，蘭州大學碩士學位論文，2010 年。

9. 論遼代典章制度史料的彙集方法，姜維公、施天放，東北亞研究論叢（第二輯），吉林大學出版社，2008 年。

10. 女眞貴族的史學自覺與金代實錄的編纂，吳鳳霞，史學集刊，2008 年第 2 期。

11. 金代名儒趙秉文的史論特點，吳鳳霞，中州學刊，2007 年第 3 期。

12. 金代《通鑑》學及其特點，吳鳳霞，北方文物，2007 年第 1 期。

13. 金元通鑑學之研究，傅駿，復旦大學博士學位論文，2007 年。

14. 有金一代文明百年的客觀記錄──元好問著述的史學成就，吳鳳霞，遼寧大學學報（哲學社會科學版），2007 年第 1 期。

15. 《金史》與金代修史，傅榮賢，文史知識，2007 年第 2 期。

16. 金代修史研究，趙彥昌，東北史地，2008 年第 6 期。

17. 金代修史制度研究，胡曄，黑龍江大學碩士學位論文，2010 年。

18. 略論金代官方史書的編撰，霍豔芳，史學史研究，2010 年第 2 期。

19. 《歸潛志》史論的內涵與意旨，吳鳳霞，安徽史學，2007 年第 3 期。

20. 淺議遼、金史紀事本末，郭芳，蘭臺世界，2010 年第 12 期。

（四）語言文字

1. 遼代契丹境內語言文字使用情況探析，陳文俊，中央民族大學碩士學位論文，2005 年。

2. 回鶻語文對契丹的影響，楊富學，民族語文，2005 年第 1 期。

3. 胡漢對音和古代北方漢語，孫伯君，語言研究，2005 年第 1 期。

4. 遼代漢語無入聲考，愛新覺羅・烏拉熙春，立命館言語文化研究（16－1），立命館大學國際言語文化研究所，2004 年 6 月。

5. 遼、金、元史書少數民族語例釋，王學奇，唐山師範學院學報，2008 年第 3 期。

6. 遼代北方漢語方言的語音特徵，沈鐘偉，中國語文，2006 年第 6 期。

7. 契丹人の漢語：漢児言語からの視點，中村雅之，富山大學人文學部紀要（34），富山大學人文學部，2001 年 3 月。

8. 遼代漢語北方方言入聲韻尾的消失，楊若薇，鄧廣銘教授百年誕辰紀念論文集，中華書局，2008 年。

9. 金末元初北方話中的入聲分析——以耶律楚材詩歌用韻爲例，李文澤，漢語史研究集刊（第 10 輯），巴蜀書社，2007 年。

10. 遼代石刻別字異文所見遼代漢語語音，黎新第，語言科學，2005 年第 4 期。

11. 在遼代石刻韻文中見到的遼代漢語語音，黎新第，古漢語研究，2009 年第 1 期。

12. 契丹大藏經の俗字とその周邊，稻垣淳央，大谷大學大學院研究紀要（22），大谷大學大學院，2005 年。

13. 試析金代漢字使用之原因，劉麗萍，遼金史論集（第十一輯），內蒙古大學出版社，2009 年。

14. 「頭段」考，康鵬，北大史學（第 11 輯），北京大學出版社，2005 年。

15. 《大金弔伐錄》口語詞語考，闕小紅，吉林大學碩士學位論文，2006 年。

16. 《龍龕手鏡》與《廣韻》音切比較研究，呂文瑞，蘭州大學碩士學位論文，2007 年。

17. 從「語法」「句法」術語的使用談宋金人語法觀的樹立——兼述中國古代語法學的一個重大發展，孫良明，徐州師範大學學報（哲學社會科學版），2005 年第 1 期。

18. 《劉知遠諸宮調》中比擬句式及比擬助詞研究，姜嵐，現代語文（語言研究版），2007 年第 10 期。

19. 《劉知遠諸宮調》「不放了你才」新解，王琪，平頂山學院學報，2008 年第 6 期。

20. 《松漠紀聞》中「放戈」訓釋，焦美卉、張樹清，語文學刊（基礎教育版），2009 年第 11 期。

21. 契丹的語言與文字，王明蓀，（臺灣）故宮文物月刊（第 327 期），2010 年 6 月。

22. 契丹語語音的歷史地位，孫伯君、聶鴻音，滿語研究，2005 年第 2 期。

23. 對兩門「絕學」現狀的思考，邸永君，社會科學管理與評論，2004 年第 1 期。

24. 不死的契丹文字，張微，中國社會科學院報，2009 年 3 月 19 日第 44 期第 10 版。

25. 古遼國，覓「天書」──契丹文實地採訪記，唐紅麗，中國社會科學報，2010 年 11 月 16 日總第 139 期第 2 版。

26. 蒙古語可解讀契丹文──蒙古族民間學者舍丹札布的研究，唐紅麗，中國社會科學報，2010 年 11 月 16 日總第 139 期第 3 版。

27. 契丹文字元後失傳，唐紅麗，中國社會科學報，2010 年 11 月 16 日總第 139 期第 3 版。

28. 契丹文研究：三代學者，未有窮期，唐紅麗，中國社會科學報，2010 年 11 月 16 日總第 139 期第 4、5 版。

29. 國家圖書館收藏的西夏文、契丹文和女眞文文獻，黃潤華，遼金西夏研究年鑒 2009，學苑出版社，2010 年。

30. 從原蒙古語到契丹語，齊木德道爾吉，中央民族大學學報，2002 年第 3 期。

31. 契丹宗教詞彙與阿爾泰語系民族語言文化，（德國）瑤百舸（Joerg Baecker），中國多文字時代的歷史文獻研究，社會科學文獻出版社，2010 年。

32. 契丹、女眞、西夏文中數目的文字表示，唐均，中國文字研究（第 6 輯），廣西教育出版社，2005 年。

33. 契丹語的名詞附加成分-n 與-in，聶鴻音，民族語文，2001 年第 2 期。

34. 「疆場」一詞首見於遼代，彭玉蘭，中國語文，2003 年第 3 期。

35. 北方系擬似漢字の集合論──契丹小字を中心に，鹿島英一，地域文化研究（4），地域文化研究學會，2006 年 1 月。

36. 契丹小字研究の現在，吳英哲，竜谷史壇（127），竜谷大學史學會，2007 年 9 月。

37. 契丹小字解讀新探，孫伯君，民族語文，2010 年第 5 期。

38. 契丹小字的語音構擬，愛新覺羅・烏拉熙春，立命館文學（577），立命館大學人文學會，2002 年 12 月。

39. 契丹小字的表音文字，愛新覺羅・烏拉熙春，立命館言語文化研究（16－2），立命館大學國際言語文化研究所，2004 年 10 月。

40. 契丹小字的表意文字，愛新覺羅・烏拉熙春，立命館言語文化研究（15－2），立命館大學國際言語文化研究所，2003 年 10 月。

41. 契丹小字的親屬稱謂及相關名詞，愛新覺羅‧烏拉熙春，立命館文學（585）立命館大學人文學會，2004 年 10 月。

42. 契丹小字幾個常用原字讀音研究，清格爾泰，內蒙古大學學報（人文社會科學版），2007 年第 4 期。

43. 契丹小字中的「元音附加法」，吳英喆，民族語文，2007 年第 4 期。

44. 契丹語詞綴*-gin/*-ɤin 及其他，孫伯君，民族語文，2005 年第 2 期。

45. 契丹小字幾類聲母的讀音，孫伯君，民族語文，2007 年第 3 期。

46. 契丹小字中的漢語入聲韻尾的痕跡，吳英喆，漢字文化，2007 年第 3 期。

47. 從契丹小字「各」看支思韻在遼代的分立，孫伯君，中國語文，2009 年第 1 期。

48. 關於女眞語研究，朝克，民族語文，2001 年第 1 期。

49. 金代女眞語在滿洲通古斯語族中的地位，愛新覺羅‧烏拉熙春，立命館言語文化研究（14－2），立命館大學國際言語文化研究所，2002 年 9 月。

50. 金代女眞語より見た中古東北アジア地區の民族接觸，愛新覺羅‧烏拉熙春，立命館文學（569），立命館大學人文學會，2001 年 3 月。

51. 從名詞複數後綴、格後綴的異同看滿洲語與女眞語的關係，愛新覺羅‧烏拉熙春，滿語研究，2006 年第 2 期。

52. 女眞語與滿語的關係，哈斯巴特爾，滿語研究，2008 年第 2 期。

53. 論女眞語、滿語在東北史研究中的作用，徐俐力、張泰湘，滿語研究，2001 年第 2 期。

54. 金代女眞語在滿洲通古斯語族中的地位，愛新覺羅‧烏拉熙春，立命館言語文化研究（14 卷 2 號），2002 年 9 月。

55. 宋元史籍中的女眞語研究，孫伯君，中國社會科學院研究生院博士學位論文，2004 年。

56.《金史》女眞語詞彙研究，曲娟，吉林大學碩士學位論文，2008 年。

57. 元明戲曲中的女眞語，孫伯君，民族語文，2003 年第 3 期。

58. 女眞語中的外來語成分（上、下），五月，滿語研究，2004 年第 1、2 期。

59. 女眞語詞中節首 r 輔音的問題——紀念金啓孮先生逝世一週年，金啓孮先生逝世週年紀念文集，愛新覺羅‧烏拉熙春，（日本）東亞歷史文化研究會，2005 年。

60. 女眞語言文字研究的歷程，穆鴻利，滿語研究，2005 年第 1 期。

61. 女真文獻中的若干蒙古詞語考析，烏力吉布仁，中國蒙古學，2005 年第 1 期。
62. 女真語、漢語與女真漢化，楊軍，遼金史論集（第 10 輯），中國社會科學出版社，2007 年。
63. 《夷堅志》契丹誦詩新證，聶鴻音，滿語研究，2001 年第 2 期。
64. 解讀「契丹天書」，考古，旅遊，2001 年第 1 期。
65. 解讀契丹文字與深化遼史研究，劉鳳翥，史學彙刊（第 18 卷），2003 年 4 月。
66. 解讀契丹文字與深化遼史研究，劉鳳翥，遼金史研究，中國文化出版社，2003 年。
67. 神秘的契丹文字，劉鳳翥，尋根，2006 年第 3 期。
68. 近 20 年出土契丹大小字石刻綜錄，劉浦江，文獻，2003 年第 3 期。
69. 契丹小字研究の現在，吳英喆，龍谷史壇（127），2007 年。
70. 只存在三百年的契丹字，李方清，湖北日報，2005 年 12 月 22 日。
71. 古洞・天書，金永田，赤峰日報，2005 年 12 月 12 日第 3 版。
72. 契丹天書：何時揭開你的紅蓋頭，張振中，檔案，2001 年第 2 期。
73. 「契丹天書」，何時揭開你的紅蓋頭，張振中，上海檔案，2001 年第 5 期。
74. モンゴル國における契丹文字數據と研究狀況（1），松川節，遼金西夏研究の現在（1），東京外國語大學アジア・アフリカ言語文化研究所，2008 年。
75. 關于新近發現的幾件契丹文墓誌，吳英喆、寶音德力根、吉如何，中國多文字時代的歷史文獻研究，社會科學文獻出版社，2010 年。
76. 專家破譯金板畫文字，金適，中國文物報，2009 年 3 月 11 日總第 1706 期第 5 版。
77. 契丹文字墓誌的誌題及相關問題，愛新覺羅・烏拉熙春，東亞文史論叢，2006 年第 2 號。
78. 契丹大字墓誌における漢語借用語の音系の基礎──金啓〔ソウ〕先生逝去二週年に寄せて，愛新覺羅・烏拉熙春，立命館言語文化研究（18─1），立命館大學國際言語文化研究所，2006 年 8 月。
79. 一枚契丹大字印章的解讀，劉鳳翥，文史，2003 年第 1 期。
80. 內蒙古巴林右旗發現契丹大字銅牌，朝格巴圖，北方文物，2003 年第 1 期。

81. 契丹文銘陶壺考釋，鄭紹宗，文物春秋，2003 年第 6 期。

82. 豐寧縣出土的契丹大字銘陶壺補釋，張少珊、曲軼莉，北方文物，2009 年第 2 期。

83. 蒙古國肯特省契丹大字刻石考釋，孫伯君，世界民族，2006 年第 4 期。

84. 「天朝萬順（歲）」臆解可以休矣——遼上京出土契丹大字銀幣新釋，愛新覺羅烏拉熙春，宋史研究論叢（第十一輯），河北大學出版社，2010 年。

85. 契丹の北方への領域擴張と契丹大字研究——〈耶律延寧墓誌〉をてがかりに，澤本光弘，遼金西夏研究の現在（3），東京外國語大學アジア・アフリカ言語文化研究所，2010 年。

86. 契丹大字《耶律昌允墓誌銘》之研究，劉鳳翥、王雲龍，燕京學報（新十七期），北京大學出版社，2004 年。

87. 契丹大字《多羅里本郎君墓誌銘考釋》，叢豔雙、劉鳳翥、池建學，民族語文，2005 年第 4 期。

88. 契丹大字《耶律祺墓誌》考釋，劉鳳翥，內蒙古文物考古，2006 年第 1 期。

89. 契丹大字《耶律習涅墓誌銘》再考釋，劉鳳翥，國學研究（第二十二卷），北京大學出版社，2008 年。

90. 契丹大字《蕭袍魯墓誌》考釋，劉鳳翥，遼金歷史與考古（第一輯），遼寧教育出版社，2009 年。

91. 契丹大字《蕭孝忠墓誌銘》考釋，劉鳳翥，中國・平泉首屆契丹文化研討會論文集，吉林大學出版社，2010 年。

92. 契丹大字《北大王墓誌銘》再考釋，劉鳳翥，中國多文字時代的歷史文獻研究，社會科學文獻出版社，2010 年。

93. 四方石柱之契丹大字解讀，李術學、黃莉、高雲庫、婁達，民族語文，2008 年第 6 期。

94. 中央民族大學古文字陳列館所藏時代最早的契丹大字墓誌，烏拉熙春、金適，首都博物館叢刊（總第 24 輯），北京燕山出版社，2010 年。

95. 愛新覺羅恒煦先生と契丹大字「蕭孝忠墓誌」，愛新覺羅烏拉熙春，遼文化・遼寧省調查報告書：京都大學大學院文學研究科 21 世紀 COE プログラム「グローバル時代の多元的人文學の拠點形成」，京都大學大學院文學研究科，2006 年。

96. 契丹大字墓誌における漢語借用語の音系の基礎——金啓孮先生逝去 2週年に寄せて，愛新覺羅・烏拉熙春，立命館言語文化研究（18 卷 1 號），2006 年 6 月。

97. 兩件契丹大字木牘之研究，劉鳳翥、丁勇、孔群、白玉，民族語文，2006年第 5 期。

98. 契丹大字「天神千萬」考，愛新覺羅・烏拉熙春，立命館文學（613），立命館大學人文學會，2009 年 10 月。

99. 新發現的契丹文字金牌，馮文秀、張冰，收藏，2006 年第 9 期。

100. 蓋州出土的契丹文銅印散記，崔德文，遼金契丹女眞史研究（總第 34期），2004 年。

101. 契丹小字特徵研究，吉如何，內蒙古大學碩士學位論文，2005 年。

102. 契丹小字原字字形規範與原字總表，吉如何、吳英喆，內蒙古大學學報（哲學社會科學版），2009 年第 3 期。

103. 契丹文字及其研究，吳英喆，蒙古學，2003 年第 2 期。

104. 關於「契丹小字數字化平臺」，吳英喆，蒙古學集刊（內蒙古大學蒙古學中心電子期刊），2004 年第 4 期。

105. 契丹小字韻文初探，沈鐘偉，民族語文，2009 年第 3 期。

106. 契丹小字音值探索，吳英喆，蒙古語文，2004 年第 12 期。

107. 從帶點與不帶點的原字論說契丹語「性」語法範疇，吳英喆，中央民族大學學報（哲學社會科學版），2006 年第 6 期。

108. 契丹小字「性」語法範疇初探，吳英喆，內蒙古大學學報（人文社會科學版），2005 年第 3 期。

109. 契丹小字「性」語法範疇再探——以帶點的字與不帶點的字為主線，吳英喆，蒙古學集刊（內蒙古大學蒙古學中心電子期刊），2005 年第 2 期。

110. 契丹小字的表意文字，愛新覺羅・烏拉熙春，立命館言語文化研究（15卷 2 號），2003 年 10 月。

111. 關於契丹小字中的「金」，吳英喆，蒙古學集刊（內蒙古大學蒙古學中心電子期刊），2003 年第 1 期。

112. 關於契丹小字「大契丹國」的釋讀問題，清格爾泰，內蒙古大學學報（人文社會科學版），2002 年第 3 期。

113. 關於契丹小字中的「大金國」的「金」，吳英喆，中央民族大學學報（哲學社會科學版），2004 年第 6 期。

114. 契丹小字 183 號 227 號原字研究，寶玉柱，中央民族大學學報（哲學社會科學版），2005 年第 2 期。

115. 契丹小字虫及其替換字研究，寶玉柱，內蒙古大學學報（人文社會科學版），2006 年第 1 期。

116. 關於契丹小字中的方位名稱「東」，吳英哲，內蒙古大學學報（人文社會科學版），2004 年第 1 期。

117. 契丹小字《耶律奴墓誌銘》考釋，石金民、于澤民，民族語文，2001 年第 2 期。

118. 契丹小字《耶律智先墓誌銘》考釋，趙志偉、包瑞軍，民族語文，2001 年第 2 期。

119. 《耶律仁先墓誌銘》與《耶律智先墓誌銘》之比較研究，愛新覺羅・烏拉熙春，立命館文學（581），立命館大學人文學會，2003 年 9 月。

120. 契丹小字《耶律永寧郎君墓誌銘》考釋，鄭曉光，民族語文，2002 年第 2 期。

121. 《南贍部洲大遼國故迪烈王墓誌文》的補充考釋，包聯群，內蒙古大學學報（人文社會科學版），2002 年第 3 期。

122. 《耶律迪烈墓誌銘》與《故耶律氏銘石》所載墓主人世系考——兼論契丹人的「名」與「字」，愛新覺羅・烏拉熙春，立命館文學（580），立命館大學人文學會，2003 年 6 月。

123. 烏日根塔拉遼墓出土的契丹小字墓誌銘再考，楊傑，西北民族研究，2003 年第 4 期。

124. 契丹小字《韓敵烈墓誌銘》考釋，唐彩蘭、劉鳳翥、康立君，民族語文，2002 年第 6 期。

125. 契丹小字《宋魏國妃墓誌銘》和《耶律弘用墓誌銘》考釋，劉鳳翥、清格勒，文史，2003 年第 4 輯。

126. 契丹小字《皇太叔祖哀冊文》考釋，清格勒、劉鳳翥，民族語文，2003 年第 5 期。

127. 契丹小字《蕭大山和永清公主墓誌》考釋，袁海波、劉鳳翥，文史，2005 年第 1 輯。

128. 契丹小字《韓高十墓誌》考釋，劉鳳翥，揖芬集——張政烺先生九十華誕紀念文集，社會科學文獻出版社，2002 年。

129. 遼代《韓德昌墓誌銘》和《耶律（韓）高十墓誌銘》考釋，劉鳳翥、清格勒，國學研究（第十五卷），北京大學出版社，2005 年。

130. 契丹小字《蕭特每·闊哥駙馬第二夫人韓氏墓誌銘》考釋——紀念金啓孮先生逝世一週年，劉鳳翥、清格勒，金啓孮先生逝世週年紀念文集，（日本）東亞歷史文化研究會，2005 年。

131. 契丹小字《蕭特每·闊哥駙馬第二夫人韓氏墓誌銘》考釋，劉鳳翥、清格勒，10～13 世紀中國文化的碰撞與融合，上海人民出版社，2006 年。

132. 契丹小字《梁國王墓誌銘》考，烏拉熙春、王禹浪，遼東史地，2006 年第 2 期。

133. 契丹小字《梁國王墓誌銘》考釋，萬雄飛、韓世明、劉鳳翥，燕京學報（新 25 期），北京大學出版社，2008 年。

134. 契丹小字《金代博州防禦使墓誌銘》墓主非移剌幹里朵——兼論金朝初期無「女眞國」之國號，愛新覺羅·烏拉熙春，滿語研究，2007 年第 1 期。

135. 契丹小字《金代博州防禦使墓誌銘》墓主非移剌幹里朵——兼論金朝初期無「女眞國」之國號，吉本智慧子，遼金史論集（第 10 輯），中國社會科學出版社，2007 年。

136. 契丹小字「撒懶·室魯太師墓誌碑」考釋，劉鳳翥、董新林，考古，2007 年第 5 期。

137. 契丹小字《耶律仁先墓誌》補釋，吳英哲，內蒙古大學學報（人文社會科學版），2002 年第 5 期。

138. 「紇鄰王」與「阿保謹」——契丹小字《耶律仁先墓誌》二題，劉浦江，文史，2006 年第 4 輯。

139. 契丹小字《蕭奮勿膩·圖古辭墓誌銘》考釋，劉鳳翥，文史，2008 年第 1 輯。

140. 契丹小字《耶律副部署墓誌銘》考釋，蓋之庸、齊曉光、劉鳳翥，內蒙古文物考古，2008 年第 1 期。

141. 契丹小字金代《蕭居士墓誌銘》考釋，郭添剛、崔嵩、王義、劉鳳翥，文史，2009 年第 1 輯。

142. 契丹文「〔テキ〕隱司孟父房白隱太傅位志碑銘」「故顯武將軍上師居士拔里公墓誌」合考，愛新覺羅・烏拉熙春，立命館文學（614），立命館大學人文學會，2009 年 12 月。

143. 關於契丹小字《耶律糺里墓誌銘》的若干問題，劉浦江，北大史學（14）北京大學出版社，2009 年。

144. 遙輦氏迪輦鮮質可汗與陶猥思迭刺部：以契丹文「故左龍虎軍上將軍正亮功臣檢校太師只〔エン〕〔イク〕敵穩墓誌」爲中心，愛新覺羅・烏拉熙春，立命館文學（616），立命館大學人文學會，2010 年 3 月。

145. 契丹文「控骨里大尉妻胡覩古娘子墓誌」「大中央契丹フリジ國故廣陵郡王墓誌銘」合考，愛新覺羅・烏拉熙春，立命館文學（617），立命館大學人文學會，2010 年 6 月。

146. 契丹語、女眞語「孝」字解——紀念金啓孮先生逝世一週年，康丹，金啓孮先生逝世週年紀念文集，（日本）東亞歷史文化研究會，2005 年。

147. 契丹文字中遼代雙國號解讀的歷程，劉鳳翥，鄧廣銘教授百年誕辰紀念論文集，中華書局，2008 年。

148. 遼契丹雙國號制的發現——評劉鳳翥關於契丹語雙國號制的新研究，陳智超，燕京學報（新第二十四期），北京大學出版社，2008 年。

149. 契丹文字石刻，金適，中國文物報，2009 年 8 月 5 日總第 1748 期第 8 版。

150. 北京地區初現契丹文字石刻，金適，北京晚報，2009 年 6 月 14 日第 27 版。

151. 乾隆皇帝御筆題詞玉厄的契丹字銘文，金適，中國文物報，2009 年 6 月 10 日總第 1732 期第 7 版。

152. 乾隆皇帝御題玉厄的契丹字銘文，金適，東北史地，2010 年第 1 期。

153. Ch 3586: ein khitanisches Fragment mit uigurischen Glossen in der Berliner Turfansammlung, Wang Ding, in Turfan Revisited: The First Century of Research into the Arts and Cultures of the Silk Road（Desmond Durkin-Meisterernst, Simone-Christiane Raschmann, Jens Wilkens, Marianne Yaldiz, Peter Zieme eds.）, Berlin: Dietrich Reimer Verlag, 2004.

154. 論女眞文字與金源文化的關係，金寶麗，吉林省教育學院學報（學科版），2009 年第 9 期。

155. 略論女眞文字，劉麗麗，世紀橋，2009 年第 23 期。

156. 微探女眞文字的流傳，綦岩，黑龍江史志，2009 年第 19 期。

157. 微探女眞文字的流傳，綦岩，東北史研究，2009 年第 3 期。

158. 《女眞文字書》的復原，烏拉熙春，碑林集刊（七），陝西人民美術出版社，2001 年。

159. 《女眞文字書》的年代及其底本，愛新覺羅・烏拉熙春，立命館言語文化研究（13 卷 2 號），2001 年 9 月。

160. 女眞文字の集合論，鹿島英一，地域文化研究（7），地域文化研究學會，2009 年 1 月。

161. 《女眞譯語》中的遇攝三等字，孫伯君，民族語文，2001 年第 4 期。

162. 從奧屯良弼女眞文石刻看金代民族文字的演變，和希格、穆鴻利，北方文物，2002 年第 3 期。

163. 奧屯舜卿女眞字詩刻新解，景愛，中國民族古文字與文獻研究論文集，中央民族大學出版社，2010 年。

164. 論金代女眞文字在創制和推廣中存在的問題，金寶麗，中國邊疆民族研究（第二輯），中央民族大學出版社，2009 年。

165. 論金代女眞文字在創制和推廣中存在的問題，金寶麗，中國民族古文字與文獻研究論文集，中央民族大學出版社，2010 年。

166. 女眞文研究的有益嘗試——A・A・布里金《女眞文字語言中的詞法範疇》評介，穆鴻利、穆崟臣，中國民族古文字與文獻研究論文集，中央民族大學出版社，2010 年。

167. 女眞文字、女眞科舉與女眞漢化，楊軍，長春大學學報，2006 年第 1 期。

168. 見證黑龍江歷史的女眞文古碑——女眞文和女眞文古碑考，盧偉、張克，牡丹江師範學院學報（哲學社會科學版），2006 年第 5 期。

169. 女眞文誕生地初現女眞大字碑，金適、烏拉熙春，東北史研究，2009 年第 2 期。

170. 蒙古國女眞文、漢文《九峰石壁紀功碑》初釋，穆鴻利、孫伯君，世界民族，2004 年第 4 期。

171. 黑水城發見の女眞大字殘頁，愛新覺羅・烏拉熙春，オアシス地域史論叢——黑河流域 2000 年の點描，松香堂，2007 年。

172. 黑水城發現的女眞大字殘頁，金適，金上京文史論叢（第二集），哈爾濱出版社，2008 年。

173. 金上京女眞大字石刻考——金啓孮先生九十冥壽紀念，愛新覺羅·烏拉熙春，東亞文史論叢，2008 年第 2 號。

174. 女眞文誕生地初現女眞文大字碑，金適，中國文物報，2009 年 3 月 4 日總第 1704 期第 7 版。

175. 女眞大字「文字之道夙夜匪懈」，金適，中國文物報，2009 年 4 月 1 日總第 1712 期第 8 版。

176. 女眞小字贗考，烏拉熙春，金上京文史論叢（第二集），哈爾濱出版社，2008 年。

177. 聖彼得堡藏女眞文草書殘葉彙考，孫伯君，北方文物，2008 年第 3 期。

178. 女眞大字石刻總考前編，愛新覺羅·烏拉熙春，白川靜紀念東洋文字文化研究所紀要（第 1 號），2007 年 2 月。

179. 《大金得勝陀頌碑》女眞文「翰·兀迷，兒」考釋，李秀蓮，中國多文字時代的歷史文獻研究，社會科學文獻出版社，2010 年。

180. 女眞大字背文的大定通寶銅錢考，劉華爲，東北史地，2010 年第 2 期。

181. 金末道士侯善淵詩詞用韻與晉南方言，丁治民，古漢語研究，2002 年第 3 期。

182. 《應縣木塔遼代秘藏·妙法蓮花經》俗字類型論略，趙春蘭，通化師範學院學報，2006 年第 1 期。

183. 《應縣木塔遼代秘藏·妙法蓮花經》俗字考辨，趙春蘭，通化師範學院學報，2006 年第 3 期。

184. 《應縣木塔遼代秘藏》俗字類型及成因，趙春蘭、楊建秀，通化師範學院學報，2007 年第 11 期。

185. 沈括著錄的遼代佛學字書《龍龕手鏡》評介，王綿厚，徐州師範大學學報（哲學社會科學版），2001 年第 1 期。

186. 遼行均《龍龕手鏡》雜考，王孺童，佛學研究，2008 年。

187. 《龍龕手鏡》疑難字考釋，鄧福祿，語言研究，2004 年第 3 期。

188. 試論《龍龕手鏡》的「雜」部字，張立娟，漢字文化，2005 年第 4 期。

189. 《可洪音義》與《龍龕手鏡》研究，韓小荊，湖北大學學報（哲學社會科學版），2008 年第 5 期。

190. 據《可洪音義》解讀《龍龕手鏡》俗字釋例，韓小荊，語言科學，2007 年第 5 期。

191.《龍龕手鏡》《類篇》古本考，楊正業，辭書研究，2008 年第 2 期。

192.《應縣木塔遼代秘藏》與《龍龕手鏡》俗字比較研究，趙春蘭、張浴秋，通化師範學院學報，2007 年第 5 期。

193.《劉知遠諸宮調》詞彙研究，劉曉凡，河北師範大學碩士論文，2009 年。

194.《妙法蓮花經》唐寫本與遼刻本的俗字異同比較，趙春蘭、馮恩芳，通化師範學院學報，2007 年第 7 期。

195.「向」字在金代諸宮調中的使用，蘭佳影，樂山師範學院學報，2006 年第 9 期。

196. 慶城縣慈雲寺鐵鍾文字的性質，孫伯君，隴右文博，2004 年第 1 期。

（五）藝術

1. 契丹藝術研究中的幾個問題，李曉峰，大連民族學院學報，2007 年第 2 期。

2. 契丹文化觀與契丹藝術，李曉峰，遼寧師範大學學報（社會科學版），2007 年第 1 期。

3. 契丹與蒙古族美術史研究現狀分析，烏力吉，南京藝術學院學報（美術與設計版）2010 年第 4 期。

4. 叱吒風雲二百年 遼代文明再驚世，孫玉潔，中國藝術報，2002 年 6 月 7 日。

5. 互動交流中的遼代皇室審美趣味與藝術成就，張鵬，美術研究，2005 年第 2 期。

6. 發掘された遼代貴族の芸術・文化：10～12 世紀、中國北方の帝國，楊曉能著，（日）阿部修英譯，美術史論叢（21），2005 年 3 月。

7. 遼代包裝器物藝術特徵分析，周作好，上海商學院學報，2007 年第 4 期。

8. 遼寧地區遼代裝飾藝術研究，冷波，福建師範大學碩士學位論文，2007 年。

9. 遼塔浮雕裝飾藝術探究，劉蘊忠，蘇州大學碩士學位論文，2008 年。

10. 山西金代牡丹紋的美學意蘊，宋燕燕，山西大學碩士學位論文，2009 年。

11. 宋遼時期的黑龍江美術，李崗，藝術研究，2005 年第 1 期。

12. 金代國家級藝術工程鈎沉，張鵬，「考古與藝術史的交匯」國際學術研討
    會論文集，中國美術學院出版社，2009 年。
13. 金代衍慶宮功臣像研究，張鵬，美術研究，2010 年第 1 期。
14. 金代黑龍江流域美術的特點和特徵，于良文，藝術研究（哈爾濱師範大學
    藝術學院學報），2008 年第 3 期。
15. 遼代美術史研究的新視界，張鵬，美術研究，2008 年第 2 期。
16. 草原文明尋蹤 遼畫拾珍芬芳寂，烏力吉、孔群，內蒙古畫報，2010 年第
    4 期。
17. 中國北方草原民族的繪畫自覺，韓雪岩，內蒙古師範大學學報（哲學社會
    科學版），2005 年第 3 期。
18. 試論遼、金和西夏的繪畫藝術，朱和平，中州學刊，2002 年第 3 期。
19. 簡論金代現存繪畫的形成與趨向，薛長傑，活力，2010 年第 10 期。
20. 出獵金牌畫時代考辨，鄭婕，中國文物報，2005 年 4 月 27 日總第 1312
    期。
21. 南宋宮廷繪畫中的「諜畫」之謎，余輝，故宮博物院院刊，2004 年第 3
    期。
22. 遼代出獵金牌畫質疑，李進興，中國文物報，2005 年 7 月 20 日總第 1336
    期。
23. 張珪《神龜圖》隱沒於圖像中的文化傳統，閻安，紫禁城，2005 年增刊。
24. 蘇學北行與金代文人畫，鄧喬彬，中華藝術論叢，2007 年增刊。
25. 《宣和畫譜》名出金元說——兼論《宣和畫譜》與徽宗繪畫思想無關，韋
    賓，美術觀察，2006 年第 10 期。
26. 遼代宮廷繪畫機構的兩種體制——兼論風格與畫派，李清泉，貴州大學學
    報（藝術版），2004 年第 1 期。
27. 淺析遼代繪畫，伊寶、史紅蕾，滄桑，2006 年第 2 期。
28. 簡論遼代傳世繪畫的特徵與風格，薛長傑，活力，2010 年第 10 期。
29. 大漠儀風——遼代契丹繪畫解讀，褚天芸，上海大學碩士學位論文，2007
    年。
30. 遼代契丹族繪畫的代表人物及其藝術成就，王鵬瑞，美術，2006 第 5 期。
31. 遼代繪畫所體現的契丹民族文化，李萌，洛陽大學學報，2006 年第 3 期。
32. 遼代鞍馬繪畫藝術初探，景一昕，湖南師範大學碩士學位論文，2008 年。

33. 遼寧法庫葉茂臺遼墓出土兩幅古畫之探究，林明賢，（臺灣）東海大學碩士學位論文，2001 年。

34. 法庫葉茂臺遼墓出土兩幅古畫在中國繪畫史的價值與意義，林明賢，（臺灣）故宮文物月刊（第 2 卷 7 期），2004 年 10 月。

35. 由遼墓出土「深山棋會圖」繪畫風格分析看五代山水畫（上、下），林明賢，（臺灣）國立歷史博物館館刊（第 14 卷 3、4 期），2004 年 3、4 月。

36. 掛軸與繪畫形式演變之關係——以遼墓出土兩幅古畫爲例，林明賢，（臺灣）國立歷史博物館館刊（第 13 卷 2 期），2003 年 2 月。

37. 葉茂臺遼墓出土《深山會棋圖》再認識，李清泉，美術研究，2004 年第 1 期。

38. 墓葬中的會棋圖——以遼墓中的《三教會棋圖》和《深山會棋圖》爲例，李清泉，藝術史研究（5），中山大學出版社，2003 年。

39. 竹雀雙兔圖，劉韞，收藏家，2007 年第 8 期。

40. 從《竹雀雙兔圖》繪畫特色論五代花鳥畫之相關問題，林明賢，（臺灣）史物論壇（第 2 期），2006 年 7 月。

41. 再議《卓歇圖》，王青煜，首屆遼上京契丹·遼文化學術研討會論文集，內蒙古文化出版社，2009 年。

42. 淺談東北民族藝術與遼金時期壁畫發展，宋春雨，美術，2007 年第 5 期。

43. 宋遼以後墓室壁畫，李力，人民日報海外版，2007 年 7 月 13 日。

44. 淺談遼代壁畫的裝飾藝術，許佳慧，藝術與設計（理論），2007 年第 3 期。

45. 遼代壁畫資料，東潮，德島大學總合科學部人間社會文化研究（14），德島大學總合科學部，2007 年。

46. 遼代壁畫藝術特徵，鮑鳳林，內蒙古社會科學（蒙文版），2005 年第 6 期。

47. 遼代壁畫內涵淺探，柯方青，收藏，2008 年第 3 期。

48. 樸實 簡素 親切 自然——遼代壁畫中的裝飾藝術，曹鐵紅，中國古都研究（第 18 輯上冊）——中國古都學會 2001 年年會暨赤峰遼王朝故都歷史文化研討會論文集，國際華文出版社，2002 年。

49. 遼代生活的藝術畫卷，劉萍，小區，2008 年第 32 期。

50. 道法自然 兼收並蓄——兼論內蒙古地區遼代墓葬壁畫特點，鄭承燕、楊星宇，中國博物館，2010 年第 3 期。

51. 淺析河北遼代墓室壁畫藝術風格，張樹眞、尤春雨、白少楠，作家，2008
年第 10 期。

52. 遼代墓葬藝術中的捺缽文化研究——以內蒙古地區遼代墓壁畫爲中心，烏
力吉，中央美術學院博士學位論文，2006 年。

53. 遼墓壁畫的發現與研究，羅世平，藝術史研究（第六輯），中山大學出版
社，2004 年。

54. 遼墓壁畫的分期研究，楊星宇，內蒙古大學碩士學位論文，2009 年。

55. 題材與文化——遼代墓葬壁畫，莫家良，松漠風華：契丹藝術與文化，香
港中文大學文物館，2004 年。

56. 遼墓壁畫研究——以慶東陵、庫倫遼墓和宣化遼墓壁畫爲中心，張鵬，中
央美術學院博士學位論文，2004 年。

57. 遼代墳墓壁畫の研究——各地域の時期別の特徵，李天銘，鹿島美術財團
年報（22 號），2004 年。

58. 遼代契丹貴族墓墓道壁畫的象徵意涵——以庫倫遼墓爲中心，張鵬，中國
美術史論文集　金維諾教授八十華誕暨從教六十週年紀念文集，紫禁城
出版社，2006 年。

59. 遼代佛教題材壁畫考論，張國慶，東北史地，2010 年第 1 期。

60. 內蒙古馬力罕山の人面壁畫，今野春樹，博望（3 號），東北アジア古文
化研究所，2002 年 12 月。

61. 遼代慶東陵壁畫研究，張鵬，故宮博物院院刊，2005 年第 3 期。

62. 遼慶陵四季山水壁畫及其美術史意義，王鵬瑞，美術，2006 年第 9 期。

63. 遼代皇家人物畫研究——以遼墓壁畫爲中心，張鵬，10～13 世紀中國文
化的碰撞與融合，上海人民出版社，2006 年。

64. 遼代契丹貴族墓墓道壁畫的象徵意涵——以庫倫遼墓爲中心，張鵬，藝術
史研究（第六輯），中山大學出版社，2004 年。

65. 淺談遼代墓室壁畫從中期到晚期的發展——以陳國公主與駙馬合葬 3 號
墓和庫倫 1 號墓墓道壁畫爲例，劉希言，北方文物，2009 年第 1 期。

66. 庫倫遼墓壁畫的藝術性初探，李東、馬延萍、王長英、于麗萍，博物館研
究，2006 年第 1 期。

67. 禮成即日卷廬帳　鈎魚射鵝滄海東——遼墓壁畫中的帝國風情志，張鵬，
美術學報，2008 年第 2 期。

68. 遼墓鷹獵題材壁畫及相關文物初識，彭善國，邊疆考古研究（第 3 輯），科學出版社，2004 年。

69. 契丹與牡丹——略述遼墓壁畫的牡丹圖，張國強、鍾飛辰，東北史地，2007 年第 1 期。

70. 遼都故地巴林左旗首次發現遼代人力車壁畫，李富，內蒙古日報，2010 年 6 月 29 日第 8 版。

71. 從壁畫中走出的契丹人，伊秀麗，吉林日報，2005 年 7 月 14 日。

72. 試論河北遼代墓室壁畫的藝術特色，張樹眞，河北師範大學碩士學位論文，2009 年。

73. 宣化遼代墓壁畫，亦飛，中國文化報，2003 年 8 月 6 日。

74. 河北省宣化遼墓壁畫特點，馮恩學，北方文物，2001 年第 1 期。

75. 宣化遼墓壁畫特徵及其文化成因探究，喬微，東北師範大學碩士學位論文，2007 年。

76. 宣化遼墓壁畫散樂圖與備茶圖的禮儀功能，李清泉，故宮博物院院刊，2005 年第 3 期。

77. 宣化遼墓「備茶題材」考，袁泉，華夏考古，2006 年第 1 期。

78. 河北宣化遼墓壁畫中的茶事圖，陳旭霞，文史知識，2005 年第 2 期。

79. 遼代漢人壁畫墓研究——以宣化張氏家族壁畫墓群爲中心，李清泉，中山大學博士學位論文，2003 年。

80. 遼南區漢人墓葬壁畫題材研究，霍傑娜，古代文明（第 8 卷），文物出版社，2010 年。

81. 宣化遼墓壁畫中的屏風樣式，張鵬，中國美術館，2006 年第 7 期。

82. 遼墓天文圖，邱喜桂，羊城晚報，2004 年 7 月 19 日。

83. 繪畫題材中意義和內涵的演變——以宣化遼墓壁畫中的車馬出行圖爲例，李清泉，中山大學學報（社會科學版），2003 年第 2 期。

84. 遼墓壁畫出行歸來圖探索，張春旭、馬德龍，美苑，2009 年第 4 期。

85. 宣化遼代壁畫墓設計中的時間與空間觀念，李清泉，美術學報，2005 年第 2 期。

86. 粉本——從宣化遼墓壁畫看古代畫工的工作模式，李清泉，南京藝術學院學報（美術與設計版），2004 年第 1 期。

87. 婦人啓門圖試探——以宣化遼墓壁畫爲中心，張鵬，民族藝術，2006 年第 3 期。

88. 遼墓啓門圖之探討，馮恩學，北方文物，2005 年第 4 期。

89. 關於遼墓「出行圖」的考證，鄭灤明，華夏考古，2004 年第 4 期。

90. 阜新遼墓壁畫的特點與藝術價值，何曉東，美術大觀，2007 年第 5 期。

91. 論阜新遼墓壁畫的特點與價值，張志勇、劉曉鴻，遼寧工程技術大學學報（社會科學版），2006 年第 3 期。

92. 論阜新遼墓壁畫的特點與價值，張志勇，遼金契丹女眞史研究，2006 年第 1 期。

93. 論阜新遼墓壁畫的特點與價值，張志勇、劉曉鴻，遼金史論集（第 10 輯），中國社會科學出版社，2007 年。

94. 從阜新遼墓看遼代繪畫藝術的風格特點，梁姝丹，遼寧工程技術大學學報（社會科學版），2005 年增刊。

95. 從阜新遼墓壁畫看遼代繪畫藝術的風格特點，梁姝丹，遼金史研究，吉林大學出版社，2005 年。

96. 朝陽出土兩座遼墓壁畫管窺，孫國龍，遼金史研究，吉林大學出版社，2005 年。

97. 織錦迴文——寶山遼墓壁畫與唐畫的對讀，羅世平，書畫藝術學刊（第 1 卷），臺灣藝術大學，2006 年 11 月。

98. 試論遼壁畫墓中的門神像，傅江，遼文化・遼寧省調查報告書：京都大學大學院文學研究科 21 世紀 COE プログラム「グローバル時代の多元的人文學の拠點形成」，京都大學大學院文學研究科，2006 年。

99. 中國遼代古墓出土的木版畫，蘆海嬌，藝術研究，2006 年第 4 期。

100. 試論黑龍江新出土的遼代古墓畫的藝術風格及其意義，蘆海嬌，藝術研究，2006 年第 4 期。

101. 一幅遼代木板殘畫淺析，邵國田，內蒙古文物考古，2001 年第 2 期。

102. 遼太叔祖墓主室木槨壁畫及相關問題，計連成，內蒙古文物考古，2001 年第 2 期。

103. 遼太叔祖墓主室木槨壁畫及相關問題，計連成，中國古都研究（第 18 輯上冊）——中國古都學會 2001 年年會暨赤峰遼王朝故都歷史文化研討會論文集，國際華文出版社，2002 年。

104. 遼耶律羽之墓小帳壁畫「伎樂圖考」，邵國田，中國古都研究（第 18 輯上冊）——中國古都學會 2001 年年會暨赤峰遼王朝故都歷史文化研討會論文集，國際華文出版社，2002 年。

105. 遼墓壁畫的樂舞圖，趙愛軍，內蒙古文物考古，2001 年第 2 期。

106. 遼墓樂舞圖像考古學觀察，梅鵬雲，吉林大學碩士學位論文，2009 年。

107. 略論遼代壁畫，王則，博物館研究，2001 年第 2 期。

108. 面對遼金駝馬壁畫的深思，焦強、李小梅，中國文物報，2005 年 7 月 8 日總第 1333 期。

109. 遼金壁畫重現風姿，趙婷，北京日報，2002 年 10 月 17 日。

110. 宋遼金元墓葬中「開芳宴」圖像研究，薛豫曉，四川大學碩士學位論文，2007 年。

111. 金墓壁畫的考古發現與美術史研究，張鵬，民族藝術，2009 年第 3 期。

112. 勉世與娛情——宋金墓葬壁畫中的一桌二椅到夫婦共坐，張鵬，美術研究，2010 年第 4 期。

113. 銀瓶瀉湯點雪芽——從北京金墓出土壁畫看宋代茶藝生活，姚敏蘇，收藏家，2002 年第 7 期。

114. 北京石景山金墓新出土點茶圖壁畫解析，姚敏蘇，農業考古，2002 年第 2 期。

115. 關於宋金墓葬中孝行圖的思考，鄧菲，中原文物，2009 年第 4 期。

116. 繁峙岩山寺壁畫藝術中的建築及其特徵，徐岩紅、高策，文藝研究，2008 年第 6 期。

117. 岩山寺佛傳壁畫圖像內容考釋——兼及金代宮廷畫家王逵的創作活動，孟嗣徽，故宮學刊（總第二輯），紫禁城出版社，2005 年。

118. 岩山寺文殊殿壁畫風俗圖畫研究，秦曉英，山西大學碩士學位論文，2010 年。

119. 岩山寺壁畫風格研究，張雁，山西大學碩士學位論文，2010 年。

120. 岩山寺文殊殿西壁建築圖景研究，陳蓉，山西大學碩士學位論文，2010 年。

121. 繁峙岩山寺文殊殿壁畫市井圖像研究，李凡卓，山西大學碩士學位論文，2010 年。

122. 金代徐龜墓壁畫認識，焦強，文物世界，2005 年第 1 期。

123. 大同華嚴寺壁畫研究，楊俊芳，山西大學碩士學位論文，2006 年。

124. 遼寧義縣奉國寺大雄殿遼代建築彩畫飛天初探，白鑫，裝飾，2008 年第 4 期。

125. 《清明上河圖》張著跋文考略，余輝，故宮博物院院刊，2008 年第 5 期。

126. 談《清明上河圖》卷後五則金人題跋，黃緯中，（臺灣）中華書道（第 67 期），2010 年 2 月。

127. 昔日百姓糊牆用紙 今朝吉博鎮院之寶 金代繪畫精品文姬歸漢圖卷，閆立群，收藏，2009 年第 4 期。

128. 武元直《赤壁圖》研究，李羿萩，國立臺北藝術大學碩士學位論文，2003 年。

129. Epitome of National Disgrace: A Painting Illuminating Song-Jin Diplomatic Relations, Shi-yee Liu, Metropolitan Museum Journal, vol. 45（2010）.

130. 契丹族的雕塑藝術，黃鳳岐，敦煌學與中國史研究論集——紀念孫修身先生逝世一週年，甘肅人民出版社，2001 年。

131. 契丹族雕塑藝術，黃鳳岐，阜新遼金史研究（第五輯），中國社會出版社，2002 年。

132. 遼寧康平姜家溝出土的一組石雕像及年代，遼寧省文物考古研究所，北方文物，2006 年第 1 期。

133. 華嚴聖境多寶藏（之二）——古樸、婀娜多姿的遼代塑像，王建舜，五臺山研究，2002 年第 3 期。

134. 大同華嚴寺遼代彩色泥塑賞析，張麗，文物世界，2009 年第 4 期。

135. 華嚴彩塑絕天下，李麗，大同今古，2003 年第 3 期。

136. 大同觀音堂八大明王雕塑藝術分析，武建亭，山西大同大學學報（社會科學版），2010 年第 2 期。

137. 宋金磚雕故事，南寶生、花平寧、孫永剛，絲綢之路，2004 年第 2 期。

138. 宋金彩繪磚雕欣賞，南寶生、花平寧、孫永剛，絲綢之路，2004 年第 7 期。

139. 金代磚雕的生末淨丑，趙成玉、劉保國，中國文物報，2002 年 5 月 1 日。

140. 山西襄汾賈罕金墓樂舞磚雕考述，楊秋梅，中華戲曲（第 30 輯），文化藝術出版社，2004 年。

141. 侯馬晉光製藥廠金墓戲劇磚雕述論，延保全，中華戲曲（第 26 輯），文化藝術出版社，2002 年。

142. 山西沁縣出土金代孝行磚雕，商彤流、郭海林、李春芬，上海文博論叢，2003 年第 4 期。

143. 淺談宋金墓葬中磚雕壁畫的內容，崔松林，三門峽考古文集，檔案出版社，2001 年。

144. 三門峽金墓戲劇磚雕賞評，李憲增，三門峽考古文集，檔案出版社，2001 年。

145. 淺論遼代佛像藝術，黃春和，法音，2009 年第 6 期。

146. 關於幾件遼代紀年的金銅造像，孫建華，收藏家，2003 年第 5 期。

147. 「亞溝石刻像」的科技保護方式，王春雷，黑龍江農墾師專學報，2003 年第 3 期。

148. 金代的雕塑藝術淺析，劉毅，雕塑，2009 年第 2 期。

149. 金代雕塑之社會生活考，姜宏宇，哈爾濱學院學報，2006 年第 7 期。

150. 透過雕塑看金代社會生活，姜宏宇，東北史研究，2006 年第 2 期。

151. 太陰寺金代雕塑藝術，劉變琴、劉卓，文物世界，2010 年第 2 期。

152. 盧溝橋石獅的裝飾特徵，吉磊，藝術探索，2010 年第 6 期。

153. 宋遼金時期人物瓷塑藝術的時代風格初探，陳傑，中國文物世界（第 188 期），2001 年 4 月。

154. 遼代書法述評，姜念思，遼金史研究，中國文化出版社，2003 年。

155. 從館藏石刻略談遼金元時期石刻書法特點，熊鷹，書法叢刊，2007 年第 4 期。

156. 金朝書法史論，王凱霞，書法研究（總第 126 期），上海書畫出版社，2005 年。

157. 金代書法史論，王守民，福建師範大學碩士學位論文，2009 年。

158. 金代銘文銅鏡書法文化研究，王凱霞，金上京文史論叢（第二集），哈爾濱出版社，2008 年。

159. 論金代書學，楊揚，首都師範大學碩士學位論文，2003 年。

160. 金代書法及其文化徵候，王登科，社會科學輯刊，2006 年第 3 期。

161. 金代書法風格的嬗變，龍小松，北方文物，2008 年第 1 期。

162. 金代《呂徵墓表》及其書法價值，王凱霞，中國書法，2008 年第 11 期。

163. 金代《普救寺鶯鶯故居》——詩碑及其書法研究，王凱霞，書法賞評，2002 年第 4 期。

164. 金代任詢書韓愈《秋懷詩》，連劭名，首都博物館叢刊（17），北京燕山出版社，2003 年。

165. 金代任詢書法述略，秦明，書法叢刊，2007 年第 3 期。

166. 金代書法家任詢，伊葆力，文史知識，2007 年第 2 期。

167. 金‧任詢行草書《杜甫詩古柏行》卷識真，陳步一，藝術市場，2008 年第 10 期。

168. 金代碑石上的任詢書跡，伊葆力，北京遼金文物研究，北京燕山出版社，2005 年。

169.《表海亭詩》殘碑考證——山東青州發現金代書法藝術瑰寶，李森，北方文物，2004 年第 2 期。

170. 新見耶律履書跡，伊葆力，金代碑石叢稿，中州古籍出版社，2004 年。

171. 新見耶律履書跡，伊葆力，遼金文物擷英，（美國）逍遙出版社，2005 年。

172. 新見耶律履書跡，張曉梅，北京遼金文物研究，北京燕山出版社，2005 年。

173. 契丹與中國古代民族音樂文化之研究，董藝，內蒙古師範大學碩士學位論文，2006 年。

174. 遼音樂之散樂考略，沈軍山、李海風，文物春秋，2003 年第 6 期。

175. 論遼代軍樂，白光，北方文物，2007 年第 4 期。

176. 考古出土遼代樂器定名正誤，梅鵬雲，邊疆考古研究（第 8 輯），科學出版社，2009 年。

177. 對契丹箏的初步考查——契丹與中原箏的比較及思考，楊娜妮，樂府新聲（瀋陽音樂學院學報），2010 年第 2 期。

178. 遼金元教坊制度源流考，黎國韜，學術研究，2008 年第 5 期。

179. 遼代教坊樂及其對其它民族樂舞藝術的借鑒，于淑華，昭烏達蒙族師專學報，2004 年第 3 期。

180. 淺談遼代宗教與遼代樂舞文化的「共同點」，管琳，時代教育（教育教學），2010 年第 6 期。

181. 全真教與金代樂舞，王定勇，求索，2010 年第 9 期。

182. 墓室壁畫「散樂圖」，陳康，北京遼金文物研究，北京燕山出版社，2005年。

183. 論遼代的國樂及諸國樂，王福利，中國音樂，2005 年第 1 期。

184. 論唐代音樂與遼代音樂之關係，董藝，內蒙古師範大學學報（哲學社會科學版），2009 年第 3 期。

185. 論遼宮廷音樂對中原王朝音樂文化的繼承與融合，王福利，（香港）中國文化研究所學報（第 44 期新第 13 期），2004 年。

186. 海青、契丹、琵琶與琵琶曲《海青拿天鵝》──有關契丹音樂文化學習考察研究筆箚，陳秉義、楊娜妮，樂府新聲（瀋陽音樂學院學報），2008年第 2 期。

187. 海青、契丹、琵琶與琵琶曲《海青拿天鵝》（續）──有關契丹音樂文化學習考察研究筆箚，陳秉義，樂府新聲（瀋陽音樂學院學報），2008 年第 3 期。

188. 遼大樂及其相關問題，王福利，黃鐘──武漢音樂學院學報，2005 年第4 期。

189. 遼金元三史樂志研究，王福利，揚州大學博士學位論文，2003 年。

190. 從遼金元三史的編纂看其樂志的史料來源，王福利，黃鐘，2002 年第 4期。

191. 遼、金、元三史樂志獻疑，王福利，新國學（第五卷），巴蜀書社，2003年。

192.《遼史‧樂志》中的「四旦」是四宮嗎？，劉勇，中央音樂學院學報，2001年第 3 期。

193.《遼史‧樂志》中的「四旦」不是四宮嗎？，孫新財，中央音樂學院學報，2002 年第 1 期。

194.《遼史‧樂志》中的「四旦」不是四宮，楊善武，中央音樂學院學報，2002年第 4 期。

195.《遼史‧樂志》中的「四旦」眞是四宮嗎，劉勇，中國音樂，2004 年第 4期。

196. 北京宮廷音樂研究之金朝宮廷音樂，崔競源，黃河之聲，2008 年第 9 期。

197. 宋（金）元時期音樂發展的特點及其歷史意義，崔莉，青海師範大學學報（哲學社會科學版），2004 年第 3 期。

198. 論宋（金）、元、明、清時期中國說唱音樂的藝術形態（上、下），胡天虹，樂府新聲——瀋陽音樂學院學報，2006 年第 1、2 期。

199. 論金院本之特徵及金元曲與傳統文學的關係，牛貴琥，晉中學院學報，2010 年第 6 期。

200. 院本之名源於金代教坊散樂，王萬嶺，中華文史論叢（第 80 輯），上海古籍出版社，2005 年。

201. 金教坊考，張影，華中科技大學學報（社會科學版），2004 年第 2 期。

202. 論金對唐宋禮樂典制的繼承，王福利，（香港）中國文化研究所學報（新第 12 期），2003 年。

203. 制度視角下遼、宋、金、元的大樂，張詠春，天津音樂學院學報，2005 年第 1 期。

204. 遼、金宮廷雅樂之比較，董藝，內蒙古藝術，2005 年第 1 期。

205. 宋金戲曲發展的文物考察，元鵬飛、王海燕，藝術百家，2004 年第 1 期。

206. 宋金「十大曲（樂）」箋說，張鳴，文學遺產，2004 年第 1 期。

207. 晉南出土金元磚雕的音樂學研究，馮曉琴，山西大學碩士學位論文，2010 年。

208. 粗陋的珍寶——江蘇常熟博物館所藏完顏璹編鍾辨偽，王子初，中國音樂學，2010 年第 3 期。

209. 契丹族的音樂舞蹈藝術探論，黃鳳岐，阜新遼金史研究（第五輯），中國社會出版社，2002 年。

210. 淺析遼代舞蹈的多元化及其原因，盛力敏，大眾文藝，2010 年第 15 期。

211. 兩宋時期遼、金、西夏的歌舞及其與漢族的交流，王菲菲，藝術百家，2009 年第 3 期。

212. 內蒙古地區有關遼代樂舞的文物資料，蘇東，遼金契丹女真史研究，2007 年第 1、2 期。

213. 淺談遼朝契丹族的舞蹈藝術，文華，內蒙古大學學報（人文社會科學版），2006 年第 4 期。

214. 契丹族舞蹈發展過程及其作用，文華、朱豔雁，理論觀察，2010 年第 6 期。

215. 大榆樹堡竹馬舞：瀕危的契丹人狩獵舞蹈，寧旭，遼寧日報，2005 年 10 月 31 日。

216. 罕見的金代「雜劇」舞蹈壁畫，冷焱，舞蹈，2003 年第 6 期。

217. 金代墓室中的《扛瓜舞》，冷焱，舞蹈，2003 年第 2 期。

218. 二人轉起源新證——源於金代臻蓬蓬歌，發祥於金上京地區，郭長海、趙人，遼金史論集（第 10 輯），中國社會科學出版社，2007 年。

219. 談「呼鹿、刺虎、搏熊」舞蹈動作的史料來源，陳春霞，北方文物，2004 年第 1 期。

220. 契丹とイスラームの美術工芸における類似性：中國文物調查旅行を通じて，菅原一眞，龍谷大學大學院國際文化研究論（5），2007 年。

（六）體育

1. 論遼代體育對金元清體育的影響，劉剛，昭烏達蒙族師專學報，2004 年第 1 期。

2. 遼朝體育的特點及成因分析，劉剛，赤峰學院學報（自然科學版），2005 年第 1 期。

3. 論遼朝體育的歷史地位和作用，劉剛，赤峰學院學報（自然科學版），2006 年第 3 期。

4. 試析遼朝的軍事體育，劉剛，赤峰學院學報（自然科學版），2009 年第 3 期。

5. 遼與北宋競技體育的若干比較，劉剛，內蒙古社會科學（漢文版），2002 年第 3 期。

6. 遼、金、元時代的馬球運動，謝瑾，運動，2010 年第 9 期。

7. 宋遼金時期的馬球運動，張長海，文物世界，2008 年第 2 期。

8. 「圓淨滑一星流，月仗爭敲爲擬休」：遼代馬球運動考，吳興文，萬象，2007 年第 7 期。

9. 遼代民間「奧運會」寫眞——彩繪木雕馬球運動屏風，付紅領，藝術市場，2008 年第 1 期。

10. 宋金時期的相撲運動——從金代相撲俑談起，梁勉，收藏，2008 年第 4 期。

11. 論金代體育，王久宇，體育文化導刊，2009 年第 5 期。

12. 金代馬球散論，楊軍，遼金契丹女眞史研究，2008 年第 1 期。

13. 金代馬球散論，楊軍，黑龍江社會科學，2009 年第 3 期。

14. 金元時北京的球類運動，周士琦，參考消息・北京參考，2005 年 3 月 22 日。

15. 金元時期北京的馬球，周士琦，尋根，2005 年第 2 期。

16. 金代戍邊士卒娛樂活動之圍棋歷史管窺，吉豔華，青年文學家，2006 年第 4 期。

17. 一盤陶製象棋，礫華，中國文物報，2005 年 6 月 8 日總第 1324 期。

18. 金代的摔跤——拔里速戲，凱和，金上京文史論叢（第二集），哈爾濱出版社，2008 年。

19. 宋・遼・西夏・金時代における武術の發展變化の實相に關する研究，林伯原、周佩芳，武道・スポーツ科學研究所年報（9），2004 年。

（七）圖書、印刷

1. 遼金時期西京的出版業，杜成輝，雁北師範學院學報，2001 年第 3 期。

2. 黑水城出土の遼刊本について，竺沙雅章，汲古（43 號），2003 年 6 月。

3. 關於黑水城出土的遼代刻本，竺沙雅章著，申軍譯，文津學志，2007 年第 2 期。

4. 宋遼金元時期山西的雕版印刷（上、下），楊文，新聞出版交流，2001 年第 2、3 期。

5. 金元時期平水版印刷考述（上、下），李晉林，文獻，2001 年第 2、3 期。

6. 印刷字體史話（七）遼、夏、金、元的印刷字體，羅樹寶，印刷雜誌，2004 年第 2 期。

7. 有關唐、遼、西夏印刷品的重大發現，齊吉祥，歷史教學，2005 年第 3 期。

8. 金代的圖書事業，孫麗軍，圖書館建設，2003 年第 1 期。

9. 試論金代圖書的流通渠道——以學校爲研究對象，李西亞，吉林師範大學學報（人文社會科學版），2010 年第 6 期。

10. 金代各地刻書的差異性探析，李西亞，蘭臺世界，2010 年第 5 期。

11. 金代刻書地點考，李西亞，北方文物，2010 年第 2 期。

12. 遼金時期山西刻書業繁榮的原因，侯秀林，忻州師範學院學報，2010 年第 6 期。

13. 遼金元時代私家藏書概略，葉雪冬，煙臺師範學院學報（哲社版），2002 年第 1 期。

14. 遼金藏書家考，周峰，北方文物，2007 年第 2 期。

15. 遼金時期山西佛寺藏書淺探，張若雅，科技情報開發與經濟，2010 年第 19 期。

16. 論金代社會的藏書風尚，薛瑞兆，求是學刊，2006 年第 6 期。

十一、文學

（一）綜論

1. 20 世紀的遼金文學研究，周惠泉，遼金史論叢——紀念張博泉教授逝世三週年論文集，吉林人民出版社，2003 年。

2. 20 世紀遼金文學研究存在的問題與不足，李正民、裴興榮，晉陽學刊，2004 年第 3 期。

3. 遼金文學研究的回顧與前瞻，張晶，學術研究，2005 年第 3 期。

4. 遼金文學研究取得新的突破，富育光，北方論叢，2003 年第 4 期。

5. 遼金文學的歷史定位與研究述評，周惠泉，中國社會科學，2005 年第 5 期。

6. 遼金文學研究與宋元文學研究，胡傳志，學術研究，2005 年第 3 期。

7. 12 世紀初至 13 世紀中期中國文學分流發展階段性特徵論略，沈文雪，長春師範學院學報，2004 年第 8 期。

8. 對弱勢學科與方法論的思考，鄧紹基，學術研究，2005 年第 3 期。

9. 遼金文學的邊緣活力，孫明、孫黎，社會科學報，2005 年 9 月 29 日。

10. 遼金元文學與文人境遇，徐子方，民族文學研究，2003 年第 1 期。

11. 從另一角度看文人境遇與遼金元文學，徐子方，光明日報，2003 年 7 月 30 日。

12. 地域文化視野中的遼金文學研究，趙維江，學術研究，2005 年第 3 期。

13. 北方地域文化與遼金元文學，趙維江，文史哲，2005 年第 1 期。

14. 北方地域文化生態中的遼金元文學創作格局，趙維江，吉林大學社會科學學報，2005 年第 5 期。

15. 遼金元時期北方地域文化生態與文學創作格局概觀，趙維江，中國詩學研究・第 3 輯・遼金詩學研究專輯，上海古籍出版社，2004 年。

16. 遼金元文學構成的新主體——非漢族文人群體研究，胡淑慧，浙江大學博士學位論文，2005 年。

17. 遼代文學論，周惠泉，社會科學戰線，2003 年第 2 期。

18. 融合與互補：遼代文學論，孫黎，吉林日報，2003 年 10 月 11 日。

19. 試論遼代文學，胡淑慧，語文學刊，2005 年第 3 期。

20. 略論遼代文學及文化制度，胡淑慧，浙江大學學報（人文社會科學版），2005 年第 3 期。

21. 遼代文學的數量、寫作與流傳，黃震雲，民族文學研究，2006 年第 3 期。

22. 遼代文學的數量、寫作與流傳，黃震雲，遼金契丹女真史研究，2006 年第 1 期。

23. 遼代文學的寫作與流傳，黃震雲，光明日報，2007 年 7 月 6 日第 11 版。

24. 遼代的文化觀念和文學思想，黃震雲，遼金史研究，中國文化出版社，2003 年。

25. 遼代的文化觀念和文學思想，黃震雲，民族文學研究，2003 年第 2 期。

26. 遼代的文化風貌和文學關係，黃震雲，徐州師範大學學報（哲社版），2001 年第 1 期。

27. 十至十二世紀漢文化教育影響下的契丹文學，王治理、喬倓，海外華文教育，2010 年第 4 期。

28. 論遼代的契丹文文學，周惠泉，江蘇大學學報（社會科學版），2006 年第 2 期。

29. 遼代的契丹文文學，周惠泉，吉林日報，2003 年 11 月 15 日。

30. 遼代的契丹文文學，周惠泉，光明日報，2007 年 3 月 31 日。

31. 遼代契丹文文學鈎沉，周惠泉、孫黎，北方民族，2006 年第 2 期。

32. 遼耶律氏詩詞文學接受史雜考，陳磊，新西部（下半月），2007 年第 10 期。

33. 遼人正統觀及其文學表現，張琴，山西師大學報（社會科學版），2007 年第 4 期。

34. 金人正統觀及其文學表現，劉達科，民族文學研究，2008 年第 1 期。

35. 契丹文學與遼文化的關係，吳奕璿，瀋陽師範大學學報（社會科學版），2010 年第 4 期。

36. 阜新契丹民族的文學與藝術，石金民，遼金史研究，吉林大學出版社，2005 年。

37. 遼代文學史料整理的回顧與思考，劉達科，山西師大學報（社會科學版），2003 年第 2 期。

38. 遼代詩學思想論衡，張晶，江蘇大學學報（社會科學版），2005 年第 5 期。

39. 遼代佛教文學形態探究，高磊，陝西師範大學碩士學位論文，2008 年。

40. 遼代文學作品中的「禪意」與「佛緣」──「佛教文化與遼代社會變遷」研究之三，張國慶、張冠男，遼金歷史與考古（第一輯），遼寧教育出版社，2009 年。

41. 遼代后族詩文風格衍變溯源，陳磊，時代文學（理論學術版），2007 年第 3 期。

42. 漢家詩韻遼國聲──遼代詩歌簡介，郝慶雲，哈爾濱學院學報，2001 年第 6 期。

43. 論遼代的宗教詩，黃震雲，遼金契丹女眞史研究（總第 34 期），2004 年。

44. 論遼代的宗教詩，黃震雲，遼金史論集（第十一輯），吉林文史出版社，2008 年。

45. 遼代詩歌創作中的唐詩接受，胡建次，滄州師範專科學校學報，2007 年第 2 期。

46. 民族瑰寶，千古奇葩──談契丹族的詩歌特點，秦星，遼金史研究，吉林大學出版社，2005 年。

47. 遼代的詩歌與城市文化，黃震雲，遼金契丹女眞史研究，2007 年第 1、2 期。

48. 遼代詩詞演進及儒學意識增強淺析，陳磊，科教文匯（下旬刊），2007 年第 7 期。

49. 遼朝漢族文人心態透視，劉達科，江蘇大學學報（社會科學版），2006 年第 6 期。

50. 遼代詩文用韻新考，張建坤，福建教育學院學報，2010 年第 6 期。

51. 論遼代的韻文，黃震雲，中國詩學研究‧第 3 輯‧遼金詩學研究專輯，上海古籍出版社，2004 年。

52. 論遼代帝王后妃詩，田意可，太原師範學院學報（社會科學版），2007 年第 5 期。

53. 論遼代蕭觀音詩歌的女性書寫，閆薇，中國科學教育，2007 年第 8 期。

54. 中國婦女文學之翹楚──契丹族女詩人蕭瑟瑟及其作品，周惠泉，古典文學知識，2004 年第 1 期。

55. 遼代契丹族女詩人蕭觀音的詩詞，周惠泉，文史知識，2004 年第 11 期。

56. 金代契丹文人簡論，胡傳志，中國‧平泉首屆契丹文化研討會論文集，吉林大學出版社，2010 年。

57. 金代小說舉隅，牛貴琥，民族文學研究，2008 年第 4 期。

58. 宋金文學整合研究，沈文雪，浙江大學博士學位論文，2006 年。

59. 宋金文學一體論，沈文雪，社會科學戰線，2007 年第 3 期。

60. 宋金文學的文化考察及其研究定位，沈文雪，長春大學學報，2009 年第 5 期。

61. 宋金元文學關係瑣言，王昊，光明日報，2003 年 1 月 29 日。

62. 宋遼金文學關係論，胡傳志，文學評論，2007 年第 4 期。

63. 宋遼金俗文學交流若干事實的文學史意義，楊萬里，殷都學刊，2005 年第 4 期。

64. 試論宋金關係與文學創作觀念體系的構建，沈文雪，長春大學學報，2007 年第 1 期。

65. 同構異質：宋金文學整合研究淺議，沈文雪，晉陽學刊，2003 年第 5 期。

66. 宋金對峙中期南北文士心態與文學格調，沈文雪，社會科學輯刊，2010 第 5 期。

67. 遼金元詩歌的價值觀照，董國炎，中國詩學研究‧第 3 輯‧遼金詩學研究專輯，上海古籍出版社，2004 年。

68. 金朝北方民族文學發微，劉達科，山西師大學報（社會科學版），2006 第 3 期。

69. 金朝多民族文學格局析論，劉達科，江蘇大學學報（社會科學版），2006 年第 2 期。

70. 金代後期政治生態與文學風格的演變，沈松勤、龍小松，浙江大學學報（人文社會科學版），2009 年第 1 期。

71. 遼金文學的南北交融，楊春雁，忻州師範學院學報，2005 年第 6 期。

72. 論遼金文學的北方民族文化特質，賀利，內蒙古農業大學學報（社會科學版），2010 年第 6 期。

73. 民族體質融合對遼金文學的歷史意義，劉達科，江蘇大學學報（社會科學版），2008 年第 2 期。

74. 民族文化融合與遼金詩歌的發展流變──遼金詩歌與宋詩的關係研究，周秀榮，南京師範大學碩士學位論文，2002 年。

75. 論宋金詩歌間的關係，周秀榮，黃岡師範學院學報，2002 年第 4 期。

76. 遼金與宋文學交流中的戰爭媒介，于靜宇、高穎、趙丹丹，社會科學論壇（學術研究卷），2005 年第 10 期。

77. 碰撞、交流、融合──論戰爭媒介與遼金宋的文學交流，于靜宇、高穎、趙丹丹，內蒙古社會科學（漢文版），2006 年第 1 期。

78. 中州萬古英雄氣，也到陰山敕勒川──金代文學創作論，李文澤，宋代文化研究（第 11 輯），線裝書局，2003 年。

79. 金代山西文學論略，李正民，山西師大學報（社會科學版），2003 年第 2 期。

80. 略論金代山西文人與地域文學的發展及原因，王萬志，史學集刊，2009 年第 2 期。

81. 地方志對山西本土金代作家信息增補研究，李宇星，山西高等學校社會科學學報，2010 年第 1 期。

82. 金代文學與女眞族文學歷史發展新探，周惠泉，江蘇大學學報（社會科學版），2008 年第 2 期。

83. 論金代女眞族口傳長篇敘事文學的發現在文學史上的意義，周惠泉，江蘇大學學報（社會科學版），2009 年第 1 期。

84. 蘇、黃之風與金代文學，晏選軍，學術研究，2003 年第 6 期。

85. 金初耆舊作家與庾信之比較，牛貴琥，山西大學學報（哲學社會科學版），2005 年第 1 期。

86. 析金代山西詩人群，李焱，語文學刊（高等教育），2010 年第 10 期。

87. 金代洛西詩人群體的文學史意義，扈耕田，湖南科技學院學報，2007 年第 11 期。

88. 《歸潛志》與金代文壇的文學活動，白顯鵬，內蒙古民族大學學報（社會科學版），2010 年第 6 期。

89. 說部淵源的歷史追尋與金代文學的深入研究，周惠泉，文學評論，2008 年第 2 期。

90. 論金代文學中所表現的「中國」意識和華夏正統觀念，劉揚忠，吉林大學社會科學學報，2005 年第 5 期。

91. 論金代多元一體的各民族文學（上、下），周惠泉，吉林師範大學學報（人文社會科學版），2006 年第 2、3 期。

92. 金代女眞文學的民族文化特徵及其成因，劉丹，鄭州航空工業管理學院學報（社會科學版），2006 年第 5 期。

93. 略論女眞文學的文化藝術特徵，劉丹，遼寧教育行政學院學報，2005 年第 9 期。

94. 女眞民族性格與金代散文風格關係管見，王永，中央民族大學學報（哲學社會科學版），2006 年第 3 期。

95. 金代女眞族口傳長篇敘事文學的發現，社會科學報，2008 年 9 月 11 日。

96. 從金源文論看「蘇學北行」，張惠民，樂山師範學院學報，2007 年第 4 期。

97. 也論「蘇學盛於北」，魏崇武，民族文學研究，2008 年第 1 期。

98. 蘇軾對遼、金、元文壇的影響，張尹炫，菏澤師範專科學校學報，2001 年第 3 期。

99. 鄉關之思與出處之痛——金初詩人心態淺析，劉瑋，哈爾濱工業大學學報（社會科學版），2007 年第 1 期。

100. 試論金代「國朝文派」的發展演變，李正民，中國詩學研究·第 3 輯·遼金詩學研究專輯，上海古籍出版社 2004 年。

101. 試論金代「國朝文派」的發展演變，李正民，民族文學研究，2004 年第 2 期。

102. 金代「國朝文派」的性質及其內涵新探，胡傳志，江蘇大學學報（社會科學版），2009 年第 2 期。

103. 論「國朝文派」時期女眞皇帝的文學創作，王曉輝，學術交流，2010 年第 11 期。

104. 金代科舉對文學的影響，劉達科，江蘇大學學報（社會科學版），2007 年第 2 期。

105. 僞齊文學論，鄒春秀，民族文學研究，2010 年第 2 期。

106. 文化融合與排拒中的金代詩歌，張晶，殷都學刊，2002 年第 3 期。

107. 金代的「說話」藝術與話本小說的發展，王昊，北方論叢，2004 年第 3 期。

108. 讀者的接受願望和權利——鶯鶯故事在宋金時代的接受分析，黃定華，高等函授學報（哲學社會科學版），2006 年第 2 期。

109. 論金代藝文的歷史遭遇，薛瑞兆，暨南學報（哲學社會科學版），2006 年第 4 期。

110. 從伯喈故事的承傳看金代藝文的散佚，姜麗華，山東文學，2007 年第 8 期。

111. 論金代中期的文化生態及隱逸自適詩風的形成，楊忠謙，求索，2006 年第 9 期。

112. 宋金元時期的文學史學，羅立剛，江海學刊，2001 年第 5 期。

113. 深袞大馬歌悲風——金代詩詞文學創作論略，李文澤，四川大學學報（哲學社會科學版），2002 年第 4 期。

114. 金元明清 突兀雙峰——金元明清修辭研究撮要，孟昭泉，平頂山師專學報，2002 年第 1 期。

115. 憫世、用世、遁世：金元之際文人活動及創作，黃雅純，（臺灣）佛光大學碩士學位論文，2008 年。

116. 論金末文學觀念的紛爭，胡傳志，東方叢刊（4），廣西師範大學出版社，2001 年。

117. 法古與師心：金末文壇的趙、李之爭，晏選軍，中南大學學報（社會科學版），2005 年第 5 期。

118. 論南宋使金文人的創作，胡傳志，文學遺產，2003 年第 5 期。

119. 南宋から金へ使いした文人たち——その創作活動と內容について，胡傳志著，高橋幸吉訳，橄欖：宋代詩文研究會會誌（12），宋代詩文研究會，2004 年 3 月。

120. 佛禪話語與金代詩學，劉達科，社會科學戰線，2009 年第 12 期。

121. 佛禪與金朝文學的藝術表現，劉達科，太原師範學院學報（社會科學版）
     2010 年第 2 期。

122. 金詩中的佛禪情趣，劉達科，運城學院學報，2010 年第 6 期。

123. 佛禪與金詩中的閒適野逸意識，劉達科，山西大同大學學報（社會科學
     版），2010 年第 6 期。

124. 金代後期的詩學思想論爭，張安祖，文史知識，2007 年第 11 期。

125. 貞祐南渡與士風變遷──對金末文壇的一個側面考察，晏選軍，社會科
     學輯刊，2003 年第 5 期。

126. 論金代文人的涉宋創作，胡傳志，社會科學戰線，2003 年第 2 期。

127. 略論入金遼人的文學意義，胡傳志，民族文學研究，2006 年第 4 期。

128. 入金不仕的宋人詩歌及其文學意義，胡傳志，求是學刊，2007 年第 3 期。

129. 略論仕金宋人的詩歌新變，胡傳志，江西師範大學學報（哲學社會科學
     版），2007 年第 2 期。

130. 清代金詞研究述略，裴喆，洛陽師範學院學報，2006 年第 6 期。

131. 黃庭堅詩歌在金元的傳播，邱美瓊，九江學院學報（社會科學版），2006
     年第 1 期。

132. 黃庭堅詩歌在金代的文學定位──從劉祁《歸潛志》談起，薛乃文，（臺
     灣）雲漢學刊（第 17 期），2009 年 3 月。

133. 金末における黃庭堅批判──李純甫、王若虛、元好問を例として，高
     橋幸吉，橄欖：宋代詩文研究會會誌（10），宋代詩文研究會，2001 年
     12 月。

134. 況周頤的金元詞研究，楊柏嶺，殷都學刊，2005 年第 1 期。

135. 金代文人眼中的南宋文學，胡傳志，光明日報，2005 年 4 月 15 日。

136. 金人使宋行為的文學觀察，胡傳志，求是學刊，2010 年第 3 期。

137. 金代文學文獻研究的成就及不足，薛瑞兆，學術研究，2005 年第 3 期。

138. 試論金源詩學的尊陶之風，高林廣，內蒙古師範大學學報（哲學社會科
     學版），2003 年第 2 期。

139. 金元詩人與唐詩的關係探論，王輝斌，江淮論壇，2009 年第 2 期。

140. 金元詩歌變唐的特色與成就，王輝斌，三峽大學學報（人文社會科學版），
     2009 年第 2 期。

141. 論金元士人對韓愈接受的特點，全華凌，求索，2009 年第 9 期。

142. 金末元初文人論黃庭堅，高橋幸吉，民族文學研究，2004 年第 3 期。

143. 金元耶律氏文學世家探論，劉達科，民族文學研究，2003 年第 2 期。

144. 金元辭賦研究，武懷軍，山東大學博士學位論文，2001 年。

145. 論金元之際東平文人的詞賦之學，趙忠敏，北京理工大學學報（社會科學版），2009 年第 5 期。

146. 宋金季末詩的時代心理比觀與文化闡釋，狄寶心，民族文學研究，2004 年第 1 期。

147. 宋金南北渡文士心態與文學格調，沈文雪，社會科學輯刊，2008 年第 5 期。

148. 元初宋金遺民詞人研究，牛海蓉，陝西師範大學博士學位論文，2004 年。

149. 宋金遺民詞風差異及原因，牛海蓉，民族文學研究，2007 年第 3 期。

150. 宋金遺民差異探因，牛海蓉，古籍整理研究學刊，2005 年第 6 期。

151. 宋金遺民詩歌的不同內涵，牛海蓉，求索，2007 年第 10 期。

152. 宋金遺民的心理差異及其在詩歌中的表現，牛海蓉，上海大學學報（社會科學版），2008 年第 2 期。

153. 論金遺民文學之文化心理闡釋，陶然，杭州師範學院學報（社會科學版），2006 年第 1 期。

154. 宋金元誌人小說敘錄，張家維，國立臺北大學碩士學位論文，2008 年。

155.《全元文》之輯佚與女眞族古文家李術魯翀，張文澍，民族文學研究，2004 年第 2 期。

156. 河南方志所載金代作家傳記資料彙考，師瑩，山西大學碩士學位論文，2007 年。

157. 山西方志所載金代作家資料研究，李宇星，山西大學碩士學位論文，2007 年。

158. 河北地方志載金代作家文獻研究，李潤民，山西大學碩士學位論文，2007 年。

159. 金代皖籍文學家考述，秦蔚，牡丹江大學學報，2008 年第 6 期。

（二）詩

1. 遼代詩歌探論，姜馨麗，蘭州大學碩士學位論文，2008 年。

2. 遼金時期的樂府詩述論，王輝斌，寧夏大學學報（人文社會科學版），2010
年第 4 期。

3. 宋初詩歌諸體與遼代詩風，黃鳴，民族文學研究，2010 年第 3 期。

4. 阿魯科爾沁旗寶山遼二號壁畫墓詩文賞析，張豔秋、曹鐵紅，中國古都研
究（第 18 輯上冊）──中國古都學會 2001 年年會暨赤峰遼王朝故都歷史
文化研討會論文集，國際華文出版社，2002 年。

5. 遼代契丹文文學的代表作：《醉義歌》，周惠泉，古典文學知識，2007 年
第 1 期。

6. 《醉義歌》與契丹文人的精神狀態，賈秀雲，中國詩學研究・第 3 輯・遼
金詩學研究專輯，上海古籍出版社，2004 年。

7. 明月知情鑒千古──蕭觀音《懷古》詩淺析，王傳飛，閱讀與寫作，2002
年第 2 期。

8. 金代統一區域文化形成後的詩歌理論，牛貴琥，民族文學研究，2010 年
第 3 期。

9. 金詩學唐的歷程，王錫九，南京工業大學學報（社會科學版），2003 年第
2 期。

10. 金代中後期四家的唐詩之論，邱美瓊，吉林師範大學學報（人文社會科學
版），2008 年第 2 期。

11. 遼金元在唐詩學史上的貢獻，胡建次，齊齊哈爾大學學報（哲學社會科學
版），2005 年第 1 期。

12. 金與南宋詩壇棄宋宗唐的同中之異及成因，狄寶心，文學遺產，2004 年第
6 期。

13. 大定詩壇研究，楊忠謙，華東師範大學博士學位論文，2007 年。

14. 金代詩人與詩學視野中的陶淵明，張秋爽，吉林大學碩士學位論文，2006
年。

15. 金代における陶淵明の受容，高橋幸吉，中國研究（2），慶應義塾大學日
吉紀要刊行委員會，2009 年。

16. 悲戀逝去故國與渴望新朝和平──論河汾諸老詩歌的家國主題，苗鑫，河
北建築科技學院學報（社科版），2004 年第 4 期。

17. 論「河汾之派」的詩歌創作，苗鑫，河北大學碩士學位論文，2004 年。

18. 遼金元絕句詩探驪,劉達科,江蘇大學學報(社會科學版),2005 年第 5 期。

19. 金元大家眼中的江西詩派,劉洪超,語文學刊,2007 年第 12 期。

20. 金元詩的發展,鄧紹基,荊州師範學院學報,2002 年第 4 期。

21. 宋金元哲理詩探論,王輝斌,南陽師範學院學報,2010 年第 8 期。

22. 論遼金元帝王詩與民族文化融合,田同旭,天風海濤——中國・陵川郝經暨金元文化學術研討會論文集,山西春秋電子音像出版社,2007 年。

23. 論金元帝王詩與民族文化融合,田同旭,民族文學研究,2008 第 2 期。

24. 論金朝詠寺酬僧詩,張琴,太原師範學院學報(社會科學版),2010 年第 5 期。

25. 金代澤州題留詩賞析,邵卯仙,晉城職業技術學院學報,2009 年第 6 期。

26. 宋金元詩詠青海,李逢春,中國土族,2009 年第 3 期。

27. 金元詩數題,史鐵良,株洲師範高等專科學校學報,2004 年第 4 期。

28. 金元詩論視野中的「趣」,胡建次,濟南大學學報(社會科學版),2004 年第 4 期。

29. 金代民俗文化與趙秉文詩歌,薛文禮,民族文學研究,2008 年第 3 期。

30. 趙秉文詩校注,馬振君,哈爾濱師範大學碩士學位論文,2009 年。

31. 胸中度世乃吾事 坐令千里當雙眸——論趙秉文的題畫詩,劉佩偉,樂山師範學院學報,2010 年第 3 期。

32. 趙秉文題畫詩文本分析,呂肖奐,廣州大學學報(社會科學版),2006 年第 1 期。

33. 《明昌辭人雅製》與趙秉文的詩學思想,劉達科,學術交流,2006 第 5 期。

34. 猶有憂時心未已——讀趙秉文《至日次劉雲卿韻》,田玉琪,名作欣賞,2006 年第 15 期。

35. 王寂詩歌研究,張懷宇,黑龍江大學碩士學位論文,2008 年。

36. 王寂題畫詩析論,呂肖奐,廣州大學學報(社會科學版),2006 年第 10 期。

37. 金代詩人趙秉文、楊宏道、李俊民、姬志真詩歌用韻研究,崔彥,北京大學碩士學位論文,2004 年。

38. 李俊民、段氏二妙詩詞文用韻考,丁治民,東南大學學報(哲學社會科學版),2003 年第 2 期。

39. 劉祁逸詩四首詳析，杜成輝，北方文物，2008 年第 3 期。

40. 金、元時期詠昭君詩研究，陳曉薇，（臺灣）雲漢學刊（第 12 期），2005
    年 7 月。

41. 方志中的金詩拾遺，薛瑞兆，古籍整理研究學刊，2006 年第 6 期。

42.《永樂大典》金詩拾遺，薛瑞兆，古籍整理研究學刊，2006 年第 5 期。

43.《文翰類選大成》金詩拾遺，沈仁國，江蘇教育學院學報（社會科學版），
    2009 年第 4 期。

44.《全宋詩》誤收金元明詩考，阮堂明，蘇州科技學院學報（社會科學版），
    2010 年第 1 期。

45. 金詩文獻管窺，楊鐮，中國詩學（第十一輯），人民文學出版社，2006 年。

46. 從異常押韻及詩詞格律分析談《全金詩》校勘 61 則，崔彥，中國典籍與
    文化，2010 年第 1 期。

47.《欽定四庫全書總目》對金元詩歌的批評，崔海軍，滄州師範專科學校學
    報，2010 年第 1 期。

48. 并州豪傑未凋零——讀李汾詩《雪中過虎牢》，董曉玲，文史知識，2007
    年第 2 期。

49. 論宋金詩學對詩情表達理論的探索，張思齊，煙臺大學學報（哲學社會科
    學版），2001 年第 2 期。

50. 宋金元奉使詩探論，王輝斌，江淮論壇，2010 年第 2 期。

51. 論楊萬里接送金使詩，胡傳志，文學遺產，2010 年第 4 期。

52. 金の使者を送迎した楊萬里の詩について，胡傳志著，高橋幸吉訳，橄欖：
    宋代詩文研究會會誌（17），宋代詩文研究會，2010 年 3 月。

53. 從選本看元和詩歌在唐宋金元的傳播接受——以元和十大詩人作品入選
    率及其變化爲中心，尚永亮、洪迎華，求是學刊，2010 年第 5 期。

54. 宋金元王維接受研究，張進，西北大學學報（哲學社會科學版），2010 年
    第 2 期。

55. 厚重且通達——淺析《滹南詩話》之鑒賞論，胡蓉，邢臺學院學報，2010
    年第 3 期。

56. 從修辭學角度出發之批評觀點：評王若虛《滹南詩話》，林欣怡，修辭論
    叢（第五輯），國立臺灣師範大學國文學系，2003 年。

57. 王若虛《滹南詩話》研究，洪淑琴，（臺灣）東海大學碩士學位論文，2010年。

58. 劉祁《歸潛志》之詩學析探，吳聲祐，（臺灣）國文學報（第 12 期），2005年。

（三）詞

1. 金詞生成史研究——以影響金詞生成的幾個因素爲切入點，李靜，中國社會科學院博士後出站報告，2008 年。

2. 金初詞壇的群落構成芻論，李靜，社會科學戰線，2010 年第 9 期。

3. 論金詞的用調，田玉琪，江蘇大學學報（社會科學版），2009 年第 6 期。

4. 宋金詞詞序研究，王海南，吉林大學碩士學位論文，2007 年。

5. 論金元北宗詞學的理論建構，趙維江，文藝理論研究，2010 年第 4 期。

6. 「詞曲遞變」初探——兼析「唐曲暗線說」和「唐宋詞樂主體說」，王昊，中國韻文學刊，2009 年第 2 期。

7. 「詞曲遞變」初探——兼析「唐曲暗線說」和「唐宋詞樂主體說」，王昊，吉林大學社會科學學報，2009 年第 3 期。

8. 論曹勳的使金詞，吳冬紅，麗水學院學報，2010 年第 3 期。

9. 洪晧詞研究，陳愛紅，首都師範大學碩士學位論文，2007 年。

10. 論東坡詞在宋金元的傳播與接受，楊蓉，福建師範大學碩士學位論文，2004年。

11. 柳永在宋金元時期的影響，花志紅、賴彬偉，西昌學院學報（人文社會科學版），2006 年第 3 期。

12. 論金、元二代柳永詞的傳播與接受，鄧建，渤海大學學報（哲學社會科學版），2006 年第 1 期。

13. 關於金初詞鑒賞的商榷，劉鋒燾，陝西師範大學學報（哲學社會科學版），2001 年第 2 期。

14. 金詞分期問題芻議（上篇），王昊，湖北大學學報（哲學社會科學版），2006年第 5 期。

15. 12～13 世紀的南北詞派及其關係，趙維江，中國人民大學學報，2001 年第 5 期。

16. 論金詞北派風格之成因，王昊，洛陽師範學院學報，2001 年第 6 期。

17. 談金代詞人的群體劃分，李藝，語文學刊，2004 年第 11 期。

18. 金代詞人群體研究，李藝，中國社會科學院研究生院博士學位論文，2002 年。

19. 金代道士詞人群體的身份認同與詞創作品類論略，李靜，學術交流，2010 年第 8 期。

20. 金代詞家蔡松年詞芻論，張明星，內蒙古民族大學學報（社會科學版），2009 年第 5 期。

21. 試論蔡松年詞及其在金詞史之地位，黃志煌，（臺灣）嘉南學報·人文類（第 32 期），2006 年 12 月。

22. 金代女眞詞人研究，張增吉，蘭州大學碩士學位論文，2006 年。

23. 論金代完顏皇族詞——以胡漢文化融合進程爲中心，劉崇德、于東新，河北大學學報（哲學社會科學版），2010 年第 1 期。

24. 從完顏亮到完顏璹：金代女眞人詞的嬗變軌跡述論，李靜，學術論壇，2010 年第 6 期。

25. 金代大定、明昌詞研究，胡梅仙，暨南大學碩士學位論文，2005 年。

26. 金代大定、明昌詞新質探討，胡梅仙，湖北社會科學，2005 年第 3 期。

27. 論金代大定、明昌詞的田園牧歌情調，胡梅仙，湖北民族學院學報（哲學社會科學版），2005 年第 1 期。

28. 金代中葉大定、明昌年間（1161～1196）文士詞研究，廖婉茹，國立政治大學中國文學研究所碩士學位論文，2010 年。

29. 關於金代大定、明昌詞風的文化考察，于東新，齊魯學刊，2010 年第 4 期。

30. 金代大定、明昌時期綺豔詞風回潮研究，李藝，民族文學研究，2005 年第 4 期。

31. 金代初期吳激的悲婉相濟詞風研究，李藝，名作欣賞，2008 年第 14 期。

32. 王庭筠詞初探，包根弟，（臺灣）輔仁國文學報（增刊），2006 年 1 月。

33. 全眞七子證道詞表現形式的藝術特色，張美櫻，（臺灣）丹道文化（第 25 期），2001 年 4 月。

34. 20 世紀金詞研究的回顧、反思與展望，王昊、崔海正，南陽師範學院學報，2007 年第 7 期。

35. 金元詞人融化唐詩風尙論略，趙永源，江海學刊，2010 年第 2 期。

36. 論宋金詞人對蘇詞的接受與繼承，劉鋒燾，文史哲，2003 年第 3 期。

37. 論北宋詞與金詞的傳承關係，陶然，浙江學刊，2001 年第 4 期。

38. 論金詞與宋詞間的關係，周秀榮，湖北民族學院學報（哲學社會科學版），2002 年第 4 期。

39. 金遺民詞研究，邵鴻雁，吉林大學碩士學位論文，2007 年。

40. 金遺民段氏兄弟及其詞研究，原錦黎，吉林大學碩士學位論文，2007 年。

41. 論金元易代之際河東段氏兄弟的詩詞風格，曾小夢、張新科，山西大學學報（哲學社會科學版），2007 年第 5 期。

42. 金元詞學研究，丁放，河北大學博士學位論文，2001 年。

43. 金元詞的分界，許並生、裴興榮，南陽師範學院學報，2006 年第 11 期。

44. 金元詞曲演變與音樂的關係，趙山林，社會科學戰線，2002 年第 5 期。

45. 金元詞演進軌跡新論，陶然，南陽師範學院學報，2003 年第 4 期。

46. 略論金元詞的類曲傾向，趙維江，齊魯學刊，2003 年第 3 期。

47. 金元少數民族和域外詞人研究，李碧竹，暨南大學碩士學位論文，2008 年。

48. 宋金詞裏看山西，姚玲燕，山西日報，2003 年 11 月 18 日。

49. 金元詞運亦樹骨，胡可先、王慶顯，中國圖書商報，2001 年 10 月 25 日。

50. 「二妙」詞研究，張沫，暨南大學碩士學位論文，2004 年。

51. 金末河東「二妙」文學研究，劉美琴，華東師範大學碩士學位論文，2006 年。

52. 宋金元詞籍文獻研究，鄧子勉，復旦大學博士學位論文，2006 年。

53. 試論金元之際詞曲互滲現象——白樸詞與散曲的比較研究，馬琳娜，南京曉莊學院學報，2006 年第 5 期。

54. 隱者的情懷 遺民的哀歌——論李俊民詞，禤志德，暨南大學碩士學位論文，2005 年。

55. 李俊民莊靖詞名篇解析，馬甫平，滄桑，2006 年第 1 期。

56. 李俊民詩詞用韻之研究，黃淑娟，（臺灣）國立彰化師範大學碩士學位論文，2009 年。

57. 王重陽丘處機詞韻考，王佳蘭，（臺灣）國立彰化師範大學碩士學位論文，2008 年。

58. 馬鈺詞韻考，施惠婷，（臺灣）國立彰化師範大學碩士學位論文，2007 年。
59. 金元詞入聲韻用韻考，趙詠寬，（臺灣）國立彰化師範大學碩士學位論文，2008 年。
60. 類詩與類曲——論詞體特徵在金元時期的嬗變，趙維江，陰山學刊，2001 年第 2 期。
61. 從唱和角度認定宋金元詞人心目中的宋詞名篇，童向飛，湖北大學學報（哲學社會科學版），2007 年第 2 期。
62. 論金代契丹族耶律履父子詞，白顯鵬、于東新，黑龍江民族叢刊，2010 年第 5 期。
63. 女眞「本曲」文學史意義之考察，于東新，民族文學研究，2010 年第 1 期。
64. 宋金曲之曲體及曲調，劉崇德，合肥師範學院學報，2009 年第 5 期。
65. 一位末代女眞貴族的悲情——讀完顏璹《沁園春》詞，姜麗華，文史知識，2007 年第 2 期。
66. 從「宋金大曲」到「金樂府第一」——臨洮鄧千江詞《望海潮》發微，蒲嚮明，河北北方學院學報，2007 年第 2 期。
67. 「金人樂府第一」辨疑——臨洮鄧千江《望海潮》詞解頤申識，蒲嚮明，甘肅高師學報，2007 年第 1 期。
68. 鄧千江以孤篇名世的《望海潮・上蘭州守》，李藝，名作欣賞，2008 年第 11 期。
69. 論金元北曲中的市井之音，張本一，交響——西安音樂學院學報，2009 年第 3 期。

（四）散文

1. 金代散文文獻概觀，王永，江蘇大學學報（社會科學版），2006 年第 6 期。
2. 金代散文研究，王永，華東師範大學博士學位論文，2006 年。
3. 試論金室南渡後散文理論的「平易」與「奇古」之爭，王永，宋代文化研究（第 16 輯），四川大學出版社，2009 年。
4. 金賦論考，谷春俠，吉林大學碩士學位論文，2005 年。
5. 趙秉文對金賦的變革及其賦作，牛海蓉，社會科學戰線，2010 年第 9 期。
6. 趙秉文散文研究，陳蕾安，臺灣中國文化大學碩士學位論文，2004 年。

7. 金元賦史述略，牛海蓉，濟南大學學報（社會科學版），2008 年第 3 期。

8. 王寂散文與金代中期文風指向，王永，中文自學指導，2006 年第 1 期。

9. 王寂《拙軒集》初探，包根弟，（臺灣）文與哲（第 4 期），2004 年 6 月。

10. 金末元初楊弘道散文片論，魏崇武，勵耘學刊（第 2 輯），學苑出版社，2005 年。

11. 略論金末元初李俊民的散文，魏崇武，（香港）新亞論叢，2005 年第 1 期。

12. 金代李俊民散文研究，陳光庭，（臺灣）玄奘大學碩士學位論文，2007 年。

13. 女眞民族性格與金代散文風格關係管見，干永，中央民族大學學報，2006 年第 3 期。

14. 光明俊偉 尙新求變——簡論金末元初楊奐的散文，魏崇武，殷都學刊，2005 年第 3 期。

15. 論金元之際廟學碑記文的文化內涵，陶然，浙江大學學報（人文社會科學版），2004 年第 5 期。

（五）戲劇

1. 遼金元百戲的演出與禁燬，常樂，衡水學院學報，2009 年第 3 期。

2. 遼教坊與演劇，張影，魯東大學學報（哲學社會科學版），2008 年第 4 期。

3. 也談金元雜劇，車文明，戲曲研究（第 62 期），2003 年。

4. 北曲雜劇興起的原因——金代河東地區兩種文化形態的碰撞與融合，劉笑岩，重慶科技學院學報（社會科學版），2010 年第 11 期。

5. 金代戲劇的研究，王禹浪，遼寧師範大學學報，2003 年第 6 期。

6. 合陽跳戲——宋金雜劇的遺響，劉文峰，藝術百家，2005 年第 4 期。

7. 韶坑目連戲演出中的宋金戲劇遺存，王燮，戲曲藝術，2006 年第 3 期。

8. 金元雜劇路歧的表演藝術，徐宏圖，浙江藝術職業學院學報，2003 年第 1 期。

9. 宋金雜劇服飾研究，宋俊華，戲曲藝術，2004 年第 4 期。

10. 宋金「影戲」考，慶振軒，蘭州大學學報，2001 年第 1 期。

11. 宋金戲曲發展的文物考察，元鵬飛、王海燕，藝術百家，2004 年第 1 期。

12. 古代戲曲的搖籃——金院本，薛祥，文史知識，2007 年第 2 期。

13. 「院本」是行院之本嗎？劉曉明，中華文史論叢，2007 年第 2 期。

14. 宋雜劇金院本劇目新探，趙山林，南京師大學報（社會科學版），2001 年
    第 1 期。

15. 金代戲劇形態研究——兼考《輟耕錄》「院本名目」，胡明偉，南都學壇，
    2004 年第 2 期。

16. 論打略拴搐，薛瑞兆，文學遺產，2007 年第 1 期。

17. 宋金都城商業文化的高漲與古典戲曲之成熟，張大新，大連大學學報，2004
    年第 4 期。

18. 宋金都城的繁盛與古典戲曲的成熟，張大新，文學評論，2006 年第 3 期。

19. 南宋金戲曲文物出土情況勘誤，元鵬飛，中華戲曲（第 30 輯），文化藝術
    出版社，2004 年。

20. 金元戲臺研究回顧，車文明，戲曲研究（第 59 輯），2002 年。

21. 羅麗容，宋金元神廟劇場研究，（臺灣）東吳中文學報（第 11 卷），2005
    年 5 月。

22. 山西省發現金代古戲臺，（臺灣）大雅藝文雜誌（第 30 卷），2003 年 12
    月。

23. 山西高平市發現一座有紀年之金代舞庭，延保全，（臺灣）民俗曲藝（第
    140 期），2003 年 6 月。

24. 引戲色及其文物圖像小考，延保全，中華戲曲（第 40 輯），文化藝術出版
    社，2009 年。

25. 末泥色及其文物圖像小考，延保全，中華戲曲（第 39 輯），文化藝術出版
    社，2009 年。

26. 山西繁峙岩山寺戲曲文物考，王奕禎，中華戲曲（第 38 輯），文化藝術出
    版社，2008 年。

27. 從戲曲文物看宋金元雜劇的腳色行當，延保全，中華戲曲（第 36 輯），文
    化藝術出版社，2006 年。

28. 諸宮調與中國戲曲形成，呂文麗，中國藝術研究院博士學位論文，2004
    年。

29. 兩部金代諸宮調作品的宮調分析——兼述與元雜劇宮調相關的問題，鄭祖
    襄，南京藝術學院學報（音樂與表演版），2007 年第 4 期。

30. 金代諸宮調文化生態探尋，王定勇，民族文學研究，2005 年第 4 期。

31. 諸宮調的作家與作品，朱鴻，黃河科技大學學報，2005 年第 4 期。

32. 宋金諸宮調與戲文使用之詞調考略，謝桃坊，東南大學學報（哲學社會科學版），2005 年第 4 期。

33. 侯馬二水 M4 發現墨筆題書的墓誌和三篇諸宮調詞曲，楊及耘、高青山，中華戲曲（第 29 輯），文化藝術出版社，2003 年。

34. 《董西廂》在戲曲形成發展中的意義，王安葵，金上京文史論叢（第二集），哈爾濱出版社，2008 年。

35. 《西廂記諸宮調》初探，張國強，河南大學碩士學位論文，2001 年。

36. 《西廂記諸宮調》究竟創作於何時，張炳森，河北學刊，2002 年第 4 期。

37. 《西廂記諸宮調》的音樂結構，朱鴻，福州大學學報（哲學社會科學版），2002 年第 4 期。

38. 簡說《西廂記諸宮調》，朱鴻，齊齊哈爾大學學報（哲學社會科學版），2002 年第 1 期。

39. 《西廂記諸宮調》初探，張國強，中國音樂學，2002 年第 2 期。

40. 承前啓後《董西廂》，杜桂萍，文史知識，2007 年第 2 期。

41. 西出陽關的名著《董西廂》，楊鐮，文史知識，2007 年第 2 期。

42. 諸宮調與《董西廂》，高人雄，汕頭大學學報（人文社會科學版），2005 年第 4 期。

43. 談殘本《劉知遠諸宮調》，朱鴻，黃河科技大學學報，2002 年第 1 期。

44. 也談《劉知遠諸宮調》的作期，武潤婷，中國典籍與文化，2004 年第 2 期。

45. 《劉知遠諸宮調》敘事特徵研究，王一諾，吉林大學碩士學位論文，2007 年。

46. 《劉知遠諸宮調》淺析，樊蕾，美與時代，2004 年第 4 期。

47. 《劉知遠諸宮調》應是北宋後期的作品，龍建國，文學遺產，2003 年第 3 期。

48. 論諸宮調音樂單位的組合形式，龍建國，江西財經大學學報，2004 年第 2 期。

49. 論絃索與金元北曲的關係，張本一，民族藝術研究，2008 年第 2 期。

50. 論諸宮調對北曲的影響，龍建國，井岡山師範學院學報，2004 年第 1 期。

51. 侯馬二水 M4 三支金代墨書殘曲釋疑，延保全，中華戲曲（第 29 輯），文化藝術出版社，2003 年。

52. 豫北和晉南宋金墓雜劇形象的比較研究，張帆，中原文物，2009 年第 4 期。

（六）文體、詩文集

1. 論「吳蔡體」，劉鋒燾，北京大學學報（哲學社會科學版），2007 年第 3 期。
2. 「吳蔡體」探辨，李靜，學習與探索，2007 年第 2 期。
3. 「吳蔡體」之體格探賾，王定勇，寧波大學學報（人文科學版），2008 年第 4 期。
4. 論金代文人對誠齋體的態度，胡傳志，中國詩學研究・第 3 輯・遼金詩學研究專輯，上海古籍出版社，2004 年。
5. 論誠齋體在金代的際遇，胡傳志，安徽師範大學學報（人文社會科學版），2004 年第 1 期。
6. 論承安體，王定勇，青海社會科學，2010 年第 1 期。
7. 論宋金元的連章體，王輝斌，貴州師範學院學報，2010 年第 11 期。
8. 金人別集傳世版本敘考，王樹林，南通師範學院學報（哲學社會科學版），2004 年第 3 期。
9. 遼金元文學綜合研究著作敘錄，劉達科，新聞出版交流，2001 年第 4 期。
10. 今編全集型遼金元總集敘錄，劉達科，晉圖學刊，2003 年第 2 期。
11. 新編金詩校訂——兼評《全遼金詩》，薛瑞兆、郭明志，中國詩學研究・第 3 輯・遼金詩學研究專輯，上海古籍出版社，2004 年。
12. 新編金詩校訂——兼評《全遼金詩》，薛瑞兆、郭明志，北方論叢，2004 年第 1 期。
13. 《全遼金詩》瑣考，韓震軍，民族文學研究，2007 年第 3 期。
14. 《全金元詞・訂補附記・補詞》訂補，許雋超，南陽師範學院學報，2002 年第 5 期。
15. 《滹南詩話》與南宋詩論的聯繫與差異，胡傳志，中國詩學研究・第 3 輯・遼金詩學研究專輯，上海古籍出版社，2004 年。
16. 論《滹南詩話》——兼論「以意爲主」思想在中國詩話史上的發展衍變，胡蓉，湖南師範大學碩士學位論文，2004 年。
17. 《滹南遺老集》研究，李定乾，安徽師範大學碩士學位論文，2005 年。

18. 《滹南遺老集》版本源流考，王永，中國傳統文化與元代文獻國際學術研討會會議論文集，中華書局，2009 年。
19. 《滹南遺老集》版本源流考，王永，古籍整理研究學刊，2010 年第 1 期。
20. 從《滹南遺老集‧論語辨惑》試析《論語》，付麗萍，安徽文學（下半月），2006 年第 11 期。
21. 論金源文化背景下的《文辨》，慈波，邯鄲學院學報，2007 年第 1 期。

十二、宗教

（一）概論

1. 契丹人的宗教信仰與佛教的傳播，朱亞峰，赤峰學院學報（漢文哲學社會科學版），2006 年第 5 期。

2. 論遼代契丹人的宗教信仰，劉德剛，遼金歷史與考古（第二輯），遼寧教育出版社，2010 年。

3. 論儒、釋、道在遼朝的地位和作用，鄭毅，遼金歷史與考古（第二輯），遼寧教育出版社，2010 年。

4. 神速姑暨原始宗教對契丹建國的影響，任愛君，北方文物，2002 年第 3 期。

5. 耶律阿保機的「龍崇拜」及其宗教淵源，孟凡雲、唐玉萍，昭烏達蒙族師專學報，2004 年第 4 期。

6. 淺議羊在契丹人宗教信仰中的作用，李學良，首屆遼上京契丹・遼文化學術研討會論文集，內蒙古文化出版社，2009 年。

7. 出世與入世——遼金元時期北京城市與寺院宮觀研究，諸葛淨，建築師，2006 年第 4 期。

8. 金中都寺廟社會功能及地理分佈簡論，何岩巍，薊門集——北京建都 850 週年論文集，北京燕山出版社，2005 年。

9. 金代官賣寺觀名額和僧道政策探究，白文固，中國史研究，2002 年第 1 期。

10. 金代官賣寺觀名額考，馮大北，史學月刊，2009 年第 10 期。

11. 《金代官賣寺觀名額和僧道官政策探究》補正，馮大北，宗教學研究，2010 年第 3 期。

12. 趙秉文著《道德眞經集解》與金後期的三教融合趨勢，孟繁清，河北師範 大學學報（哲學社會科學版），2003 年第 6 期。

13. 從筆記小說《歸潛志》看三教合一趨勢下的金末儒生，辜美高，佛教與遼 金元文化國際學術研討會論文集，香港能仁書院，2005 年。

14. 略論金末元初的三教關係——以萬松行秀、耶律楚材和丘處機爲例，強 琛，長江大學學報（社會科學版），2009 年第 3 期。

15. 遼金時期西京大同地區宗教旅遊研究，項麗娟，河南大學碩士學位論文， 2010 年。

16. 淺談阜新地區金代宗教文化，張桂華，遼金歷史與考古（第二輯），遼寧 教育出版社，2010 年。

17. 金代中原地區民間信仰初探，吳紅琳，陝西師範大學碩士學位論文，2010 年。

18. 從《續夷堅志》看金中原地區的民間信仰，吳紅琳，宋代文化研究（第 18 輯），四川文藝出版社，2010 年。

19. 金元時期澤州宗教、民間信仰的演變，榮國慶，晉城職業技術學院學報， 2009 年第 5 期。

20. 聖姑廟：金元明變遷中的「異教」命運與晉東南社會的多樣性，趙世瑜， 清華大學學報（哲學社會科學版），2009 年第 4 期。

21. 十字寺與景教，齊心、楊亦武，遼金史論集（第十一輯），內蒙古大學出 版社，2009 年。

22. 思想史中的耶律楚材：兼論金元之際三教調和論的特殊成因，葉毅均，（臺 灣）中國歷史學會史學集刊（第 42 期），2010 年 10 月。

（二）薩滿教

1. 遼代契丹族薩滿教研究，齊建芝，西北民族大學碩士學位論文，2007 年。

2. 遼金時期的薩滿教，武玉環，東北史地，2005 年第 5 期。

3. 契丹族薩滿文化論，張碧波，東北民族與疆域論稿（下），黑龍江教育出 版社，2002 年。

4. 吐爾基山遼墓薩滿金帽的文化溯源，馮恩學，新果集——慶祝林澐先生七十華誕論文集，科學出版社，2009 年。

5. 薩滿教——女眞民族文化現象，林永強，黑龍江農墾師專學報，2002 年第 4 期。

6. 女眞族薩滿文化論，張碧波，金上京文史論叢（第二集），哈爾濱出版社，2008 年。

（三）佛教

1. 遼朝佛教與其周邊，吉田睿禮，佛學研究，2008 年。

2. 遼朝佛教與其周邊，吉田睿禮，中國佛教的佛舍利崇奉和朝陽遼代北塔：中國・朝陽第二屆佛教文化論壇論文集，宗教文化出版社，2009 年。

3. 佛教與遼代社會關係探析，陳曉偉，中華人文社會學報（10），2009 年 3 月。

4. 遼代佛教研究述評，尤李，中國史研究動態，2009 年第 2 期。

5. 日本關於遼代佛教的研究，松森秀幸，佛學研究，2008 年。

6. 日本關於遼代佛教的研究，松森秀幸，中國佛教的佛舍利崇奉和朝陽遼代北塔：中國・朝陽第二屆佛教文化論壇論文集，宗教文化出版社，2009 年。

7. 遼金元佛教，華方田，佛教文化，2004 年第 2 期。

8. 遼金代燕京の禪宗，竺沙雅章，禪學研究（88），禪學研究會，2010 年 3 月。

9. 遼金律宗發展大勢，溫金玉，世界宗教文化，2008 年第 4 期。

10. 金元北方雲門宗初探——以大聖安寺爲中心，劉曉，歷史研究，2010 年第 6 期。

11. 遼金佛教政策與律學發展，溫金玉，佛學研究，2008 年。

12. 遼金佛教政策與律學發展，溫金玉，釋迦塔與中國佛教，宗教文化出版社，2009 年。

13. 遼金佛教政策與律學發展，溫金玉，中國佛教的佛舍利崇奉和朝陽遼代北塔：中國・朝陽第二屆佛教文化論壇論文集，宗教文化出版社，2009 年。

14. 佛教在遼金元文化中的地位與影響——大會總結，孫昌武，佛教與遼金元文化國際學術研討會論文集，香港能仁書院，2005 年。

15. 遼代佛教的基本情況和特點，魏道儒，中國佛教的佛舍利崇奉和朝陽遼代北塔：中國‧朝陽第二屆佛教文化論壇論文集，宗教文化出版社，2009年。

16. 遼代的佛教與閱讀，王龍，陰山學刊，2010 年第 6 期。

17. 遼朝的佛教政策及其對社會的影響，魏蔚，安徽文學（下半月），2008 年第 12 期。

18. 房山石經遼金兩代刻經概述，黃炳章，普門學報（55），2010 年 1 月。

19. 遼代佛學的圓融思想，李勇，中國佛教的佛舍利崇奉和朝陽遼代北塔：中國‧朝陽第二屆佛教文化論壇論文集，宗教文化出版社，2009 年。

20. 遼代興宗耶律宗眞與重熙佛教，黃心川，禪學研究（第 7 輯），江蘇人民出版社，2008 年。

21. 遼代興宗耶律宗眞與重熙佛教，黃心川，中國佛教的佛舍利崇奉和朝陽遼代北塔：中國‧朝陽第二屆佛教文化論壇論文集，宗教文化出版社，2009年。

22. 從《西遊錄》看遼金元時代的一次佛、道鬥爭，張兵，佛教與遼金元文化國際學術研討會論文集，香港能仁書院，2005 年。

23. 遼‧高麗と日本仏教──研究史をめぐって，橫內裕人，東アジアの古代文化（136 號），2008 年。

24. 西夏與遼金間的佛教關係，陳愛峰、楊富學，西夏學（第 1 輯），寧夏人民出版社，2006 年。

25. 藏傳佛教與宋夏金時期西北的民族關係，李清凌，西北民族學院學報（哲社版），2001 年第 2 期。

26. 《高僧傳合集》與宋夏金時期西北的佛教，李清凌，西藏大學學報（漢文版），2004 年第 4 期。

27. 宋金時期安多藏族部落佛教的興盛及其原因，湯開建、楊惠玲，廣西民族學院學報（哲學社會科學版），2005 年第 1 期。

28. 遼代佛教供養行爲考論，張國慶，遼寧大學學報（哲學社會科學版），2009年第 5 期。

29. 「遼以釋廢」析，顧宏義，（臺灣）中國文化月刊（第 257 期），2001 年 8月。

30. 遼以釋廢：少數民族社會視野下的佛教，陳曉偉，世界宗教研究，2010年第1期。

31. 崇佛政策與遼代滅亡，薛志清，河北北方學院學報（社會科學版），2010年第2期。

32. 略論遼代之崇佛與藏經，王明蓀，（臺灣）佛光人文社會學刊（第5期），2004年6月。

33. 蕭妙敬と徒単太后──契丹（遼）仏教繼承の一過程，藤原崇人，「宋代中國」の相對化（宋代史研究會研究報告第九集），汲古書院，2009年。

34. 遼興宗年間（1031～1055）佛舍利莊嚴研究，周炅美，（韓國）中國史研究，2005年。

35. 遼代佛舍利莊嚴和八大靈塔圖像，周炅美，（韓國）中亞研究（13號），2008年。

36. 遼寧省朝陽地區的遼代佛舍利莊來研究，周炅美，（韓國）中國史研究，2008年。

37. 遼代八大靈塔圖像研究，周炅美，（韓國）中亞研究（14號），2009年。

38. 遼代朝陽地區佛塔浮雕圖像研究，成敘永，（韓國）弘益大學研究院碩士學位論文，2010年。

39. 遼代華嚴學與鮮演大師，邱高興，中國佛教的佛舍利崇奉和朝陽遼代北塔：中國‧朝陽第二屆佛教文化論壇論文集，宗教文化出版社，2009年。

40. 遼代鮮演大師的華嚴思想，邱高興，釋迦塔與中國佛教，宗教文化出版社，2009年。

41. 契丹（遼）後期政權下の學僧と仏教──鮮演の事例を通して，藤原崇人，史林（93─6），2010年11月。

42. 覺苑撰「大日經義釋演密鈔」に於ける華嚴と密教の關係性について，遠藤純一郎，紀要（1），蓮花寺佛教研究所，2008年。

43. 「釈摩訶衍論贊玄疏」における華嚴思想の影響，吉川太一郎，印度學佛教學研究（55－2），日本印度學佛教學會，2007年3月。

44. 「顯密圓通成佛心要集」に於ける顯密觀，遠藤純一郎，紀要（1），蓮花寺佛教研究所，2008年。

45. 契丹（遼）の授戒儀と不空密教，藤原崇人，遼金西夏研究の現在（2），東京外國語大學アジア‧アフリカ言語文化研究所，2009年。

46. 守望傳統：遼代佛教的歷史走向，尤李，北京大學碩士學位論文，2006 年。

47. 遼代佛教賑災濟貧活動探析，張國慶、闞凱，內蒙古社會科學（漢文版）2007 年第 3 期。

48. 從碑銘探討遼代修建寺院與經費來源，蔣武雄，（臺灣）玄奘佛學研究（第 14 期），2010 年 9 月。

49. 遼代的一個文化學術傳播園地——遼上京寺院功能另考，王未想，中國古都研究（第 18 輯上冊）——中國古都學會 2001 年年會暨赤峰遼王朝故都歷史文化研討會論文集，國際華文出版社，2002 年。

50. 遼代的一個文化學術傳播園地——遼上京寺院功能另考，王未想，遼金契丹女眞史研究（總第 34 期），2004 年。

51. 遼代的一個文化學術傳播園地——遼上京寺院功能另考，王未想，遼金史論集（第十一輯），吉林文史出版社，2008 年。

52. 遼代上京地區佛教發展述略，王平，白城師範學院學報，2007 年第 1 期。

53. 佛教與遼上京的南、北塔，何天明，西部資源，2009 年第 3 期。

54. 遼代燕雲地區佛教文化探論，張國慶，民族研究，2001 年第 2 期。

55. 遼代西京佛事遺存，馮巧英，中國佛教的佛舍利崇奉和朝陽遼代北塔：中國·朝陽第二屆佛教文化論壇論文集，宗教文化出版社，2009 年。

56. 從考古資料看遼代瀋陽地區的佛教，姜念思，遼金歷史與考古（第一輯），遼寧教育出版社，2009 年。

57. 佛教核心理念與民族融合——三燕至遼龍城佛教鳥瞰，鄧子美、孫群安，中國佛教的佛舍利崇奉和朝陽遼代北塔：中國·朝陽第二屆佛教文化論壇論文集，宗教文化出版社，2009 年。

58. 遼代的佛教和朝陽北塔，楊曾文，中國佛教的佛舍利崇奉和朝陽遼代北塔：中國·朝陽第二屆佛教文化論壇論文集，宗教文化出版社，2009 年。

59. 朝陽北塔曼荼羅淺析，肖景林，中國佛教的佛舍利崇奉和朝陽遼代北塔：中國·朝陽第二屆佛教文化論壇論文集，宗教文化出版社，2009 年。

60. 朝陽遼塔——契丹民族文化的豐碑，孟昭凱，中國佛教的佛舍利崇奉和朝陽遼代北塔：中國·朝陽第二屆佛教文化論壇論文集，宗教文化出版社，2009 年。

61. 遼寧朝陽北塔佛舍利考辨，王志華、郎成剛，中國佛教的佛舍利崇奉和朝陽遼代北塔：中國‧朝陽第二屆佛教文化論壇論文集，宗教文化出版社，2009 年。

62. 也談朝陽遼代三塔，王榮國，中國佛教的佛舍利崇奉和朝陽遼代北塔：中國‧朝陽第二屆佛教文化論壇論文集，宗教文化出版社，2009 年。

63. 朝陽北塔，釋果淨，中國佛教的佛舍利崇奉和朝陽遼代北塔：中國‧朝陽第二屆佛教文化論壇論文集，宗教文化出版社，2009 年。

64. 淺議朝陽梵幢寺出土銀棺佛陀涅槃像——兼談中國南北兩地與中印涅槃像的比較，黃夏年，中國佛教的佛舍利崇奉和朝陽遼代北塔：中國‧朝陽第二屆佛教文化論壇論文集，宗教文化出版社，2009 年。

65. 朝陽北塔發現刻經考察——據《朝陽北塔——考古發掘與維修工程報告》，楊曾文，中國佛教的佛舍利崇奉和朝陽遼代北塔：中國‧朝陽第二屆佛教文化論壇論文集，宗教文化出版社，2009 年。

66. 探不空所譯《梵本般若波羅蜜多心經》，圓慈，中國佛教的佛舍利崇奉和朝陽遼代北塔：中國‧朝陽第二屆佛教文化論壇論文集，宗教文化出版社，2009 年。

67. 朝陽北塔天宮發現的「七寶舍利塔」初探，劉大志、王志華，中國佛教的佛舍利崇奉和朝陽遼代北塔：中國‧朝陽第二屆佛教文化論壇論文集，宗教文化出版社，2009 年。

68. 朝陽遼塔磚雕藝術，周亞利，中國佛教的佛舍利崇奉和朝陽遼代北塔：中國‧朝陽第二屆佛教文化論壇論文集，宗教文化出版社，2009 年。

69. 遼寧省大連地區遼金佛教遺蹟考略，劉俊勇，東北史地，2010 年第 2 期。

70. 遼金西京佛寺研究，王建舜、趙琦，佛教與遼金元文化國際學術研討會論文集，香港能仁書院，2005 年。

71. 談王崇仁藏佛舍利五重寶塔，溫玉成，世界宗教研究，2008 年第 3 期。

72. 談王崇仁藏佛舍利五重寶塔，溫玉成，中國佛教的佛舍利崇奉和朝陽遼代北塔：中國‧朝陽第二屆佛教文化論壇論文集，宗教文化出版社，2009 年。

73. 遼代佛造像的基本特徵——以應縣木塔所出佛像為例，李翎，釋迦塔與中國佛教，宗教文化出版社，2009 年。

74. 大同華嚴寺薄伽教藏殿的遼塑及經櫥，解玉保，山西大同大學學報（社會科學版），2009 年第 4 期。

75. 善化寺五方佛塑像的創建年代及其相關問題研究，張明遠，敦煌研究，2009 年第 4 期。

76. 內蒙古巴林右旗遼慶州釋迦佛舍利塔發現釋迦佛坐像，烏力吉，北方文物，2003 年第 2 期。

77. 遼太宗引進佛教白衣觀音像，孟凡雲，甘肅民族研究，2005 年第 1 期。

78. 草原の菩薩，今野春樹，貝冢（58 號），2002 年 11 月。

79. 遼代金銅佛像的特徵以及朝鮮製作的遼款佛像，金申，旅順博物館學苑，吉林文史出版社，2007 年。

80. 遼代鎏金觀音造像，李麗華，東北史研究，2006 年第 2 期。

81. 由五髻文殊童子像管窺遼代佛教，周齊，釋迦塔與中國佛教，宗教文化出版社，2009 年。

82. 金上京歷史博物館藏佛教造像，韓鋒，東北史研究，2005 年第 2 期。

83. 金上京歷史博物館館藏佛教造像，李麗華，黑龍江省文物博物館學會第五屆年會論文集，黑龍江人民出版社，2008 年。

84. 栴檀瑞像の坐す都──金の上京會寧府と仏教（シンポジウム金王朝とその遺産），藤原崇人，環東アジア研究センター年報（5），2010 年 2 月。

85. 山西博物院藏金代石刻菩薩頭像造型藝術，武靜，包裝世界，2010 年第 6 期。

86. 金源故地出土的遼代觀音造像，伊葆力，遼金文物擷英，（美國）逍遙出版社，2005 年。

87. 遼代釋迦佛舍利塔內出土的「無垢淨光大陀羅尼經」鎏金銀板，內蒙古巴林右旗博物館，北方文物，2002 年第 1 期。

88. 遼墓中所見佛教因素，霍傑娜，文物世界，2002 年第 3 期。

89. 佛教對遼代工藝的影響，許曉東，故宮博物院院刊，2001 年第 2 期。

90. 中原北方宋遼金時期涅槃圖像考察，李靜傑，故宮博物院院刊，2008 年第 3 期。

91. 法均と燕京馬鞍山の菩薩戒壇，古松崇志，東洋史研究（65－3），2006 年。

92. 考古‧石刻資料よりみた契丹（遼）の仏教，古松崇志，日本史研究（522），2006 年。

93. 從考古、石刻資料看契丹（遼）的佛教，（日）古松崇志著，姚義田譯，遼金歷史與考古（第一輯），遼寧教育出版社，2009 年。

94. 契丹の仏教と遺蹟，藤原崇人、武田和哉，中世東アジアの周縁世界，同成社，2009 年 11 月。

95. 大同薄伽藏殿的經廚和塑像，解廷琦，遼金史研究，中國文化出版社，2003 年。

96. 大同善化寺與朱弁碑，邢東風，世界宗教研究，2009 年第 1 期。

97. 房山石經《佛頂尊勝陀羅尼經》及其相關問題考論，尤李，暨南學報（哲學社會科學版），2009 年第 2 期。

98. 淺述遼代山西地區的佛教和寺院——以朔州「遼天慶八年經幢」爲中心，陳曉偉，文物世界，2009 年第 2 期。

99. 滅罪與超度：遼時期《佛頂尊勝陀羅尼經》與晉北地區的造幢，陳曉偉，五臺山研究，2009 年第 1 期。

100.《開寶藏》和《遼藏》的傳承淵源考，徐時儀，宗教學研究，2006 第 1 期。

101.「虛幻」的遼代大藏經現身應縣木塔，原碧霞、吳瓊，新華每日電訊，2006 年 9 月 3 日。

102. 遼與北宋舍利塔內藏經之研究，沈雪曼，國立臺灣大學美術史研究集刊（第 12 卷），2002 年 3 月。

103. 應縣木塔佛牙舍利早有定論，唐學仕，朔州日報，2006 年 10 月 21 日。

104. 應縣佛宮寺釋迦塔佛牙舍利，唐學仕，釋迦塔與中國佛教，宗教文化出版社，2009 年。

105. 應縣釋迦塔與佛牙舍利，裴雲鋒，發展導報，2010 年 5 月 18 日第 13 版。

106. 佛慈廣大，感應無差——佛宮寺釋迦塔佛牙舍利重現人間，慧禮，釋迦塔與中國佛教，宗教文化出版社，2009 年。

107. 朝陽北塔佛舍利與遼代舍利崇拜，杜曉敏，遼金歷史與考古（第一輯），遼寧教育出版社，2009 年。

108.《欽定熱河志》載《創建靜安寺碑銘》中之佛牙舍利來源及其藏地考，王雲龍，中國佛教的佛舍利崇奉和朝陽遼代北塔：中國・朝陽第二屆佛教文化論壇論文集，宗教文化出版社，2009 年。

109. 遼塔瘞葬香藥探源，王志華，遼金歷史與考古（第一輯），遼寧教育出版社，2009 年。

110. 遼塔瘞葬香藥探源，王志華，中國佛教的佛舍利崇奉和朝陽遼代北塔：中國・朝陽第二屆佛教文化論壇論文集，宗教文化出版社，2009 年。

111. 朝陽北塔文物與佛家七寶，王冬冬，遼寧省博物館館刊（第五輯），遼海出版社，2010 年。

112. 《全遼文》與遼代佛教，高華平，鄭州大學學報（哲學社會科學版），2006 年第 5 期。

113. 《全遼文》與遼代佛教，高華平，張三夕，佛教與遼金元文化國際學術研討會論文集，香港能仁書院，2005 年。

114. 從碑銘文等遼代文獻看遼代佛教，胡琳，宿州學院學報，2007 年第 2 期。

115. 從碑銘探討遼代修建寺院與經費來源，蔣武雄，玄奘佛學研究（第 14 卷），2010 年 9 月。

116. 從石刻史料看金代佛教信仰，王新英，東北史地，2010 年第 1 期。

117. 淺談金上京地區佛教的流行，韓鋒，黑龍江農墾師專學報，2003 年第 3 期。

118. 佛教文化在金上京的傳播，韓鋒，金上京文史論叢（第二集），哈爾濱出版社，2008 年。

119. 金代上京地區佛教發展情況考證，金寶麗，黑龍江史志，2007 年第 5 期。

120. 金代上京地區佛教傳播發展情況考證，金寶麗，金上京文史論叢（第二集），哈爾濱出版社，2008 年。

121. 略論金中都的建立與遼金佛教的關係，畢素娟，薊門集——北京建都 850 週年論文集，北京燕山出版社，2005 年。

122. 遼代晉北地區佛教的傳播與影響——以朔州新見經幢爲中心的考察，陳曉偉、翟禹，白沙歷史地理學報（第七期），（臺灣）國立彰化師範大學歷史學研究所，2009 年 4 月。

123. 《大金普照禪寺浹公長老靈塔》及金代大同佛教，李樹雲，五臺山，2008 年第 3 期。

124. 大連地區遼金時期佛教遺存考略，張翠敏，遼金歷史與考古（第二輯），遼寧教育出版社，2010 年。

125. 從考古文物看隴山左右的金代佛教，杜斗城，絲綢之路民族古文字與文化學術討論會論文集（下），三秦出版社，2007 年。

126. 曹洞宗史上缺失的一環——以金朝石刻史料爲中心的探討，李輝，中國佛教的佛舍利崇奉和朝陽遼代北塔：中國‧朝陽第二屆佛教文化論壇論文集，宗教文化出版社，2009 年。

127. 遼金詩文話語與佛禪，劉達科，晉中學院學報，2009 年第 6 期。

128. 佛禪與遼金文人，劉達科，江蘇大學學報（社會科學版），2009 年第 6 期。

129. 金代契丹人的佛學思想，夏宇旭，蘭臺世界，2010 年第 21 期。

130. 萬松行秀與金元佛教，程群、邱秩浩，法音，2004 年第 4 期。

131. 金末詩僧性英考論，王樹林，南通大學學報（社會科學版），2010 年第 5 期。

132. 金元之際詩僧性英事蹟考略，劉曉，中國社會科學院歷史研究所學刊（第三集），商務印書館，2004 年。

133. 百年耆舊 一代宗師——金末元初的少林寺長老性英粹中，馬明達，少林寺，2004 年春季號。

134. 趙城金藏，華典，中國宗教，2008 年第 7 期。

135. 《趙城金藏》的幾個問題，何梅，中國典籍與文化，2008 年第 3 期。

136. 罕世佛經孤本——《趙城藏》，李鴻雁，文史知識，2007 年第 2 期。

137. 稀世之寶《趙城金藏》與「解州天寧寺」，楊明珠，文物世界，2002 年第 6 期。

138. 稀世之寶《趙城金藏》與「解州天寧寺」，楊明珠，山西日報，2005 年 2 月 22 日。

139. 《趙城金藏》完璧歸趙始末，徐鳴皋，文史月刊，2003 年第 11 期。

140. 《趙城金藏》修復工作始末，杜偉生，國家圖書館學刊，2003 年第 2 期。

141. 《趙城金藏》發現始末及其版本問題，方自金、馬學良、張克清，圖書館建設，2010 年第 12 期。

142. 關於趙城《金藏》研考中幾個問題的商榷，張德光，文物世界，2006 年第 1 期。

143. 關於八路軍搶救《趙城金藏》的一則報導，扈新起，文史月刊，2006 年第 1 期。

144. 金藏、麗藏、磧砂藏與永樂南藏淵源考——以《玄應音義》為例，徐時儀，世界宗教研究，2006 年第 2 期。

145. 遼代興宗朝における慶州僧錄司設置の背景，藤原崇人，仏教史學研究（第 46 卷第 2 號），2003 年。

146. 遼朝宜州奉國寺清慧大師其人，張連義，東北史研究，2006 年第 2 期。

147. 大金皇家寺院儲慶寺及兩位國師考，郭長海，東北史研究，2005 年第 2 期。

148. 大金皇家寺院儲慶寺及兩位國師考，郭長海，遼金契丹女真史研究，2006 年第 1 期。

149. 金代佛寺禪院碑記之文化內涵，姜劍雲，佛教與遼金元文化國際學術研討會論文集，香港能仁書院，2005 年。

150. 地獄信仰——從佛典記載到宋金元寶卷，夏廣興，佛教與遼金元文化國際學術研討會論文集，香港能仁書院，2005 年。

151. 金代禮部尙書趙秉文書《般若波羅密多心經》，許滿貴，東方收藏，2010 年第 11 期。

（四）道教

1. 遼代道教文化與信仰的考古學考察，孫猛，中國道教，2010 年第 5 期。

2. 金代全真教，吳光正，文史知識，2007 年第 2 期。

3. 全真道的產生及其在金代的發展，卿希泰，道學研究，2003 年第 1 期。

4. 全真道在金代的產生及其思想特點，卿希泰，（臺灣）道教月刊（36），2008 年 12 月。

5. 全真道南傳之時代考辨，曾金蘭，（臺灣）成大歷史學報（第 34 期），2008 年 6 月。

6. 宗教市場論對早期全真道若干問題的解讀，秦國帥，理論界，2010 年第 8 期。

7. 平民化新道教產生於兩宋之際原因探析——以全真教為中心，李俊芳，世界宗教研究，2010 年第 5 期。

8. 全真精神及其當代價值，牟鍾鑒、趙衛東，文史哲，2010 年第 4 期。

9. 早期全真道社會思想的演變及其原因初探——以王重陽、丘處機為中心，鍾海連，江西社會科學，2009 年第 11 期。

10. 金元之際全眞道士的生死觀，鄭素春，（臺灣）輔仁宗教研究（第 4 期），2001 年 12 月。

11. 金元全眞道中原地區以外的傳教活動，鄭素春，（臺灣）成大歷史學報（第 39 期），2010 年 12 月。

12. 金元時代の全眞教美術──山西・山東の二石窟をめぐる一試論，田中知佐子，鹿島美術財團年報（22 號），2004 年。

13. 全眞教早期傳播中的樂舞活動，王定勇，世界宗教研究，2010 年第 6 期。

14. 金章宗元妃與早期全眞道，郭武，宗教學研究，2009 年第 4 期。

15. 全眞教與金元北方社會，李洪權，吉林大學博士學位論文，2008 年。

16. 全眞道研究綜述，王曉穎，才智，2009 年第 3 期。

17. 略論金元之際全眞道的社會影響，高良荃，甘肅社會科學，2002 年第 3 期。

18. 金代全眞道的入世精神，劉煥玲，（臺灣）宗教哲學（第 41 期），2007 年 9 月。

19. 試論金元時期全眞教興盛的原因，高良荃，山東大學學報（哲學社會科學版），2001 年第 2 期。

20. 金元全眞教的社會關懷，白如祥，魯東大學學報（哲學社會科學版），2008 年第 6 期。

21. 金元之際泰山全眞道的興衰，張琰，中國道教，2010 年第 2 期。

22. 論金元時期全眞教的無爲政治觀念，李洪權，華夏文化論壇，2009 年增刊。

23. 論全眞教與金元社會的綱常倫理，李洪權，史學集刊，2009 年第 6 期。

24. 論金元時期全眞教的財產觀念，李洪權，西南大學學報（社會科學版），2009 年第 5 期。

25. 全眞道散論，丁培仁，昆崳山與全眞道：全眞道與齊魯文化國際學術研討會論文集，宗教文化出版社，2006 年。

26. 我之帝所臨河上，欲罷干戈致太平──全眞道的傳道方式，張振國，昆崳山與全眞道：全眞道與齊魯文化國際學術研討會論文集，宗教文化出版社，2006 年。

27. 全眞道傳承關係研究芻議，樊光春，昆崳山與全眞道：全眞道與齊魯文化國際學術研討會論文集，宗教文化出版社，2006 年。

28. 全真教——出家、乞覓思想現代意義，蜂屋邦夫，（香港）弘道（總第 12 期），2002 年。

29. 金元時期全真教的基本思想及理論建樹，高良荃，臨沂師範學院學報，2003 年第 1 期。

30. 從女性主義視角看金代全真教的男女平等思想及影響，楊兆華，社會科學輯刊，2009 年第 2 期。

31. 全真七子「入門」次序略考，郭武，昆嵛山與全真道：全真道與齊魯文化國際學術研討會論文集，宗教文化出版社，2006 年。

32. 全真七子傳記及其小說化研究，溫睿瀅，（臺灣）國立政治大學碩士學位論文，2003 年。

33. 全真道老學微旨論，劉固盛，昆嵛山與全真道：全真道與齊魯文化國際學術研討會論文集，宗教文化出版社，2006 年。

34. 全真道與重玄學，李延倉，昆嵛山與全真道：全真道與齊魯文化國際學術研討會論文集，宗教文化出版社，2006 年。

35. 論全真道的非邏輯思維在中國藝術中的作用，高星海，昆嵛山與全真道：全真道與齊魯文化國際學術研討會論文集，宗教文化出版社，2006 年。

36. 金元全真心學研究，王廷琦，中央民族大學博士學位論文，2005 年。

37. 金元全真心學初探，王廷琦，昆嵛山與全真道：全真道與齊魯文化國際學術研討會論文集，宗教文化出版社，2006 年。

38. 初期全真教心性論與禪宗的關聯，聶清，昆嵛山與全真道：全真道與齊魯文化國際學術研討會論文集，宗教文化出版社，2006 年。

39. 道、釋、儒和諧並存的膠東文化與全真道的興起，劉鳳鳴、周霞，昆嵛山與全真道：全真道與齊魯文化國際學術研討會論文集，宗教文化出版社，2006 年。

40. 山東全真道活動中心的變遷，趙衛東，昆嵛山與全真道：全真道與齊魯文化國際學術研討會論文集，宗教文化出版社，2006 年。

41. 全真教在昆嵛山興起的歷史根源及其對千古「文登學」的深刻影響，張玉強，昆嵛山與全真道：全真道與齊魯文化國際學術研討會論文集，宗教文化出版社，2006 年。

42. 金元時期全真教在山西活動探索，楊曉國，晉陽學刊，2004 年第 4 期。

43. 金元之際全真道入據雲岡石窟，張焯，中國文物報，2004 年 11 月 5 日。

44. 全眞性命論及其哲學義蘊，趙衛東，山東師範大學學報（人文社會科學版），2003 年第 3 期。

45. 「全眞而仙」：論全眞道對道教仙學的發展，孫亦平，社會科學戰線，2003 年第 5 期。

46. 全眞道教與八仙關係初探，王廷琦，山東省農業管理幹部學院學報，2004 年第 4 期。

47. 全眞教的宗教醫療：以王重陽及其弟子爲例，劉韋廷，（臺灣）輔仁大學碩士學位論文，2008 年。

48. 王喆生平事蹟考述，唐代劍，宗教學研究，2001 年第 1 期。

49. 王喆與《重陽立教十五論》早期全眞道對傳統道教的變革，孟亞明，學海，2004 年第 3 期。

50. 全眞祖師王重陽在中華道學史上的五大貢獻，王馳，昆嵛山與全眞道：全眞道與齊魯文化國際學術研討會論文集，宗教文化出版社，2006 年。

51. 行願與修證——王重陽的創教與修眞，周立升，昆嵛山與全眞道：全眞道與齊魯文化國際學術研討會論文集，宗教文化出版社，2006 年。

52. 王重陽對全眞道創立和弘揚的重大貢獻，張應超，昆嵛山與全眞道：全眞道與齊魯文化國際學術研討會論文集，宗教文化出版社，2006 年。

53. 王重陽與全眞道的初期傳播，鍾海連，漳州師範學院學報（哲學社會科學版），2010 年第 2 期。

54. 王重陽創全眞教的背景分析，胡其德，臺灣宗教學會通訊（第 8 期），2001 年 5 月。

55. 全眞道祖師王重陽的「善死」修行，李仲亮，（臺灣）輔仁宗教研究（第 3 期），2001 年 6 月。

56. 王重陽及其詩詞研究，張媛媛，河北師範大學碩士學位論文，2010 年。

57. 王重陽平等思想探析，史冰川、孔又專，宗教學研究，2008 年第 2 期。

58. 王重陽人才教育思想分析，史冰川，民族教育研究，2009 年第 4 期。

59. 王重陽的「解脫」法門，胡其德，（臺灣）丹道研究（第 1 期），2006 年 7 月。

60. 重陽思想六說，蕭進銘，（臺灣）丹道文化（第 26 期），2002 年 1 月。

61. 王重陽著作及研究現況，蕭進銘，（臺灣）丹道文化（第 26 期），2002 年 1 月。

62. 光、道與本性——王重陽形上思想初探，蕭進銘，（臺灣）丹道文化（第 26 期），2002 年 1 月。

63. 王重陽終南遇仙的幾個問題，樊光春，華中師範大學學報（人文社會科學版），2009 年第 1 期。

64. 文登地區所見王重陽的布教活動，蜂屋邦夫，昆嵛山與全眞道：全眞道與齊魯文化國際學術研討會論文集，宗教文化出版社，2006 年。

65. 全眞道教之文化底蘊初探——王重陽詩魂育全眞評析，王樹人（老樹），中國社會科學院研究生院學報，2008 年第 4 期。

66. 萬首詩成誰會解——透過王嘉詩歌看全眞教的傳佈及對文學的滲透，張蘭花，昆嵛山與全眞道：全眞道與齊魯文化國際學術研討會論文集，宗教文化出版社，2006 年。

67. 王玉陽與雲光洞，劉煥玲，昆嵛山與全眞道：全眞道與齊魯文化國際學術研討會論文集，宗教文化出版社，2006 年。

68. 金代全眞道士王玉陽修道及行道歷程，劉煥玲，（臺灣）南臺科技大學學報（第 30 卷），2005 年 12 月。

69. 光大全眞教門的奠基者——王玉陽，劉煥玲，湖南科技學院學報，2009 年第 9 期。

70. 全眞教祖王重陽的眞功眞行，劉煥玲，（臺灣）宗教哲學（第 39 期），2007 年 3 月。

71. 光、死亡與重生——王重陽內丹密契經驗的內涵與特質，蕭進銘，（臺灣）清華學報（第 37 卷第 1 期），2007 年 6 月。

72. 《重陽立教十五論》中的養生觀，張美櫻，（臺灣）蘭陽學報（第 8 期），2009 年 6 月。

73. 從藏頭拆字詞看王重陽和馬丹陽的關係，李藝、張娟秀，河南理工大學學報（社會科學版），2007 年第 1 期。

74. 全眞教生死觀初探——以王重陽詩歌爲例，梁淑芳，（臺灣）東方人文學誌（第 1 卷第 1 期），2002 年 3 月。

75. 悟證之間——王重陽詩歌中透顯的實修訊息，梁淑芳，（臺灣）宗教哲學（第 8 卷第 2 期），2002 年 10 月。

76. 論王重陽道教詞對宋代俗詞的繼承，左洪濤，中國韻文學刊，2009 年第 4 期。

77. 馬丹陽的清淨之路，劉煥玲，湖南科技學院學報，2010 年第 9 期。

78. 馬丹陽天星十二穴歌中擔截之義探討，曾文俊，（臺灣）北市中醫會刊（第 14 卷第 3 期），2008 年 9 月。

79. 金代全眞教文人馬鈺詞研究，于慧，暨南大學碩士學位論文，2007 年。

80. 由馬鈺詞看金代道教詞與元散曲之關係，于慧，山西煤炭管理幹部學院學報，2008 年第 4 期。

81. 全眞北宗馬丹陽丘長春二子語錄中道學指要略考，鄺國強，昆崙山與全眞道：全眞道與齊魯文化國際學術研討會論文集，宗教文化出版社，2006 年。

82. 七朵金蓮最先放，海上文章第一儒——論馬丹陽與早期全眞教的發展，侯慧明，甘肅社會科學，2010 年第 1 期。

83. 馬鈺的內丹思想，常大群，昆崙山與全眞道：全眞道與齊魯文化國際學術研討會論文集，宗教文化出版社，2006 年。

84. 金元全眞道丘長春眞人行誼及其宗派發展，鄭素，（臺灣）丹道文化（第 28 期），2003 年 3 月。

85. 丘處機年譜與略傳，復初，（臺灣）丹道文化（第 28 期），2003 年 3 月。

86. 丘處機早期活動中的幾個問題，趙衛東，中國道教，2005 年第 1 期。

87. 丘處機回光說的內涵、淵源及發展——兼比較禪宗的「迴光返照」說（上），蕭進銘，（臺灣）丹道文化（第 28 期），2003 年 3 月 2。

88. 丘處機回光說的內涵、淵源及發展——兼比較禪宗的「迴光返照」說（下），蕭進銘，（臺灣）丹道文化（第 30 期），2004 年 12 月。

89. 丘處機與《長春眞人西遊記》，朱亞非，昆崙山與全眞道：全眞道與齊魯文化國際學術研討會論文集，宗教文化出版社，2006 年。

90. 丘處機與《長春眞人西遊記》的地理學價值，蓋建民，昆崙山與全眞道：全眞道與齊魯文化國際學術研討會論文集，宗教文化出版社，2006 年。

91. 丘處機《磻溪集》：道心的詩式表達，石玲，昆崙山與全眞道：全眞道與齊魯文化國際學術研討會論文集，宗教文化出版社，2006 年。

92. 丘處機與全眞道在燕京的大發展，尹志華，昆崙山與全眞道：全眞道與齊魯文化國際學術研討會論文集，宗教文化出版社，2006 年。

93. 長春祖師對老子大道的繼承與實踐，崔理明，昆崙山與全眞道：全眞道與齊魯文化國際學術研討會論文集，宗教文化出版社，2006 年。

94. 金代全真教詩人邱處機詩歌創作初探，徐翠先，甘肅社會科學，2004 年第 3 期。

95. 丘處機詩詞用韻研究，楊懷源，重慶三峽學院學報，2009 年第 4 期。

96. 試論郝大通的道教易圖學思想，章偉文，昆嵛山與全真道：全真道與齊魯文化國際學術研討會論文集，宗教文化出版社，2006 年。

97. 劉處玄思想研究，王江濤，北京大學碩士學位論文，2001 年。

98. 劉處玄《黃帝陰符經注》的思想學說，強昱，昆嵛山與全真道：全真道與齊魯文化國際學術研討會論文集，宗教文化出版社，2006 年。

99. 王處一心性修持理論研究，林庭宇，（臺灣）中國學術年刊（第 31 期），2009 年 9 月。

100. 全真女冠孫不二及《孫不二元君法語》之研究，葉怡菁，（臺灣）國立成功大學碩士學位論文，2003 年。

101. 孫不二女丹功法淺述，戴楨，宗教學研究，2009 年第 1 期。

102. 孫不二元君坤道功夫次第詩注，祈峰，（臺灣）丹道文化（第 27 期），2002 年 8 月。

103. 宋德方對金末元初全真道發展的貢獻，張強，昆嵛山與全真道：全真道與齊魯文化國際學術研討會論文集，宗教文化出版社，2006 年。

104. 論金元全真教經濟生活方式的衍變，李洪權，史學集刊，2007 年第 6 期。

105. 金元之際全真教道觀的社會經濟來源，李洪權，鄭州大學學報（哲學社會科學版），2008 年第 2 期。

106. 金朝全真禪法及其文學體現，劉達科，忻州師範學院學報，2010 年第 6 期。

107. 金代全真詞與元代散曲的俳體，吳國富，中國道教，2005 年第 3 期。

108. 論金元時期全真道教詞興盛的原因，左洪濤，新疆大學學報（社會科學版），2004 年第 1 期。

109. 瑤臺歸去恣逍遙——論金元全真道士詞，蔡靜平，江淮論壇，2002 年第 1 期。

110. 金代全真教道士詞研究，李聞，山東師範大學碩士學位論文，2003 年。

111. 金代全真詩簡論，徐翠先，晉陽學刊，2003 年第 3 期。

112. 從全真教看金元道教詞中的「嬰兒」，左洪濤，齊齊哈爾大學學報（哲學社會科學版），2005 年第 3 期。

113. 論金元道教詞中的「姹女」，左洪濤，寧波大學學報（人文科學版），2005
    年第 3 期。

114. 試析道教對中國繪畫的影響——以南宋金元時期繪畫思想爲例，申喜
    萍，民族藝術，2004 年第 4 期。

115. 南宋金元時期的道教美學思想，申喜萍，四川大學博士學位論文，2003
    年。

116. 泰山石刻與泰山全眞教，白如祥，昆嵛山與全眞道：全眞道與齊魯文化
    國際學術研討會論文集，宗教文化出版社，2006 年。

117. 曹道士碑與金代道教，張曉霞、俞平，博物館研究，2005 年第 2 期。

118. 山東半島全眞七子碑刻、摩崖石刻尋眞，常大群，中國道教，2007 年第
    1 期。

119. 全眞道教史研究的另一種取向——讀蜂屋邦夫《金代道教研究：王重陽
    與馬丹陽》，程群，史林，2008 年第 5 期。

（五）伊斯蘭教

1. 伊斯蘭教在遼朝的傳播與發展探析，姜歆、馬麗娟、楊永芳，赤峰學院學
   報（漢文哲學社會科學版），2005 年第 6 期。

十三、科學技術

（一）概論

1. 遼代科技成就略論，杜成輝、楊文義，雁北師範學院學報，2004 年第 2 期。
2. 遼代兩處冶鐵遺址爐渣研究，陳武，北京科技大學碩士學位論文，2008 年。
3. 契丹科學技術研究，黃鳳岐，東北史地，2007 年第 3 期。
4. 傑出的契丹族科學家—— 耶律楚材，姚傳森，中央民族大學學報（自然科學版），2005 年第 3 期。
5. 金朝初期科技狀況研究，袁曉霞，哈爾濱工業大學學報（社會科學版），2007 年第 1 期。
6. 金代農業科學發展探討，夏宇旭，安徽農業科學，2009 年第 33 期。
7. 繁峙岩山寺壁畫《水碓磨坊圖》及其機械原理初探，高策、徐岩紅，科學技術與辯證法，2007 年第 3 期。
8. 繁峙岩山寺壁畫《水碓磨坊圖》機械原理再探，史曉雷，科學技術哲學研究，2010 年第 6 期。
9. 橋梁模型試驗在宋金時期浮橋建造中的應用，張楊，長安大學學報（社會科學版），2010 年第 2 期。

（二）醫學

1. 遼代醫藥學發展淺析，顧亞麗、劉懷軍，內蒙古文物考古，2005 年第 1 期。

2. 試述遼代之醫學教育，周俊兵，南京中醫藥大學學報（社會科學版），2003年第 1 期。

3. 遼朝醫學教育述論，叢文麗、高福順，中國煤炭工業醫學雜誌，2010 年第 12 期。

4. 遼朝醫學教育在契丹社會發展原因的探討，叢文麗、高福順，中國煤炭工業醫學雜誌，2010 年第 11 期。

5. 遼代的醫學發展與醫學教育，王能河，成都中醫藥大學學報（教育科學版），2008 年第 2 期。

6. 金代醫學研究，鄭宇，吉林大學碩士學位論文，2009 年。

7. 學派紛呈的金代醫學，蘇春梅，文史知識，2007 年第 2 期。

8. 論宋金元醫學發展的原因及其對當代中醫教育的啓示，張淑萍、李旺、季增榮，中醫教育，2002 年第 4 期。

9. 淺談宋金元醫學發展對當代中醫發展的啓示，楊靜、朱星，中醫教育，2007年第 1 期。

10. 金元醫學發展的政治嬗變因素，易守菊、和中濬，中醫文獻雜誌，2001年第 1 期。

11. 宋金元時期中醫基礎理論創新研究，李成文、司富春，中華中醫藥雜誌，2010 年第 7 期。

12. 外部因素對宋金元時代中西醫學影響比較，劉佳，安徽中醫學院學報，2009年第 6 期。

13. 金代政治因素對中醫藥發展之影響，周俊兵，南京中醫藥大學學報（社會科學版），2004 年第 3 期。

14. 宋金元時期中醫學發展特點及其對後世的影響，李成文，中國醫藥學報，2003 年第 3 期。

15. 論宋金元時期中醫內科學發展特點，董淩燕、李成文、王琳，河南中醫學院學報，2003 年第 5 期。

16. 金元時期醫學的特色，李林、張明銳，內蒙古中醫藥，2005 年第 6 期。

17. 金元時期醫學繁榮的思考，黃濤，南京中醫藥大學學報（社會科學版），2003 年第 4 期。

18. 金元時期醫家學術繁榮特色之感悟，徐建雲，中醫藥學刊，2003 年第 8期。

19. 論金元時期學風的轉變，薛益明、周曉紅，中醫文獻雜誌，2001 年第 2 期。

20. 論金元時期學風的轉變，薛益明、周曉虹，中國中醫基礎醫學雜誌，2002 年第 5 期。

21. 論金元時期醫學學風的轉變，薛益明、周曉虹，醫古文知識，2004 年第 4 期。

22. 運氣學說對金元醫學的影響，朱豔萍，遼寧中醫學院學報，2006 年第 4 期。

23. 運氣學說與金代醫學的發展，呂變庭，宋史研究論叢（第十輯），河北大學出版社，2009 年。

24. 宋金元時期心藏象理論的傳承與發展探析，劉寨華、楊威、于崢，河北中醫藥學報，2010 年第 4 期。

25. 金代醫學教育的主要成就，周俊兵，河南中醫，2003 年第 2 期。

26. 「金元五大家」說，李成文、魯兆麟，北京中醫藥大學學報，2003 年第 4 期。

27. 金元四大醫家學術思想芻見，彭述憲，湖南中醫藥導報，2003 年第 12 期。

28. 略論金元四大家學術的學派特點與發生依據，焦振廉、武燕潔，山西中醫學院學報，2009 年第 5 期。

29. 金元醫家學術流派產生的社會文化因素，袁豔麗、和中濬，南京中醫藥大學學報（社會科學版），2007 年第 3 期。

30. 金元時期其它民族醫學與北京御醫群的學術交融，徐江雁，中國民族醫藥雜誌，2004 年第 3 期。

31. 唐宋金元時期因時制宜理論淺析，孫源梅、王順梅、楊文婷、韓曉雪、陳洋子、李曉君，中華中醫藥雜誌，2009 年增刊第 1 期。

32. 宋金元時期中藥學研究特點淺述，王琳，新中醫，2009 年第 9 期。

33. 金元時期社會因素對方劑學發展的影響，谷勝東，中華醫史雜誌，2003 年第 3 期。

34. 金元時期影響藥物劑量因素分析，張衛、張瑞賢、韓垚，中國中藥雜誌，2009 年第 9 期。

35. 孫思邈學術思想對金元醫家的影響，劉寧、李文剛，北京中醫，2003 年第 3 期。

36. 宋金元經方醫案研究，張蕾、劉更生，山東中醫藥大學學報，2005 年第 1 期。

37. 宋金元時期醫案發展的成就和特點，陶禦風，中醫文獻雜誌，2002 年第 3 期。

38. 宋金元時期的中醫骨傷科文獻概論，葉新苗，浙江中醫學院學報，2001 年第 5 期。

39. 論宋金元時期骨傷科學發展特點，露紅、李成文，中醫正骨，2003 年第 10 期。

40. 金元四大家的學術淵源及其影響，章碧明，現代中醫藥，2009 年第 4 期。

41. 金元四大家學術思想之間的相互滲透及影響，張俐敏、陳文莉，山西中醫學院學報，2004 年第 1 期。

42. 金元四大家的脾胃觀，李成文，河南中醫，2004 年第 5 期。

43. 金元四大家之「陞降觀」，吳兵、陳利國，四川中醫，2009 年第 5 期。

44. 金元四大家治療頭痛特色探究，胡袁媛、祝春燕、黃鑫梅，浙江中醫雜誌，2009 年第 6 期。

45. 金元四大家對鬱證的認識與治法，丁曦、楊思福，中醫文獻雜誌，2009 年第 4 期。

46. 金元四大家治療帶下病特色的探討，葉知鋒、施雲福、蔣軍，中華中醫藥雜誌，2009 年第 11 期。

47. 金元醫家論治健忘特色擷菁，白鈺、陳永燦，湖北中醫雜誌，2009 年第 12 期。

48. 從金元四大家學術思想探討老年性癡呆的防治，俞欣瑋、方迪龍、余瑾、晁冠群、劉瀟，中醫雜誌，2006 年第 9 期。

49. 論宋金元時期中醫學「火」理論的發展，李海玉、潘桂娟，遼寧中醫雜誌，2009 年第 7 期。

50. 金元醫家對火熱病證的研究及對後世的影響，徐佩，中華中醫藥學刊，2008 年第 10 期。

51. 金元四大家論治食傷，朱星，江西中醫學院學報，2004 年第 1 期。

52. 金元四大家論治食傷，朱星、譚學林，四川中醫，2003 年第 2 期。

53. 金元時期食療養生方劑特色，谷勝東，中華醫史雜誌，2005 年第 3 期。

54. 飲食清淡節制色欲——金元名醫朱丹溪的獨到養生法，陳濤，中華養生保健，2002 年第 9 期。

55. 金元四大家論養生，楊朝陽，福建中醫學院學報，2005 年第 1 期。

56. 金元四大醫家脾腎互濟思想探討，龍琫璽，安徽中醫學院學報，2002 年第 5 期。

57. 淺談金元四大家學術觀點與《內經》的淵源，段詠慧、夏海波，江蘇中醫，2001 年第 10 期。

58. 從金元四大家對《內經》理論的繼承和發展看中醫理論創新，張鐵楠，遼寧中醫學院學報，2003 年第 2 期。

59. 金元醫家《內經》散論輯與學術價值研究，董尚樸，北京中醫藥大學博士學位論文，2006 年。

60. 下法在金元時期的應用，曾高峰，廣西醫學，2001 年第 5 期。

61. 從方書的「備急」看金元前後醫療模式的轉變，姚惠萍，南京中醫藥大學學報（社會科學版），2005 年第 2 期。

62. 論宋金元時期基礎理論發展特點及對後世的影響，李成文、倪世美，浙江中醫學院學報，2003 年第 2 期。

63. 金元四大家對中醫心理學的發展貢獻集粹，饒媛，中醫藥學刊，2002 年第 1 期。

64. 淺談金元四大家對中醫心理學發展的貢獻，饒媛，中醫文獻雜誌，2002 年第 1 期。

65. 淺談金元四大家對中醫心理學發展的貢獻，岳旭東，山西中醫學院學報，2002 年第 3 期。

66. 金元四家醫學心理學思想對臨床的指導意義，蔣麗霞、羅學裕，湖南中醫雜誌，2002 年第 4 期。

67. 金元四大醫家治療糖尿病學術思想初探，張國泰，中國中醫基礎醫學雜誌，2002 年第 8 期。

68. 金元四大家針灸療法的整理與對比研究，陳武君、危兆璋，光明中醫，2010 年第 2 期。

69. 金元之後針刺輔助手法臨證應用淵源考釋，馬瑞玲，中醫藥學刊，2003 年第 4 期。

70. 金代佚名氏《針經》考，王雪苔，中國針灸，2002 年第 5 期。

71. 宋金元時期針灸學的發展，閆杜海、李成文，河南中醫學院學報，2003年第 5 期。

72. 宋金元時期輕灸重針轉折因素淺析，葉險峰、李成文、張會芳，中國針灸，2009 年第 9 期。

73. 宋金元時期針灸處方配穴的原則及規律，裴景春，中醫藥學刊，2005 年第 6 期。

74. 金元四大家刺絡思想淺析，侯春光、郭義，天津中醫藥，2003 年第 6 期。

75. 金元四大家論治腫瘤淺談，劉少勇、劉菊妍，時珍國醫國藥，2006 年第 9 期。

76. 金元四大家論燥，孟繁潔，四川中醫，2003 年第 11 期。

77. 金元四大家對尿血辯證施治觀的探究，阮善明、戴金、張宇，河北中醫，2006 年第 6 期。

78. 金元時期臟腑辯證學說發展特點研究，楊雪梅、李德杏、王玉興，天津中醫學院學報，2006 年第 2 期。

79. 簡論儒之門戶分於宋與醫之門戶分於金元——簡論理學對中醫學之影響，步瑞蘭，醫學與哲學（人文社會醫學版），2006 年第 2 期。

80. 金元大家對痹病的貢獻，李偉、劉中勇、王有洪，實用中西醫結合臨床，2006 年第 1 期。

81. 簡評金元醫家對方藥分類的貢獻，許二平，河南中醫學院學報，2006 第 1 期。

82. 中醫疫病學與溫病學的歷史沿革——宋金元時期，劉景源，中國中醫藥現代遠程教育，2003 年第 8 期。

83. 金元醫家對溫病理論的創新，曹洪欣、趙靜、張志斌、張華敏，中國中醫基礎醫學雜誌，2008 年第 5 期。

84. 金元時期的溫病理論創新研究，張志斌，遼寧中醫藥大學學報，2008 年第 10 期。

85. 金元醫家對溫病病因病機的認識，趙靜、曹洪欣、張志斌、張華敏，中國中醫基礎醫學雜誌，2010 年第 1 期。

86. 金元明時期溫病理論演變與發展研究，趙靜，中國中醫科學院博士學位論文，2007 年。

87. 以邪正類析金元四家學說，張晶，甘肅中醫，2002 年第 6 期。

88. 金元四大家消渴病論要，竇立剛，中國醫藥指南，2010 年第 19 期。

89. 金元四大家論治消渴思想探析，項磊、劉菊妍，江蘇中醫藥，2009 年第 8 期。

90. 金元四大家對耳鼻咽喉科的貢獻，陳麗雲、吳鴻洲、嚴世芸，上海中醫藥大學學報，2009 年第 5 期。

91. 金元時期對痢疾認識的探討，張豔紅、董尚樸，時珍國醫國藥，2009 年第 2 期。

92. 宋金元時期《靈樞經》流傳情況初探，成建軍、趙舒武，天津中醫藥大學學報，2009 年第 2 期。

93. 宋金元時期中醫診治痰病的學術思想研討，潘桂娟、柳亞平，中華中醫藥雜誌，2009 年第 2 期。

94. 張子和生平有關史料簡述，蕭國鋼，中醫文獻雜誌，2005 年第 3 期。

95. 張子和對中醫學的貢獻，薛益明，湖北中醫雜誌，2002 年第 8 期。

96. 近 10 年張子和學術研究資料溫習，楊建宇、周鴻飛、成立強、魏素麗、張冰，內蒙古中醫藥，2003 年第 5 期。

97. 張子和學術思想研究考略，鄭國慶、洪在尕，中醫藥學刊，2002 年第 2 期。

98. 張從正學術思想淺論，李鳳蓮，安徽中醫臨床雜誌，2003 年第 4 期。

99. 張子和學術思想源流探，肖國鋼，中醫文獻雜誌，2006 年第 4 期。

100. 醫學革新家張子和的學術思想研究，毛德西，河南中醫學院學報，2005 年第 1 期。

101. 張子和學術思想溯源，馮志廣、楊建宇、侯勇謀、張國泰，湖北中醫雜誌，2001 年第 8 期。

102. 試論張子和學術思想對其它醫學流派的滲透與影響，肖國鋼，中醫文獻雜誌，2007 年第 1 期。

103. 援儒革道，葉落歸根——金代醫家張從正道醫思想辨析，程雅君，世界宗教研究，2007 年第 3 期。

104. 論張子和學術的特色，魏國太，內蒙古中醫藥，2006 年第 4 期。

105. 創新是張子和科學精神之精髓！——2005 年全國第 6 屆張子和學術研討會側記，全國張子和研究會籌委會秘書組，內蒙古中醫藥，2006 年第 4 期。

106. 略論張子和的創新精神，李珊、盧玉，內蒙古中醫藥，2002 年第 5 期。

107. 淺談張子和的中醫理論學術特點，黃枋生，國際醫藥衛生導報，2004 年第 14 期。

108. 略論張子和對扁鵲學派的繼承，趙留記、楊建宇、楊劍民，中醫雜誌，2001 年第 2 期。

109. 對張子和醫療活動範圍的再探討——兼與蕭國鋼先生商榷，張國泰、侯勇謀、楊建宇，中醫雜誌，2001 年第 5 期。

110. 張子和學術研討呈現良好的態勢，楊建宇、劉豔驕，光明中醫，2002 年第 1 期。

111. 張子和學術傳人考，董尙樸、張暖、李會敏，天津中醫藥，2004 年第 4 期。

112. 關於張子和墓之傳說給楊建宇的一封信，劉恩良，內蒙古中醫藥，2003 年第 5 期。

113. 張子和內科學術簡要，傅俊傑、吳文清，內蒙古中醫藥，2004 年第 5 期。

114. 張子和外科學術思想淺探，杜耀戰、張慧珍、張大明、楊建宇，內蒙古中醫藥，2001 年第 5 期。

115. 淺議張子和重視護理思想，貟惠敏、侯勇謀、楊建宇、張大明，內蒙古中醫藥，2001 年第 5 期。

116. 張子和育子思想初探，李予姝、楊建宇、翟文生，中醫雜誌，2001 年第 1 期。

117. 淺析張從正兒科治療特色，李丹彥、馮靖禧、劉成麗，中醫藥學刊，2006 年第 9 期。

118. 張子和兒科學術思想芻議，熊傑、畢桂泉、張果忠，現代中西醫結合雜誌，2002 年第 19 期。

119. 張子和兒科臨床經驗窺探，秦驥、張冰、楊妍超、張雷，內蒙古中醫藥，2003 年第 5 期。

120. 略論張子和對婦產科的貢獻，朱長麗、王磊、蘇潔、楊建宇，光明中醫，2001 年第 5 期。

121. 略論張子和婦產科學術思想，趙萍，內蒙古中醫藥，2002 年第 5 期。

122. 張子和婦產科驗案賞析及現實意義，馬文俠、魏素麗、尙志華，光明中醫，2003 年第 5 期。

123. 試論張子和治療產後病學術特色及現實意義，賀翠萍，中醫雜誌，2001年第 4 期。

124. 張子和治療不孕症學術經驗初探，李鴻選、楊建宇、王磊、翟鳳霞，中國中醫基礎醫學雜誌，2002 年第 7 期。

125. 張子和診治不孕症驗案賞析，王磊、楊建宇、翟鳳霞、魏素麗，光明中醫，2002 年第 2 期。

126. 淺談張子和對不孕症病因病機的認識，趙萍、王磊、楊建宇、谷勝東，光明中醫，2002 年第 3 期。

127. 淺談張子和治療不孕症的良方——詵詵丸，孫志雲、王磊、楊建宇、谷勝東，光明中醫，2002 年第 3 期。

128. 張子和攻邪療法治療不孕症學術經驗初探，鄭桂欽、楊建宇、魏素麗、谷勝東、吳文青，光明中醫，2002 年第 6 期。

129. 張子和男科經驗略識，李海松、徐江雁、楊建宇，內蒙古中醫藥，2003年第 5 期。

130. 張子和痛隨利減在骨傷科的應用，張金良，光明中醫，2003 年第 3 期。

131. 張子和骨傷用藥特點初探，趙坤珠、張金良，光明中醫，2002 年第 6 期。

132. 張子和骨傷病案論析，韓束滿、張金良，光明中醫，2002 年第 6 期。

133. 張子和皮膚科學術特色略述，劉富強、齊英、侯勇謀、楊建宇，內蒙古中醫藥，2001 年第 5 期。

134. 略論張子和皮膚疾患的專病專方，張麗君，光明中醫，2001 年第 5 期。

135. 張子和外治皮膚病簡析，劉富強，中醫外治雜誌，2001 年第 4 期。

136. 張子和論治疝病淺析，侯勇謀、張國泰、趙法新、楊建宇，中國中醫基礎醫學雜誌，2001 年第 7 期。

137. 張子和論治疝證淺析，侯勇謀、張國泰、趙法新，內蒙古中醫藥，2001年第 1 期。

138. 張子和針刺放血法探討，時小梅、楊建宇、魏素麗、時安濤，中醫外治雜誌，2001 年第 3 期。

139. 張從正與刺血療法，席海霞、梁潤英，中醫外治雜誌，2001 年第 3 期。

140. 論張從正的刺血療法，劉立公、顧傑，中醫外治雜誌，2009 年第 6 期。

141. 張子和對刺絡放血療法的貢獻，李芃柳、楊克衛，吉林中醫藥，2008 年第 9 期。

142. 張子和「血氣流通論」探討，周斌、黃鴻飛、何宣華，貴陽中醫學院學報，2009 年第 4 期。

143. 張子和湧吐方藥與機理的探討，王君、黃鑫、朱建平、楊建宇，內蒙古中醫藥，2004 年第 5 期。

144. 張子和湧吐用藥與今之差異略述，余旭東、黃璐、張冰、尚志華，光明中醫，2003 年第 4 期。

145. 張子和外用吐劑析要，陳軍民，中醫外治雜誌，2001 年第 4 期。

146. 張子和吐法芻議，劉靜生，中醫研究，2003 年第 3 期。

147. 張子和吐法治療眩暈證芻議，王鵬、歐陽兵，山東中醫雜誌，2003 年第 6 期。

148. 張從正汗吐下三法新識，儲全根，中國醫藥學報，2002 年第 3 期。

149. 張子和倡導汗吐下法考釋——張子和不像中醫而像古印度吠陀醫生，干祖望，中醫藥學刊，2002 年第 4 期。

150. 張子和催吐法略論，張忠民、肖樹彪、楊建宇、魏素麗，內蒙古中醫藥，2001 年第 5 期。

151. 簡述張子和吐法，張春亭、許興濤、王學斌、楊建宇，內蒙古中醫藥，2001 年第 5 期。

152. 簡述張子和下法運用特點，袁憲章、郭世岳，光明中醫，2002 年第 5 期。

153. 對張子和下法的探討，何雲鋒、何雲長，中國中醫基礎醫學雜誌，2002 年第 8 期。

154. 淺析張子和下法的妙用，古獻蘭，中醫藥研究，2002 年第 5 期。

155. 張子和下法方藥辨析，陳富軍、楊建宇、張繼紅，光明中醫，2001 年第 2 期。

156. 張子和下法方藥簡析，陳修常、陳軍民、楊敏、楊建宇，中國民間療法，2001 年第 7 期。

157. 張子和下法臨床運用特點，閆佯宏、張國泰、楊建宇，內蒙古中醫藥，2001 年第 5 期。

158. 張子和下劑類辨與簡析，王力群、周鴻飛，內蒙古中醫藥，2004 年第 5 期。

159. 簡述張子和臨床特異的瀉下藥，郭煥、賈少謙，光明中醫，2003 年第 3 期。

160. 張子和外治汗法簡析，孫花仙、趙留記、楊建宇、魏素麗，中醫外治雜誌，2001 年第 4 期。

161. 張子和外治汗法淺析，徐愛民、毛振營、高尚社，光明中醫，2002 年第 6 期。

162. 張子和外治汗法簡析，馮志廣、楊建宇、魏素麗、楊慶有，光明中醫，2001 年第 4 期。

163. 張子和汗法醫案析略，趙留記、時小梅、楊建宇、魏素麗，中國民間療法，2001 年第 7 期。

164. 對張子和汗法的認識，何雲長、何雲鋒，內蒙古中醫藥，2001 年第 5 期。

165. 張子和不藥之藥汗法簡介，祖麗紅、谷勝東、吳文清，內蒙古中醫藥，2003 年第 2 期。

166. 子和汗法與現代藥浴，趙法新、蔣維英、趙曉東、趙軍，中醫研究，2002 年第 4 期。

167. 張子和汗法方藥辨析，姚爲民、楊建宇、張繼紅，光明中醫，2001 年第 2 期。

168. 張子和用白虎湯當屬汗法，任修德，光明中醫，2001 年第 5 期。

169. 張從止補法思想淺談，李建香，光明中醫，2009 年第 8 期。

170. 張子和補法學術思想概述，安玲、張國泰、楊建宇、李惠民，內蒙古中醫藥，2001 年第 5 期。

171. 張子和中醫補益理論的研究，蓋國忠、張紅、辛國，長春中醫學院學報，2003 年第 3 期。

172. 張子和補法淺議，張峰、許興濤、祁付有，內蒙古中醫藥，2001 年第 5 期。

173. 張子和補法初探，路永平，光明中醫，2001 年第 3 期。

174. 張子和論補法，楊濤、吳斌龍、王家倩，河南中醫藥學刊，2002 年第 1 期。

175. 淺述張從正論補法的現實意義，盧玉，內蒙古中醫藥，2002 年第 5 期。

176. 張子和補法特點淺析，張仁崗，甘肅中醫，2002 年第 2 期。

177. 張子和補法方藥辨析，張繼紅、楊建宇、魏素麗，光明中醫，2001 年第 2 期。

178. 張子和補意推原，孫洪生、李永民，張家口醫學院學報，2003 年第 6 期。

179. 淺論張子和溫陽補虛方藥，蘇紹明、陳修常、楊建宇、魏素麗，內蒙古中醫藥，2001 年第 5 期。

180. 張子和「以攻爲補」辨析，朱紅霞、張大明、侯永謀、張國泰、魏素麗，中國中醫基礎醫學雜誌，2002 年第 7 期。

181. 張子和營養食療淺探，張衛紅，內蒙古中醫藥，2004 年第 5 期。

182. 略論張子和食療補虛方藥，陳修常、楊敏、楊建宇、魏素麗，內蒙古中醫藥，2001 年第 5 期。

183. 張子和對針灸學的貢獻，劉靜生、劉學勤，中國民間療法，2003 年第 10 期。

184. 張子和針灸選穴窺探，黃濤，內蒙古中醫藥，2003 年第 5 期。

185. 試述張子和針灸療法，時小梅、楊建宇、魏素麗，內蒙古中醫藥，2001 年第 5 期。

186. 張子和心理療法初探，陳莉、劉靜宇，中醫研究，2003 年第 5 期。

187. 張子和的心理治療思想探析，圖雅、邱鴻鐘，醫學與哲學（人文社會醫學版），2008 年第 6 期。

188. 論張子和在九氣七情與心理治療的貢獻，龍澤雲、陳聰、王米渠，現代中西醫結合雜誌，2006 第 11 期。

189. 張子和心繫疾病學術經驗略要，耿建領、黃濤、楊建宇、魏素麗，光明中醫，2003 年第 6 期。

190. 張子和七情解鬱療法應用記實，劉恩，內蒙古中醫藥，2004 年第 5 期。

191. 張從正攻邪學說對醫學發展的影響，岳旭東，山西中醫學院學報，2001 年第 4 期。

192. 略述張子和攻邪學術思想，劉豐曉、賈少謙、陳戰峰，內蒙古中醫藥，2003 年第 1 期。

193. 張子和攻邪學術思想要點，楊奇斌、侯勇謀、楊建宇，內蒙古中醫藥，2001 年第 5 期。

194. 張子和攻邪學說述評，徐亞萍、孫祥，河北中醫，2002 年第 3 期。

195. 芻議弘揚張子和攻邪學派的思路與方法，楊建宇、張國泰，光明中醫，2003 年第 3 期。

196. 張從正攻邪理論初探，李秀華，內蒙古中醫藥，2002 年第 5 期。

197. 試論張子和攻邪理論產生歷史背景及對其養生理念的影響，劉理想，中醫文獻雜誌，2009 年第 2 期。

198. 試探張子和攻邪學派之「濕」——從「標本中氣從火從濕」談子和非河間學術傳人，北京中研光明東方醫藥研究中心攻邪學派研究學組，內蒙古中醫藥，2006 年第 4 期。

199. 淺析張子和攻邪學派之「濕」劑，北京知醫堂中醫門診張子和攻邪學派研究小組，內蒙古中醫藥，2006 年第 4 期。

200. 張子和「濕病」案例析要，尚志華，內蒙古中醫藥，2006 年第 4 期。

201. 張子和方藥學術要點略論，王大瑤，光明中醫，2002 年第 6 期。

202. 略論張子和七方十劑，張丹翎、楊建宇、楊慶有，光明中醫，2001 年第 5 期。

203. 張子和對「十劑」方劑分類法的貢獻，張雷、谷勝東、張冰，內蒙古中醫藥，2003 年第 5 期。

204. 論張子和之七方十劑，孫曉嘉，內蒙古中醫藥，2003 年第 4 期。

205. 張子和方藥學術創新要點，祖麗紅、吳文清、谷勝東，內蒙古中醫藥，2003 年第 1 期。

206. 張子和方劑運用特色探析，孫曉嘉，江蘇中醫藥，2003 年第 9 期。

207. 略述《三法六門》方劑，陳軍民、陳富軍、姚衛民、楊建宇，內蒙古中醫藥，2001 年第 5 期。

208. 略述張子和藥邪觀點，馮志海、李學林、雷永生，光明中醫，2002 年第 5 期。

209. 張子和藥邪觀點芻議，王玉山、王志超、楊建宇、魏素麗，內蒙古中醫藥，2001 年第 5 期。

210. 漫談張子和對中醫睡眠醫學的貢獻——楊建宇談劉豔驕博士論張子和對睡眠醫學的貢獻，魏素麗、于崢、黃璐、楊建宇、朱建平、劉豔驕，內蒙古中醫藥，2003 年第 5 期。

211. 張子和治療黃疸及黃病驗案賞析及現實意義，張玉煥、黃鑫，內蒙古中醫藥，2003 年第 5 期。

212. 張子和非藥物療法探幽，劉靜生、劉學勤，河南大學學報（醫學科學版），2003 年第 2 期。

213. 張子和診治中風經驗識要，李向錄、李正軍，光明中醫，2003 年第 6 期。

214. 初探張子和對五苦六辛的發揮，劉彩虹，光明中醫，2003 年第 6 期。

215. 張子和對失血證的調補經驗，朱紅霞、于崢、劉文，光明中醫，2003 年第 4 期。

216. 淺述張子和創損疾患的方治，崔志恒、谷勝東、楊建宇、朱建平，光明中醫，2003 年第 4 期。

217. 張子和外治咽喉病學術經驗探析，陳永敏，光明中醫，2003 年第 5 期。

218. 張子和治療消渴用藥經驗淺識，劉豐曉、白崇禮，光明中醫，2003 年第 5 期。

219. 張從正論治疑難雜證特色，林慧光，中醫藥學刊，2002 年第 6 期。

220. 張子和論治帶證的學術特點，梁玉蘭，中醫研究，2002 年第 3 期。

221. 張子和論治帶證的學術特點，梁玉蘭、翟鳳霞、楊建宇、魏素麗，內蒙古中醫藥，2001 年第 5 期。

222. 張子和外治牙病用藥方法簡介，趙厚亮、張繼紅、楊建宇、魏素麗，中國民間療法，2001 年第 7 期。

223. 試論張從正對婦人月經病的論治特色，崔淑蘭、褚亞紅，廣西中醫藥，2008 年第 4 期。

224. 張子和診治經閉案二則賞析，張紅、蓋國忠，吉林中醫藥，2010 年第 8 期。

225. 張子和治療便秘經驗探討，李兵劍、熊之焰，中醫藥導報，2009 年第 10 期。

226. 張從正論治脾胃經驗淺談，李文君、葉進，陝西中醫，2010 年第 1 期。

227. 對張子和及其《儒門事親》的考辨，錢超塵、溫長路，河南中醫，2007 年第 1 期。

228.《儒門事親》的編撰與構成考略，蕭國鋼，中醫文獻雜誌，2006 年第 2 期。

229.《儒門事親》對砭學的貢獻，高謙，世界骨傷雜誌，2005 年第 1 期。

230.《儒門事親》對腫瘤學的貢獻，王三虎，河南中醫，2008 年第 1 期。

231.《儒門事親》中眼科證治思想，江花、王明傑、和中俊，中國中醫藥現代遠程教育，2009 年第 9 期。

232.《儒門事親》對中醫急診學的貢獻，雷梟、張松、許勇，中國中醫急症，2009 年第 9 期。

233. 論《儒門事親》「汗、吐、下」三法中的辯證論治思想，陳曉、王慶其，上海中醫藥大學學報，2007 年第 1 期。

234. 張子和《儒門事親》對消渴病診治發展的貢獻，楊建宇，中國中醫基礎醫學雜誌，2002 年第 9 期。

235. 張子和《儒門事親》用水療病初探，郭健、劉富強、王玉山、楊建宇，中國民間療法，2001 年第 7 期。

236.《儒門事親》急症診治特色，張學垠、王麗慧、周國琪，吉林中醫藥，2010 年第 10 期。

237. 張從正《儒門事親》五運六氣治法述要，于崢、楊威、劉寨華，中國中醫基礎醫學雜誌，2009 年第 12 期。

238. 阿維森納《醫典》與張從正《儒門事親》治療學思想之比較研究，張芳芳，北京中醫藥大學碩士學位論文，2010 年。

239.《儒門事親》攻邪論探析，夏晨，中醫雜誌，2009 年增刊第 1 期。

240. 淺析王好古對易水學派的貢獻，李凱，遼寧中醫藥大學學報，2006 年第 6 期。

241. 醫中之王道──補土派大師李杲，孟慶雲，江西中醫學院學報，2006 年第 5 期。

242. 金元中醫學史中的「王道」學派探析，楊久雲、李偉、肖洪磊、徐中平、付開聰，雲南農業大學學報（社會科學版），2010 年第 6 期。

243. 試論張元素對五運六氣的繼承與發展，金香蘭、王左原，中國中醫基礎醫學雜誌，2009 年第 8 期。

244. 張元素藥性調節觀探析，彭天忠、劉銳，中醫藥導報，2010 年第 5 期。

245. 金代醫家劉完素對精神疾病的學術觀點，鄧正梁、吉文輝，（臺灣）北市中醫會刊（第 12 卷 2 期），2006 年 6 月。

246. 劉完素對內經病機十九條的闡釋，鄧正梁，（臺灣）北市中醫會刊（第 13 卷第 3 期），2007 年 9 月。

247. 純正道醫、高尚先生──金代醫家劉完素道醫思想辨析，雅君，宗教學研究，2009 年第 4 期。

248. 劉完素之五運六氣為醫教大道論，楊威、朱二苓，現代中醫藥，2010 年第 4 期。

249. 淺探劉完素「主火論」的學術背景，王縉、和中濬、馬成傑，江西中醫學院學報，2010 年第 3 期。

250. 劉完素「玄府氣液說」初探，姚曉嵐、陳淼、梁偉雲、俞欣瑋，上海中醫藥大學學報，2009 年第 1 期。

251. 劉完素宣通氣液學術思想探析，關建軍、張曉英、王權龍，河北中醫，2010 年第 11 期。

252. 辨病與辯證——劉完素診治消渴的雙重思路，楊仕哲，（臺灣）古今論衡（第 17 期），2007 年 12 月。

253. 從《宣明論方》方劑計量學分析劉完素寒溫用藥特點，王燕、李傑、周銘心，中華中醫藥雜誌，2009 年第 11 期。

254. 金代醫家常仲明生平、家世、著述考略，周益新，山西中醫，2004 年第 4 期。

255. 金刻本《素問》探秘，錢超塵，醫古文知識，2004 年第 1 期。

256. 現存《素問》最早版本金刻本揭秘，錢超塵，北京中醫藥大學學報，2005 年第 5 期。

257. 劉完素「玄府學說」及其對中醫眼科學的指導意義，高健生、接傳紅、張麗霞、羅旭升、陳皆春，中醫雜誌，2008 年第 7 期。

258. 成無己生卒年考，張海鵬，中華醫史雜誌，2010 年第 4 期。

259. 1232 年金末汴京大疫探析，李中琳、符奎，醫學與哲學，2008 年第 11 期。

260. 1213 年「汴京大疫」辨析，王星光、符奎，中國史研究，2009 年第 1 期。

261. 關於元軍圍汴的疫史年代，李文波，中華醫史雜誌，2004 年第 3 期。

262. 元好問與醫學，康玉慶，太原大學學報，2004 年第 4 期。

263 金代醫籍年表，劉時覺，中醫藥學報，2004 年第 6 期。

264. 契丹族所建的遼朝時期的獸醫藥研究，烏蘭塔娜、巴音木仁，中獸醫醫藥雜誌，2007 年第 2 期。

265. 金朝時期的獸醫藥，巴音吉日嘎、拉包金山、巴音木仁，中國獸醫雜誌，2007 年第 1 期。

（三）天文曆法

1. 中西合璧的遼代天文曆法，杜成輝，雁北師範學院學報，2005 年第 2 期。

2. 遼代天文曆算成就淺論，杜成輝，哈爾濱工業大學學報（社會科學版），
   2007 年第 1 期。

3. 中華天文星象學在北方民族中的傳播和發展——北魏、遼、西夏和吐魯番
   天文星象圖的比較研究，張碧波，北方文物，2006 年第 1 期。

4. 日本新發現北宋開寶五年刻《熾盛光佛頂大威德銷災吉祥陀羅尼經》星圖
   考——兼論黃道十二宮在宋、遼、西夏地區的傳播，韋兵，自然科學史研
   究，2005 年第 3 期。

5. 《金天會十三年乙卯歲（1135 年）曆日》疏證，鄧文寬，文物，2004 年第
   10 期。

6. 李治與天元術，李先耕，文史知識，2007 年第 2 期。

十四、歷史地理

（一）概論

1. 「山後」在歷史上的變化，李鳴飛，陝西理工學院學報（社會科學版），2007年第1期。

2. 邊族白山黑水的含義，趙振績，（臺灣）簡牘學報（第19卷），2006年。

3. 三韓略說——論「曹雪芹祖籍鐵嶺說」遼代歷史地理考證之失誤，馮永謙，遼金契丹女眞史研究（總第34期），2004年。

4. 三韓略說——論「曹雪芹祖籍鐵嶺說」遼代歷史地理考證之失誤，馮永謙，遼金史論集（第十一輯），吉林文史出版社，2008年。

5. 關城攬樹色，松漠念遼時——遼代遼北自然環境綜述，周向永，遼金契丹女眞史研究（總第34期），2004年。

6. 關城攬樹色，松漠念遼時——遼代遼北山川形勢與州城設立的環境依據概述，周向永，遼金史論集（第十一輯），吉林文史出版社，2008年。

7. 四至十二世紀松漠地理環境考略，楊福瑞，遼金史論集（第十一輯），內蒙古大學出版社，2009年。

8. 遼代西遼河流域氣候變化及其環境特徵，韓茂莉，地理科學，2004年第5期。

9. 北京地區遼金時期生態環境的基本特徵，孫冬虎，薊門集——北京建都850週年論文集，北京燕山出版社，2005年。

10. 遼金時期環北京地區生態環境管窺，孫冬虎，首都師範大學學報（社會科學版），2005年第1期。

11. 見證遼道宗時期契丹腹地生態環境的惡化——以宋人使遼語錄、使遼詩為史料，張國慶，東北史研究，2007 年第 4 期。

12. 金源地區歷史地理考證四則，王禹浪、王宏北，黑龍江民族叢刊，2004 年第 4 期。

13. 雙城境內金代三個驛站名考，劉文生、張泰湘，滿語研究，2002 年第 2 期。

14. 尚志市境內金代重要交通驛站的考察與研究，鄧樹平、夏宏宇，東北史研究，2009 年第 1 期。

15. 尚志市境內金代重要交通驛站的考察與研究，鄧樹平，遼金史研究通訊，2009 年第 1、2 期。

16. 宋、遼、金時期地圖應用與發展，盧良志，國土資源，2008 年第 4 期。

17. 宋（遼、金）元古地圖上的北京（上、下），王自強，地圖，2006 年第 1、2 期。

18. 遼代地名命名方式及其特點探考——兼論《遼史‧地理志》的地名學成績，王昊，遼寧大學碩士學位論文，2003 年。

19. 北宋詩人眼中的遼境地理與社會生活，孫冬虎，北方論叢，2005 年第 3 期。

20. 宋使遼境經行道路的地理和地名學考察，孫冬虎，中國歷史地理論叢，2004 年第 4 期。

21. 從《奉使遼金行程錄》看遼代的聚落，程嘉靜、張利鎖，廊坊師範學院學報（社會科學版），2009 年第 2 期。

22. 由《遼史‧地理志》看遼代地名命名方式及其特點，王昊，黑龍江民族叢刊，2006 年第 1 期。

23. 由《遼史‧地理志》看遼代地名命名方式及其特點，王昊，求索，2006 年第 4 期。

24. 女真兵過臺坎地地點初探，何輝，東北史研究，2004 年第 3 期。

25. 遼金「囉建村」元明「札剌奴」，陳士平，東北史研究，2009 年第 4 期。

26. 金代女真「囉建村」釋義，陳士平，東北史研究，2004 年第 1 期。

27. 完顏部邑屯村考略，孫昊，通化師範學院學報，2010 年第 9 期。

28. 金代女真「合里賓忒」釋義，陳士平，東北史研究，2004 年第 1 期。

29. 宋金元時期的西安歷史地理研究，辛德勇，中日古代城市研究，中國社會科學出版社，2004 年。

30. 宋、金時期的宕昌，陳啓生，隴右文博，2004 年第 2 期。

31. 耶懶と耶懶水—ロシア沿海地方の歷史的地名比定に向けて，井黑忍，北東アジア中世遺蹟の考古學的研究，平成 17 年度研究成果報告書，札幌學院大學人文學部，2007 年。

32. 唐遼昌平鄉里考，趙其昌，首都博物館叢刊（第 21 期），北京燕山出版社，2007 年。

33. 《契丹地理之圖》考略，劉浦江，鄧廣銘教授百年誕辰紀念論文集，中華書局，2008 年。

34. 《金史》行鹽地理探微，林玉軍，北方文物，2009 年第 3 期。

35. 沈括、陳襄使遼所達「單于庭」今地考——兼論沈括、陳襄二使者在巴林的行程、頓舍等問題，王玉亭、田高，松州，2010 年第 2 期。

（一）地方行政建置

1. 遼代州制研究，余蔚，歷史地理（第 24 輯），上海人民出版社，2010 年。

2. 遼朝推行州縣制過程考述，楊福瑞，內蒙古社會科學（漢文版），2008 年第 4 期。

3. 論遼之京城體系，諸葛淨，華中建築，2009 年第 7 期。

4. 遼上京地區州縣的統治方式，康鵬，首屆遼上京契丹・遼文化學術研討會論文集，內蒙古文化出版社，2009 年。

5. 遼朝州縣制度中的「道」「路」問題探研，關樹東，中國史研究，2003 年第 2 期。

6. 遼朝州縣制度中的「道」「路」問題探研，關樹東，宋史研究論文集（第十輯），蘭州大學出版社，2004 年。

7. 關於遼朝州縣設置的兩個問題——兼與北京等地區出土的遼碑文參證，林榮貴，北京遼金文物研究，北京燕山出版社，2005 年。

8. 遼朝州縣制度新探，傅林祥，歷史地理（第 22 輯），上海人民出版社，2007 年。

9. 論遼代府州縣遙領制度，余蔚，歷史地理（第 23 輯），上海人民出版社，2008 年。

10. 遼朝興中府的設置及其意義，任仲書，歷史與社會論叢（第 3 輯），吉林大學出版社，2010 年。

11. 遼代の遼西路について，高井康典行，福井重雅先生古稀退職紀念論集——古代東アジアの社會と文化，東京汲古書院，2007 年。

12. 遼朝在內蒙古地區行政建置，陶玉坤，中國邊政（167），2006 年 9 月。

13. 遼代政區之建置與移民築城，王明蓀，中國中古史研究（第 1 期），（臺北）蘭臺出版社，2002 年 8 月。

14. 論遼代大連地區的行政建置，田廣林、王姝，遼寧師範大學學報（社會科學版），2008 年第 6 期。

15. 遼代失考州縣辯證，馮永謙，首屆遼上京契丹·遼文化學術研討會論文集，內蒙古文化出版社，2009 年。

16. 遼東京道失考州縣新探——《遼代失考州縣辯證》之一，馮永謙，遼金歷史與考古（第一輯），遼寧教育出版社，2009 年。

17. 遼中京道失考州縣新探，馮永謙，史籍研究（第一輯），甘肅人民出版社，2009 年。

18. 《北番地理》所載遼國南京道西京道州軍辯證，王明蓀，宋史研究論文集（2008），雲南大學出版社，2009 年。

19. 中國古代城鎮建設史上有益的借鑒——遼代中小城鎮建設的人文思維，高娃，中國古都研究（第 18 輯上冊）——中國古都學會 2001 年年會暨赤峰遼王朝故都歷史文化研討會論文集，國際華文出版社，2002 年。

20. 金初原遼地的路制與路級政區試探，李昌憲，鄧廣銘教授百年誕辰紀念論文集，中華書局，2008 年。

21. 金朝路制再探討——兼論其在元朝的演變，張帆，燕京學報（新 12 期），北京大學出版社，2002 年。

22. 金代轉運司路研究，康鵬，北京大學碩士學位論文，2003 年。

23. 淺談金代胡里改路，梁春雨，佳木斯大學社會科學學報，2003 年第 2 期。

24. 金代曷蘇館路治所的考辨，李錦萍、王金令，北方文物，2009 年第 1 期。

25. 上京蒲峪路在金朝和中國歷史上的地位和作用，趙文生，遼金史論集（第十一輯），吉林文史出版社，2008 年。

26. 蒲峪路：探索金代疆域的坐標，徐微、宋燕軍、趙大偉，齊齊哈爾日報，2007 年 10 月 24 日。

27. 上京蒲峪路路治沿革考，王永成、趙文生，遼金史論集（第十一輯），吉林文史出版社，2008 年。

28. 蒲峪路四至考，張松，青年文學家，2006 年第 2 期。

29. 蒲峪路城的神秘消失，張港，水利天地，2010 年第 2 期。

30. 金代遼寧地區的行政建置述論，肖忠純，歷史與社會論叢（第 3 輯），吉林大學出版社，2010 年。

31. 金代臨潢府路、北京路州縣沿革考，李昌憲，宋史研究論叢（第十一輯），河北大學出版社，2010 年。

32. 關於金章宗時期東北路招討司遷至金山後正副招討使駐地之我見，李丕華，東北史研究，2009 年第 1 期。

33. 金朝行省制度研究，楊清華，吉林大學博士學位論文，2009 年。

34. 金章宗時期的行省建置，楊清華，鞍山師院學報，2004 年第 1 期。

35. 金朝後期行省建置，楊清華，遼金史論叢——紀念張博泉教授逝世三週年論文集，吉林人民出版社，2003 年。

36. 金末東北地區行省設置考，楊清華，東北史地，2007 年第 1 期。

37. 遼金元北京城市擴展過程與行政建制研究，韓光輝、王長松，歷史地理（第 24 輯），上海人民出版社，2010 年。

38. 宋遼金元建制城市的出現與城市體系的形成，韓光輝、林玉軍、王長松，歷史研究，2007 年第 4 期。

39. 10 至 14 世紀中期京兆府城城市行政管理研究，韓光輝、林玉軍，陝西師範大學學報（哲學社會科學版），2010 年第 6 期。

40. 試析金代中都路城市群的發展演變及其空間分佈特徵，陳喜波、韓光輝，中國歷史地理論叢，2008 年第 1 期。

41. 金代上京路建置沿革述略，于多梅，遼東史地，2007 年第 1 期。

42. 金代東北民族區域設置研究，程尼娜，遼金史論叢——紀念張博泉教授逝世三週年論文集，吉林人民出版社，2003 年。

43. 淺析金代東北的行政建置，李西亞，吉林師範大學學報（人文社會科學版），2003 年第 3 期。

44. 黑龍江行政建置的由來及演變（上），柳成棟，黑龍江史志，2004 年第 1 期。

45. 遼西地區金代行政建置述略，于多梅，遼東史地，2006 年第 2 期。

46. 遼東半島地區金代建置考，王禹浪、于多梅，黑龍江民族叢刊，2006 年第 6 期。

47. 遼東半島地區金代建置考，于多梅，遼東史地，2006 年創刊號。

48. 遼金元時期遼北地區的建制設置及交通，裴耀軍，遼金契丹女眞史研究（總第 34 期），2004 年。

49. 遼金元時期遼北地區的建制及交通綜述，裴耀軍、陳莉，遼寧省博物館館刊（第二輯），遼海出版社，2007 年。

50. 遼金元時期遼北地區的建制設置及交通，裴耀軍，遼金史論集（第十一輯），吉林文史出版社，2008 年。

51. 金政權對遼代上京道州縣省併原因初探，王淑蘭，東北師大學報（哲學社會科學版），2010 年第 5 期。

52. 金代以來哈爾濱建置沿革研究，楊彥君，東北史研究，2005 年第 3 期。

53. 東北內蒙地區金代之政區及其城市發展，王明蓀，史學集刊，2005 年第 3 期。

54. 金代縣制研究，郭威，吉林大學碩士學位論文，2007 年。

55. 遼、金析木縣建置考，張士尊，鞍山師範學院學報，2010 年第 5 期。

56. 金代鎮的若干問題研究，林玉軍、韓光輝，中國歷史地理論叢，2009 年第 2 期。

57. 金代山西的鎮，田萌，忻州師範學院學報，2008 年第 3 期。

58. 北宋、金代における縣の新設と統廢合，前村佳幸，名古屋大學東洋史研究報告（第 26 號），2002 年。

（三）疆域

1. 歷史上的夏遼疆界考，楊蕤，內蒙古社會科學（漢文版），2003 年第 6 期。
2. 淺析沈括使遼地界誤朝說，彭鳳萍，益陽師專學報，2001 年第 1 期。
3. 夏金疆界考論，楊蕤，北方文物，2005 年第 2 期。
4. 試論僞齊國的疆域與政區，李昌憲，中國史研究，2007 年第 4 期。

（四）都城

1. 三座古都的恩怨情仇，黃橙，風景名勝，2004 年第 4 期。
2. 遼代都城研究中的幾個問題，李多楠，齊魯學刊，2009 年第 3 期。

3. 東北三座古都的恩怨情仇，黃橙，中國商報，2004 年 1 月 6 日。

4. 遼朝五京，江竹，吉林日報，2001 年 9 月 10 日。

5. 遼朝的五京，王大方、孔群，內蒙古畫報，2007 年第 6 期。

6. 遼朝的五京，肖愛民，紫禁城，2008 年第 10 期。

7. 遼朝五京（上、下），景愛，百科知識，2009 年第 9 期（上、下）。

8. 試論遼朝五京的城市功能，王德忠，北方文物，2002 年第 1 期。

9. 遼代都城類型和形制佈局初探，董新林，文化財（卷 45・韓國文化財研究集刊 2012 年第 3 號），韓國國立文化財研究所，2012 年。

10. 遼都攬勝，李富、周立民，城鄉建設，2008 年第 10 期。

11. 內蒙古巴林左旗林東鎮：遼都神韻今猶在，賀勇，人民日報海外版，2010 年 6 月 5 日第 7 版。

12. 遼朝上京的營建及其時代意義，田廣林，尋根，2001 年第 5 期。

13. 遼朝上京的營建及其劃時代意義，田廣林，中國古都研究（第 18 輯上冊）——中國古都學會 2001 年年會暨赤峰遼王朝故都歷史文化研討會論文集，國際華文出版社，2002 年。

14. 遼上京的歷史作用與現實意義，田廣林，首屆遼上京契丹・遼文化學術研討會論文集，內蒙古文化出版社，2009 年。

15. 遼上京的歷史地位及其建築所反映的諸社會現象，肖愛民，宋史研究論叢（第十一輯），河北大學出版社，2010 年。

16. 試論上京臨潢府及其州縣的設置對契丹政權封建化的意義，楊福瑞，宋史研究論叢（第十一輯），河北大學出版社，2010 年。

17. 遼朝上京建置研究，傘霽虹，遼寧師範大學碩士學位論文，2006 年。

18. 遼上京城「兩城制」的探討，陳章龍，遼金歷史與考古（第一輯），遼寧教育出版社，2009 年。

19. 遼上京城的興建、佈局及相關問題研究，馬鳳磊、青白音，太原大學學報，2001 年第 3 期。

20. 遼上京城的興建、佈局及相關問題研究，馬鳳磊、青白音，中國古都研究（第 18 輯上冊）——中國古都學會 2001 年年會暨赤峰遼王朝故都歷史文化研討會論文集，國際華文出版社，2002 年。

21. 遼上京興建的歷史背景及其都城規劃思想，陳剛，東北師範大學碩士學位論文，2009 年。

22. 遼上京城址初露端倪，塔拉、董新林，中國文物報，2001 年 11 月 9 日。

23. 遼上京城址的發現和研究述論，董新林，北方文物，2006 年第 3 期。

24. 遼上京城址考古發掘和研究新識，董新林，北方文物，2008 年第 2 期。

25. 遼上京城和祖陵陵園考古發現與研究，董新林、塔拉，首屆遼上京契丹‧遼文化學術研討會論文集，內蒙古文化出版社，2009 年。

26. 遼上京城址保護與發掘的重要價值，董新林，中國文物報，2001 年 12 月 14 日第 970 期第 7 版。

27. 遼上京皇城西山坡建築群落的屬性及其功能——從遼太祖營建西樓與皇都的線索與動機說起，任愛君，北方文物，2010 年第 2 期。

28. 遼上京：掀起你的蓋頭來，李富，中國民族報，2005 年 2 月 18 日。

29. 走近遼都，伏來旺，赤峰日報，2009 年 7 月 9 日第 2 版。

30. 大遼故都行，宋德金，文史知識，2009 年第 6 期。

31. 草原遼都巴林左旗，高占東，民族畫報（漢文版），2004 年第 8 期。

32. 契丹國（遼朝）の上京臨諸7府故城の佔地と遺構復原に關する一考察，武田和哉，遼金西夏研究の現在（2）東京外國語大學アジア‧アフリカ言語文化研究所，2009 年。

33. 關於契丹「西樓」諸問題的探考，金永田，首屆遼上京契丹‧遼文化學術研討會論文集，內蒙古文化出版社，2009 年。

34. 契丹西樓研究，劉一，遼寧師範大學碩士學位論文，2010 年。

35. 內蒙古上京遺址展現古遼國街景，西部時報，2004 年 4 月 28 日。

36. 回鶻與遼上京，楊富學，首屆遼上京契丹‧遼文化學術研討會論文集，內蒙古文化出版社，2009 年。

37. 居素甫‧瑪瑪依《瑪納斯》變體中的北京、中北京之謎及《瑪納斯》產生年代全破譯，張永海，中央民族大學學報（哲學社會科學版），2006 年第 2 期。

38. 遼代上京中京之城市形態，王明蓀，中國中古史研究（第二期），（臺灣）蘭臺出版社，2003 年。

39. 遼代上京中京之城市形態，王明蓀，興大人文學報（第 32 期下冊），2002 年 6 月。

40. 遼上京與中京城市建置比較，謝敏聰，（臺灣）湖南文獻（第 35 卷 2 期），2007 年 4 月。

41. 遼中京興衰研究，明盼盼，東北師範大學碩士學位論文，2010 年。

42. 遼朝步入盛世的京城——遼中京，何天明，西部資源，2010 年第 6 期。

43. 遼中京產生的原因與作用，李義，中國古都研究（第 18 輯上冊）——中國古都學會 2001 年年會暨赤峰遼王朝故都歷史文化研討會論文集，國際華文出版社，2002 年。

44. 遼中京為後期首都說的商榷，李逸友、李寧，中國古都研究（第 18 輯上冊），國際華文出版社，2002 年。

45. 奚王牙帳、遼中京、元北京，張豔秋、青白音，中國古都研究（第 18 輯上冊）——中國古都學會 2001 年年會暨赤峰遼王朝故都歷史文化研討會論文集，國際華文出版社，2002 年。

46. 北朝大遼國京都與城鎮的營建在北方民族發展史上的重要作用，賈鴻恩，中國古都研究（第 18 輯上冊）——中國古都學會 2001 年年會暨赤峰遼王朝故都歷史文化研討會論文集，國際華文出版社，2002 年。

47. 遼代中京大定府述略，王宏北、樹林娜，黑龍江民族叢刊，2007 年第 6 期。

48. 遼中京大定府別稱白霫考略，李義、胡廷貴，中國歷史文物，2004 年第 5 期。

49. 墓誌所見遼代中京別稱考述，李宇峰，東北史研究，2009 年第 1 期。

50. 論遼代中京地區的開發，申友良，遼寧大學學報（哲社版），2001 年第 6 期。

51. 遼朝東京遼陽府城，楊鳳臣，遼陽日報，2006 年 8 月 23 日。

52. 民族大遷移造就了北京城，凌弘，中央民族大學學報（哲學社會科學版），2002 年第 1 期。

53. 遼南京：契丹的興亡，洪燭，北京規劃建設，2006 年第 2 期。

54. 北京的遼代古城遺蹟：神秘的「南京」城，侯曉晨，北京青年報，2009 年 8 月 5 日。

55. 遼南京皇城位置考，周峰，黑龍江社會科學，2001 年第 1 期。

56. 試析遼南京二十六坊，魯曉帆，北京歷史與文化論文集，北京出版社，2007 年。

57. 遼南京城考辨兩則，王曾瑜，宋史研究論叢（第八輯），河北大學出版社，2007 年。

58. 從遼聖宗前期捺缽看南京城的職能及地位，王新迎，首都師範大學學報（社會科學版），2004 年增刊。

59. 遼金西京研究，陳福來，東北師範大學碩士學位論文，2007 年。

60. 金代都城佈局與民族融合，王耘、于樹彬，黑龍江農墾師專學報，2001年第 4 期。

61. 女眞族所建立的金上京會寧府，王禹浪、王宏北，黑龍江民族叢刊，2006年第 2 期。

62. 漫話金朝第一都——上京會寧府，李秀蓮，紫禁城，2008 年第 10 期。

63. 試談金上京的歷史地位，關伯陽、孫威，東北史研究，2004 年第 1 期。

64. 弔「金源故都」文（一、二、三），王充閭，紫禁城，2007 年第 1、2、3期。

65. 從昔日輝煌的金上京看今天哈爾濱文化的定位，洪仁懷，東北史研究，2008年第 4 期。

66. 從昔日輝煌的金上京看今天哈爾濱文化的定位，洪仁懷，金上京文史論叢（第二集），哈爾濱出版社，2008 年。

67. 金上京城市建設，韓鋒，黑龍江史志，2010 年第 15 期。

68. 關於金上京城「甕束」問題，趙剛，東北史研究，2008 年第 1 期。

69. 金上京會寧府與紫禁城遺址辨析，那國安，黑龍江農墾師專學報，2001年第 1 期。

70. 金上京——還你一個金朝的背影，張海志，科技與企業（北京），2005 年第 9 期。

71. 金上京——中世紀東北亞最宏大都城，關伯陽，科技與企業（北京），2005年第 9 期。

72. 塞外重鎮的勃興與湮滅——金上京會寧府的昔日輝煌，裘眞，學理論，2008年第 9 期。

73. 從「內地」到「邊區」——金初至章宗朝上京地位的變化，徐秉愉，臺大歷史學報（第 39 卷），2007 年 6 月。

74. 是誰研究「肯定」金上京城的，劉全，北方文物，2008 年第 1 期。

75. 關於大金國第一都的創建可定爲哈爾濱城史紀元的根據，李士良，金上京文史論叢（第二集），哈爾濱出版社，2008 年。

76. 關於大金國第一都的創建可為哈爾濱城史紀元的根據，李士良，遼金契丹女眞史研究，2006 年第 1 期。

77. 黑龍江「古代三都」遺址的歷史價值及其現實意義，曹志，黑龍江省社會主義學院學報，2008 年第 3 期。

78. 一座城與兩個人，解懷穎，科技與企業（北京），2005 年第 9 期。

79. 關於哈爾濱城史紀元的幾個問題，李士良，北國論壇，2003 年第 2 期。

80. 莫忘北京建都 850 週年！，毛志成，文史天地，2003 年 12 期。

81. 金中都瑣談，景愛，群言，2003 年第 11 期。

82. 北京的前身──金中都，景愛，中國教育報，2003 年 11 月 4 日第 5 版。

83. 金中都的規劃及影響──紀念金中都建都 850 年，景愛，北方文物，2004 年第 4 期。

84. 金中都：鐵馬冰河入夢來，洪燭，北京規劃建設，2006 第 3 期。

85. 金中都的歷史地位──紀念北京建都 850 週年，宋德金，光明日報，2003 年 11 月 11 日理論版。

86. 金中都的歷史地位，宋德金，10～13 世紀中國文化的碰撞與融合，上海人民出版社，2006 年。

87. 金中都的歷史地位──紀念北京建都 850 週年，宋德金，薊門集──北京建都 850 週年論文集，北京燕山出版社，2005 年。

88. 金中都的地位及影響，景愛，東北史地，2009 年第 4 期。

89. 金中都歷史地圖繪製中的幾個問題，岳升陽，北京社會科學，2005 年第 3 期。

90. 金朝定都中都述略，王崗，薊門集──北京建都 850 週年論文集，北京燕山出版社，2005 年。

91. 定都北京，歷史的選擇──論金及其後各朝均都北京的原因與意義，何力，薊門集──北京建都 850 週年論文集，北京燕山出版社，2005 年。

92. 大金國走向盛世的歷史搖籃──金中都，穆鴻利，薊門集──北京建都 850 週年論文集，北京燕山出版社，2005 年。

93. 金中都建制與傳統的「天人合一」觀，林榮貴，薊門集──北京建都 850 週年論文集，北京燕山出版社，2005 年。

94. 歷史上的金中都城，于傑、于光度，北京文史，2002 年第 1 期。

95. 金中都對宣南文化的孕育和發展的重大影響，許立仁，薊門集——北京建都 850 週年論文集，北京燕山出版社，2005 年。

96. 詩人范成大與金中都，金濤，科學時報，2007 年 3 月 9 日。

97. 金中都與金錢幣，李憲章，北京日報，2004 年 12 月 10 日。

98. 金中都——北京建都之始，齊心，北京規劃建設，2003 年第 6 期。

99. 北京建都之始——金中都，趙洛，人民日海外版，2003 年 12 月 23 日。

100. 承前啓後的金中都，郭湖生，建築創作，2003 年第 12 期。

101. 金中都、太液池遺址今昔，王殿清，建築創作，2003 年第 12 期。

102. 北京的金中都城牆今昔，祁建，北京紀事，2004 年第 5 期。

103. 京城何處金中都，金濤，知識就是力量，2007 年第 7 期。

104. 山河形勝之地，應運而興之都——從金、元定都北京看北京的地位與作用，朱耀廷，北京聯合大學學報，2003 年第 1 期。

105. 金中都宮、苑考，齊心，北京文物與考古（第 6 輯），民族出版社，2004 年。

106. 薊門煙樹今考，李文輝，北京社會科學，2010 年第 5 期。

107. 掀開 850 年前北京建都的面紗，明江，中國商報，2003 年 10 月 14 日。

108. 紀念北京建都 850 週年活動明起開始，徐飛鵬，北京日報，2003 年 9 月 19 日。

109. Beijing's 850th Anniversary as National Capital，China Today，2003 年第 12 期。

110. 兩大展解說北京建都史，趙婷，北京日報，2003 年 9 月 19 日。

111. 北京建都紀念闕昨日揭幕，白延龍，北京娛樂信報，2003 年 9 月 21 日。

112. 紀念北京建都八百五十週年呈現精彩看點，邵文傑，光明日報，2003 年 9 月 21 日。

113. 北京是怎樣建成國都的，陸元，北京青年報，2003 年 8 月 6 日。

114. 金國因何修建盧溝橋，陸元，北京青年報，2003 年 8 月 28 日。

115. 北京建都 850 年遐想，北京日報，2003 年 10 月 12 日。

116. 論北宋東京城對金上京、燕京、汴京城的影響，劉春迎，河南大學學報（社會科學版），2005 年第 5 期。

117. 金汴京（開封）皇宮考略，劉春迎，文物，2005 年第 9 期。

118. 金代汴京（開封）城佈局初探，劉春迎，史學月刊，2006 年第 10 期。

119. 樓鑰、范成大使金過開封城內路線考證——兼論北宋末年開封城內宮苑分佈，張勁，中國歷史地理論叢，2004 年第 4 期。

120. 金中京城考略，李永強，中國古都研究（第十五輯），三秦出版社，2004年。

121. 東夏上京與北京考，呂春風、張泰湘，社會科學戰線，2005 年第 4 期。

（五）城址

1. 興建城市是契丹族統治地區生產力和文明進步的必然要求，何天明，宋史研究論叢（第十一輯），河北大學出版社，2010 年。

2. 遼宋金元時期山西地區城鎮體系和規模演變，王社教，陝西師範大學學報（哲學社會科學版），2003 年第 4 期。

3. 宋金元時期隴西、青東黃土高原地區城鎮的發展，雍際春、吳宏岐，中國歷史地理論叢，2004 年第 4 期。

4. 遼代西拉木倫河流域聚落分佈與環境選擇，韓茂莉，地理學報，2004 年第 4 期。

5. ヘルレン河流域における遼（契丹）時代の城郭遺蹟，白石典之，遼金西夏研究の現在（1），東京外國語大學アジア・アフリカ言語文化研究所，2008 年。

6. 日本の遺蹟・世界の遺蹟モンゴルトーラ川流域の契丹城郭，臼杵勳、千田嘉博、前川要，考古學研究（53－3），考古學研究會，2006 年 12 月。

7. モンゴル國における中世都市遺蹟の保護，臼杵勳，札幌學院大學人文學會紀要（82 號），2007 年 10 月。

8. モンゴル國ブルガン縣チントルゴイ城址の檢討，臼杵勳，物質文化史學論聚，北海道出版企畫センター，2009 年 6 月。

9. 簡說金代的市鎮，周峰，黑龍江農墾師專學報，2001 年第 4 期。

10. 遼代奉陵邑州城，王明蓀，（臺灣）中國中古史研究（第 10 卷），2010 年12 月。

11. 試論東北遼代之古城，王明蓀，（臺灣）興大人文學報（第 32 期），2002年。

12. 遼代草原城市的興起，王明蓀，（韓國）北方文化研究（第 1 卷第 1 期），2009 年 10 月。

13. 內蒙東南部遼代城址的分佈及類型研究，王曉琨，東北亞古代文化論叢（日本龍谷大學國際社會文化研究所學術叢書6），北九州中國書店，2008 年。

14. 內蒙古東南部遼代城址分類舉例，畢顯忠，東北史地，2009 年第 2 期。

15. 內蒙古遼代城址初步研究，魏孔，內蒙古師範大學碩士學位論文，2010年。

16. 遼祖州故城城外の遺蹟——外城正門外の橋址について，高橋學而，遼金西夏研究の現在（3），東京外國語大學アジア・アフリカ言語文化研究所，2010 年。

17. 遼初漢城考略，白光，遼金契丹女眞史研究，2008 年第 1 期。

18. 元寶河畔的三座古城，張今中，黑龍江日報，2006 年 2 月 27 日。

19. 金代黑龍江地區城鎮化的初步研究，王宏北、崔廣彬，大連大學學報，2003年第 5 期。

20. 黑龍江地區金代古城分佈述略，王禹浪、劉冠纓，哈爾濱學院學報，2009年第 10 期。

21. 黑龍江流域金代女眞人的築城與分佈，王禹浪、王海波，滿語研究，2009年第 1 期。

22. 中國境內金代上京路古城分佈研究，王旭東，吉林大學碩士學位論文，2005年。

23. 金上京路の北辺－アムール川流域の女眞城郭，臼杵勳，遼金西夏研究の現在（2）東京外國語大學アジア・アフリカ言語文化研究所，2009 年。

24. 失蹤的契丹故城——龐葛，楊顏澤，科技與企業，2006 年第 2 期。

25. 哈爾濱城史紀元溯源——遼朝會寧州，郭岩梅、郭長海，金上京文史論叢（第二集），哈爾濱出版社，2008 年。

26. 遼代龐葛城遺址考，杜春鵬、李丕華，黑龍江史志，2004 年第 4 期。

27. 龐葛城考，張泰湘、徐俐力，東北歷史地理論叢，哈爾濱出版社，2002年。

28. 卜奎不是金代的龐葛——與《龐葛城考》商榷，譚延翹，北方文物，2004年第 4 期。

29. 齊齊哈爾和金代的龐葛城，傅惟光，遼金契丹女眞史研究（總第 34 期），2004 年。

30. 齊齊哈爾建城 880 年考證，張志良、楊玉清，齊齊哈爾日報，2006 年 3 月 24 日。

31. 齊齊哈爾建城時間標定之我見，譚彥翹，黑龍江史志，2005 年第 5 期。

32. 齊齊哈爾建城時間標定之我見，譚彥翹，理論觀察，2005 年第 1 期。

33. 哈拉古城爲齊齊哈爾城史紀元之疑，王延華，齊齊哈爾師範高等專科學校學報，2005 年第 1 期。

34. 談齊齊哈爾城史紀元，彭占傑，鶴城政協，2004 年第 4 期。

35. 談齊齊哈爾城史紀元——探索金長城圖解「龐葛城」，彭占傑，東北史研究，2004 年第 4 期。

36. 龐葛城、周特城與會平州——兼及齊齊哈爾市城史紀元問題，齊心、伊葆力，哈爾濱學院學報，2005 年第 9 期。

37. 龐葛城／周特城與會平州——兼及齊齊哈爾城史紀元問題，齊心，遼金歷史與考古（第一輯），遼寧教育出版社，2009 年。

38. 龐葛城·周特城與會平州——兼及齊齊哈爾市城史紀元問題，伊葆力，遼金文物擷英，（美國）逍遙出版社，2005 年。

39. 金代龐葛城——齊齊哈爾建城始源之城叢說，馮永謙，理論觀察，2004 年第 6 期。

40. 哈拉古城金之龐葛，傅惟光，東北史研究，2004 年第 4 期。

41. 哈拉古城金之龐葛，傅惟光，遼金史論集（第十一輯），吉林文史出版社，2008 年。

42. 哈拉古城址爲金代龐葛城說質疑，孫文政，黑龍江社會科學，2008 年第 2 期。

43. 論金初「東北路招討司」駐地「龐葛城」——兼及齊齊哈爾有城史，彭占傑，東北史研究，2010 年第 1、2、3 期。

44. 大慶地區金代的城堡與道路交通，唐國文，大慶社會科學，2006 年第 3 期。

45. 黑龍江省五常市營城子古城址考古調查，張焱，遼金史研究，中國文化出版社，2003 年。

46. 黑龍江雙城市車家城子金代城址發掘簡報，黑龍江省文物考古研究所，考古，2003 年第 2 期。

47. 雙城市花園古城初考，陶然，黑龍江史志，2010 年第 19 期。

48. 前對面城古城初探，姜勇，黑龍江史志，2010 年第 9 期。

49. 塔子城：人氣旺盛的古城，徐微、朱紅、宋燕軍、趙大偉，齊齊哈爾日報，2007 年 10 月 18 日。

50. 遼、金、元時期的利州，烏鳳麗，黑龍江民族叢刊，2004 年第 2 期。

51. 遼代利州故城，武麗青，蘭臺世界，2004 年第 1 期。

52. 遼金古城研究——以吉林區域爲中心，柳嵐，博物館研究，2001 年第 3 期。

53. 遼金時期的黃龍府，趙永春，北方文物，2007 年第 1 期。

54. 黃龍府的興衰演變，都亞輝，東北師範大學碩士學位論文，2008 年。

55. 「直搗黃龍」考證，吳朝陽，史學月刊，2010 年第 12 期。

56. 黃龍府新考：《靜晤室日記》讀後（上下），寧夢辰，遼寧大學學報（哲社版），2003 年第 1 期、第 6 期。

57. 伯都系列遼金古城群保護規劃，松原市寧江區文管所，博物館研究，2001 年第 2 期。

58. 白城市境內遼金時期城址及其歷史作用，王仙波、劉桂紅，博物館研究，2004 年第 2 期。

59. 簡述遼金時期的泰州，孫麗梅，白城師範學院學報，2008 年第 1 期。

60. 遼泰州始建年代析略，郭瑨、董玉芬，北方文物，2001 年第 1 期。

61. 吉林省白城市城四家子古城應爲遼代長春州金代新泰州，宋德輝，博物館研究，2008 年第 1 期。

62. 城四家子古城爲遼代長春州金代新泰州，宋德輝，白城師範學院學報，2008 年第 2 期。

63. 城四家子古城爲遼代長春州金代新泰州，宋德輝，遼金史論集（第十一輯），吉林文史出版社，2008 年。

64. 城四家子古城爲遼代長春州金代新泰州，宋德輝，北方文物，2009 年第 2 期。

65. 城四家子古城爲遼代長春州、金代新泰州，宋德輝，遼金史論集（第十一輯），內蒙古大學出版社，2009 年。

66. 城四家子城址考證，楊俊賢，博物館研究，2001 年第 1 期。

67. 從出土文物看城四家子古城的州治，郭瑨、董玉芬，博物館研究，2002 年第 4 期。

68. 遼金重鎮塔虎城，李信，吉林日報，2005 年 10 月 14 日。

69. 塔虎城州治再議，郭瑉、吳娟，北方文物，2004 年第 4 期。

70. 塔虎城爲遼代長春州、金代新泰州故址考，郭瑉，博物館研究，2001 年第 1 期。

71. 金泰州建置考，宋德輝，博物館研究，2003 年第 2 期。

72. 金泰州建置考，宋德輝，遼金史論集（第十一輯），吉林文史出版社，2008 年。

73. 關於金代新泰州等級問題的研究，郭瑉，博物館研究，2005 年第 4 期。

74. 婆盧火與金泰州，宋德輝，白城師範學院學報，2004 年第 2 期。

75. 婆盧火與金泰州，宋德輝，博物館研究，2005 年第 4 期。

76. 婆盧火與金泰州，宋德輝，東北史研究，2008 年第 1 期。

77. 婆盧火與金泰州，宋德輝，金上京文史論叢（第二集），哈爾濱出版社，2008 年。

78. 長春寬城子古城，劉紅宇，吉林日報，2006 年 2 月 17 日。

79. 伊春境內橫山古城、古墓群族屬及斷代初探，項福庫，滄桑，2008 年第 2 期。

80. 松花江畔大坡古城，伊秀麗，吉林日報，2005 年 7 月 7 日。

81. 關於金代肇州地理位置的探討，樊恒發，博物館研究，2006 年第 2 期。

82. 遼長春州城址考，陳士平，遼金契丹女眞史研究，2007 年第 1、2 期。

83. 遼代遷徙後所置淶州故址考，魏耕雲，北方文物，2009 年第 1 期。

84. 建國以來遼寧地區遼代城址的考古發現與研究，李宇峰，阜新遼金史研究（第五輯），中國社會出版社，2002 年。

85. 遼代北鎮初探，劉振光，遼代北鎮，北鎮市文化體育局，2009 年。

86. 遼代北鎮大事年表，劉振光，遼代北鎮，北鎮市文化體育局，2009 年。

87. 遼代北鎮三字經，劉振光，遼代北鎮，北鎮市文化體育局，2009 年。

88. 富庶遼濱塔村遼代遼濱塔城，瀋陽日報，2010 年 10 月 2 日 B10 版。

89. 遼金時期貴德州、凡河與大寶山考實，邢啓坤，東北史地，2010 年第 6 期。

90. 遼代撫順研究，曹德金，遼金史研究，中國文化出版社，2003 年。

91. 千秋古城遼代鐵州，劉景玉，鞍山社會科學，2004 年第 3 期。

92. 千秋古城遼代鐵州，劉景玉、唐凱，遼金史研究，中國文化出版社，2003年。

93. 對遼代鐵州故址的研究，崔豔茹、魏耕耘，遼金契丹女眞史研究（總第34 期），2004 年。

94. 對遼代鐵州故址的研究，崔豔茹、魏耕耘，遼金史論集（第十一輯），吉林文史出版社，2008 年。

95. 契丹之鄉 從草原到城市的變遷，劉國友，今日遼寧，2009 年第 1 期。

96. 遼代懿州，魏奎閣，阜新遼金史研究（第五輯），中國社會出版社，2002年。

97. 遼代懿州考，余蔚，中華文史論叢，2009 年第 4 輯。

98. 遼金元三代懿州治所考，姜念思，北方文物，2007 年第 4 期。

99. 遼代徽州城址考，羅顯明，阜新遼金史研究（第五輯），中國社會出版社，2002 年。

100. 遼代徽州考，劉國友，遼金契丹女眞史研究，2007 年第 1、2 期。

101. 遼睦州、成州建置考，向南，遼寧省博物館館刊（第三輯），遼海出版社，2008 年。

102. 遼寧阜新縣紅帽子城址調查，李宇峰，博物館研究，2005 年第 4 期。

103. 遼代宜州建置年代考，李宇峰，中國文物報，2005 年 8 月 5 日總第 1341期。

104. 遼朝何時置宜州之我見，張連義，遼金契丹女眞史研究，2007 年第 1、2期。

105. 原州、福州和渭州考，劉國友，遼金史研究，吉林大學出版社，2005 年。

106. 遼代義州、義豐縣、富義縣考，孫永剛、黃文博，遼金史論集（第十一輯），內蒙古大學出版社，2009 年。

107. 契丹民族與沈州古城建設，婁佳傑，蘭臺世界，2006 第 8 期。

108. 遼代川州歷史文化，趙志偉、周自友，遼寧省博物館館刊（第二輯），遼海出版社，2007 年。

109. 遼寧北票黑城子城址及出土的部分文物，遼寧省文物考古研究所，北方文物，2005 年第 2 期。

110. 論內蒙古遼代之古城，王明蓀，（臺中）興大歷史學報（第 13 期），2002年 6 月。

111. 內蒙古遼代古城遺址遭盜掘，武自然、柴海亮，西北民族研究，2001 年第 2 期。

112. 遼代「豐州」芻議，曹峰，內蒙古文物考古，2001 年第 2 期。

113. 河北康保發現兩處遼金城址，雷建紅、張志軍、張向生，中國文物報，2009 年 9 月 11 日總第 1759 期第 4 版。

114. 承德地區遼金時代古城址調查綜述，田淑華、白光，遼金史論集（第 10 輯），中國社會科學出版社，2007 年。

115. 承德地區遼金元時期城址勘查報告，黃信，文物世界，2008 年第 5 期。

116. 遼金元時期豐寧史話，趙介民，承德日報，2006 年 8 月 28 日。

117. 豐寧驚現遼代大型城池遺址，付連湖、李文超，承德日報，2005 年 6 月 24 日。

118. 會州城、鉛南溝與平泉，黃信，中國‧平泉首屆契丹文化研討會論文集，吉林大學出版社，2010 年。

119. 平泉會州城考略，劉子龍、張翠榮、李建，中國‧平泉首屆契丹文化研討會論文集，吉林大學出版社，2010 年。

120. 陝西安塞城岕發現宋金時期邊防城址，胡松海、姬乃軍、宜紅衛、樊俊成、吳小珍、付靜，中國文物報，2004 年 11 月 26 日總第 1270 期。

121. 舍爾巴科夫卡古城遺址——外部和內部的平面圖，（俄）С‧А‧沙克馬羅夫著，王德厚譯，北方文物，2007 年第 3 期。

122. 契丹古城青草長——蒙古國歷史文化考察散記之三，羅新，文史知識，2005 年第 10 期。

123. 蒙古境內遼代古城遺址考古有新發現，郝利鋒，中國文物報，2005 年 8 月 12 日總第 1343 期。

124. 蒙古國青陶勒蓋古城研究，宋國棟，內蒙古大學碩士學位論文，2009 年。

125. 和日木‧登吉古城，A‧Ochir、A‧Enkhtor 著，滕銘予譯，邊疆考古研究（第 5 輯），科學出版社，2006 年。

126. 論燕頗——琰府與兀惹城——安定國問題，朱國忱，東北史研究，2009 年第 1、2、3 期。

（六）長城

1. 遼金代の長城について——その目的と機能の比較，今野春樹，臼杵勳「北

東アジア中世遺蹟の考古學的研究 平成 15、16 年度研究成果報告書」（文部科學省科學研究費補助金特定領域研究中世考古學の總合的研究—學融合を目指した新領域創生——空間動態論研究部門計劃研究 C01－2），江別：札幌大學人文學部，2005 年。

2. 遼代邊牆考，張泰湘、徐俐力，遼金史研究，中國文化出版社，2003 年。

3. 遼代邊牆考，徐俐力、張泰湘，北方文物，2003 年第 1 期。

4. 蛟河新站遼代界壕考察，陳永祥，博物館研究，2001 年第 2 期。

5. 大連遼代長城調查考略，馮永謙，大連文物，2001 年第 1 期。

6. 遼代「鎮東海口」長城調查考略，馮永謙，阜新遼金史研究（第 5 輯），中國社會出版社，2002 年。

7. 遼朝鎮東關考，田廣林，社會科學戰線，2006 年第 4 期。

8. 遼金邊壕與長城，景愛、苗天娥，東北史地，2008 年第 6 期。

9. The Great Wall and Conceptualizations of the Border Under the Northern Song, Nicolas Tackett, Journal of Song-Yuan Studies, Volume 38, 2008.

10. 亦詩亦夢金長城，張港，中學歷史教學參考，2005 年第 6 期。

11. 金長城研究概述，孫文政，中國邊疆史地研究，2010 年第 1 期。

12. 金長城的考古發現與研究，馮永謙，中國長城博物館，2006 年第 4 期（中國·齊齊哈爾金長城學術研討會專刊）。

13. 關於金代長城幾個問題的探討，李丕華，遼金契丹女眞史研究，2007 年第 1、2 期。

14. 金長城詩詞輯述，彭占傑，遼金契丹女眞史研究，2007 年第 1、2 期。

15. 論金東北路長城，彭占傑，遼金史論集（第 10 輯），中國社會科學出版社，2007 年。

16. 金代長城（東北路）的興築與戍守初探，彭占傑，東北史研究，2006 年第 1 期。

17. 金代東北路界壕（長城）的屯戍，吉豔華，理論觀察，2006 年第 3 期。

18. 金東北路界壕邊堡建築時間考，孫文政，東北史地，2008 年第 3 期。

19. 關於金長城（界壕邊堡）的研究及相關問題，孫秀仁，北方文物，2007 年第 2 期。

20. 關於金界壕邊堡的研究與相關問題，孫秀仁，遼金史論集（第 10 輯），中國社會科學出版社，2007 年。

21. 界壕與長城論辯三題（上、下），馮永謙，東北史地，2005 年第 2、3 期。

22. 金界壕與長城，李鴻賓，中國邊疆史地研究，2008 年第 3 期。

23. 「金長城」是中國長城的重要組成部分，孫文政、劉麗芳，齊齊哈爾日報，2007 年 6 月 23 日。

24. 金長城的考古與發現，馮永謙，東北史地，2007 年第 4 期。

25. 金長城修築年代辨，馮永謙，東北史地，2008 年第 3 期。

26. 長城‧金代長城擴議，黃鳳岐，遼金契丹女真史研究，2008 年第 1 期。

27. 尼爾基水利樞紐工程區內金代界壕發掘簡報，楊犀宇、馮吉祥、敖衛東、奧奇，內蒙古文物考古，2002 年第 1 期。

28. 蘇尼特右旗新民鄉全勝段金界壕，內蒙古自治區文物考古研究所、錫林郭勒盟文物站、蘇尼特右旗文物管理所，內蒙古文物考古文集（第三輯），科學出版社，2004 年。

29. 巴林右旗巴根吐金代界壕發掘簡報，內蒙古文物考古研究所、巴林右旗博物館，內蒙古文物考古，2010 年第 1 期。

30. 走出長城的誤區，景愛，中國文物報，2004 年 1 月 30 日第 9 版。

31. 是不同認識還是「走入誤區」——兼談金界壕是不是長城，吉人，中國文物報，2004 年 2 月 20 日總第 1192 期第 8 版。

32. 如何認識長城——關於《走出長城的誤區》的幾點不同意見，馮永謙，中國文物報，2004 年 3 月 26 日總第 1202 期第 8 版。

33. 再說金邊壕不是長城，景愛，中國文物報，2004 年 4 月 2 日總第 1204 期第 8 版。

34. 金邊壕不是長城嗎？——與景愛先生商榷，李文龍，中國文物報，2004 年 5 月 21 日總第 1217 期第 9 版。

35. 略述家鄉五百里段金長城——《走出長城的誤區》讀後，彭占傑，遼金契丹女真史研究（總第 34 期），2004 年。

36. 略述家鄉的金長城——景愛《走出長城的誤區》讀後，彭占傑，遼金史論集（第十一輯），吉林文史出版社，2008 年。

37. 界壕與長城論辯三題，馮永謙，遼金契丹女真史研究（總第 34 期），2004 年。

38. 界壕與長城論辯三題，馮永謙，遼金史論集（第十一輯），吉林文史出版社，2008 年。

39. 金代的中國萬里長城，傅惟光，遼金史論集（第十一輯），吉林文史出版社，2008 年。

40. 金東北路界壕邊堡建築時間考，孫文政、孫仁，遼金史論集（第十一輯），吉林文史出版社，2008 年。

41. 金代長城（東北路）的興築與戍守初探，彭占傑，遼金契丹女眞史研究，2006 年第 1 期。

42. 淺談黑龍江段金代長城，彭占傑，多維視野中的黑龍江流域文明，黑龍江人民出版社，2006 年。

43. 齊齊哈爾市轄區內的金界壕，譚彦翹，黑龍江史志，2004 年第 6 期。

44. 論齊齊哈爾金長城文化資源的保護，黃志強，黑龍江史志，2010 年第 13 期。

45. 金界壕遺址黑龍江段的保護利用，鄒向前，理論觀察，2004 年第 4 期。

46. 金界壕遺址黑龍江段的保護利用，鄒向前，遼金契丹女眞史研究（總第 34 期），2004 年。

47. 金界壕邊堡的調查與防禦結構，鄒向前，遼金契丹女眞史研究（總第 34 期），2004 年。

48. 蒙古高原邊牆考，李丕華，遼金契丹女眞史研究（總第 34 期），2004 年。

49. 蒙古高原邊牆考，李丕華，遼金史論集（第十一輯），吉林文史出版社，2008 年。

50.「金長城」日漸萎縮亟待拯救，吳樹江，黑龍江日報，2006 年 11 月 9 日。

51. 加強金長城的研究保護和宣傳工作，董耀會，齊齊哈爾日報，2006 年 10 月 26 日。

52.「老龍頭」消失 金長城猶在，宋燕軍、趙大偉，齊齊哈爾日報，2007 年 9 月 13 日。

53. 山城重塑金長城之魂，徐微、朱紅、宋燕軍、趙大偉，齊齊哈爾日報，2007 年 10 月 13 日。

（七）山川

1. 遼上京「負山抱海」釋疑及河流水道考察，羅樹坤，遼上京研究論文選，政協巴林左旗委員會，2007 年。

2. 北假與夾山，張海濱，內蒙古包頭博物館館刊，2005 年第 1 期。

3. 唱叫山，胡廷榮、李義，中國方域——行政區劃與地名，2003 年第 5 期。

4. 說馬盂山，吉平，文物春秋，2005 年第 1 期。

5. 淺說遼代馬盂山，吉平，內蒙古文物考古，2004 年第 2 期。

6. 馬盂山考，張翠榮、郭寶存、張燕青、張姿，中國・平泉首屆契丹文化研討會論文集，吉林大學出版社，2010 年。

7. 遼代木葉山之我見，葛華廷，北方文物，2006 年第 3 期。

8. 關於遼代木葉山的再考察，陳永志，中國古都研究（第 18 輯上冊），國際華文出版社，2002 年。

9. 木葉山地理位置探源，那木太蘇榮、邵振國、白音孟和，赤峰學院學報（漢文哲學社會科學版），2008 年第 5 期。

10. 也談木葉山，劉振光，遼代北鎮，北鎮市文化體育局，2009 年。

11. 遼代夾山考，武成、燕曉武，內蒙古文物考古，2009 年第 2 期。

12. 屈劣山的記憶，金永田，赤峰日報，2005 年 12 月 19 日第 3 版。

13. 遼代帝王的生命之山——北鎮醫巫閭山，民間文化旅遊雜誌，2001 年第 11 期。

14. 箭杆山考證，姚德昌，中國檔案報，2007 年 10 月 19 日。

15. 箭杆山考證，姚德昌，青龍河，2007 年第 2 期。

16. 金代冷山考，王禹浪，大連大學學報，2003 年第 5 期。

17. 金代行宮雙泉山，李永俊，北京日報，2009 年 12 月 27 日第 6 版。

18. 遼代「黑龍江」考釋，吳樹國，中國邊疆史地研究，2010 年第 3 期。

19. 遼代遼澤、潢水、木葉山與永州——兼論《水經・大遼水注》河道，王守春，歷史地理（第十七輯），上海人民出版社，2001 年。

20. 遼代西遼河沖積平原及鄰近地區的湖泊，王守春，中國歷史地理論叢，2003 年第 1 輯。

21. 遼代「鴨子河泊」考，鄭秀山，博物館研究，2002 年第 2 期。

22. 遼代烏納水考，李丕華，遼金契丹女真史研究（總第 34 期），2004 年。

23. 遼上京「淶流河」辨考，左利軍，首屆遼上京契丹・遼文化學術研討會論文集，內蒙古文化出版社，2009 年。

24. 遼上京「淶流河」考析，左利軍，東北史研究，2009 年第 4 期。

25. 烏利吉沐淪河歷史名稱考，張興國，首屆遼上京契丹・遼文化學術研討會論文集，內蒙古文化出版社，2009 年。

26. 宋遼對峙時期河北路水運的開發，楊瑋燕，文博，2010 年第 5 期。

27. 爾站河爲金初「僕幹水」考，那海洲、郭長海，東北史研究，2008 年第 3 期。

28. 論金元之後黃淮關係的發展演變，徐成，貴州文史叢刊，2009 年第 4 期。

29. 北京城的沿革與水（一）──商周至金代時期，劉樹芳，北京水利，2003 年第 1 期。

30. 遼代的園林，周峰，中國・平泉首屆契丹文化研討會論文集，吉林大學出版社，2010 年。

31. 北京最早的皇家園林遺址──魚藻池，李建平，北京社會科學，2006 年第 1 期。

32. 「魚藻池」的歷史及文化價值及其保護、利用，朱祖希，薊門集──北京建都 850 週年論文集，北京燕山出版社，2005 年。

33. 今通州區內遼代延芳澱的範圍，周良，北京遼金文物研究，北京燕山出版社，2005 年。

34. 北京蓮花池及金中都遺蹟，唐滌塵，海內與海外，2006 年第 11 期。

35. 挽救歷史名城的生命印記 恢復金代蓮花池水系的建議，李裕宏，水利發展研究，2003 年第 12 期。

36. 《遼史》「平地松林」考，王守春，歷史地理（第 20 輯），上海人民出版社，2004 年。

37. 分水嶺──宋遼界山，孫常青，山西旅遊，2001 年第 1 期。

（八）交通

1. 遼代的東西方交通和琥珀的來源，許曉東，松漠風華：契丹藝術與文化，香港中文大學文物館，2004 年。

2. 唐遼之際歐亞草原地帶的中外交通，韓菊，遼寧師範大學碩士學位論文，2006 年。

3. 遼代的契丹和草原絲綢之路，傅惟光，遼金契丹女眞史研究，2007 年第 1、2 期。

4. 萬里草原絲路 契丹主沉浮，王德恒，知識就是力量，2010 年第 10 期。

5. 遼代阜新頭下軍州的水陸交通，李麗新，遼金史研究，吉林大學出版社，2005 年。

6. 遼代黑龍江郵驛，由冰，黑龍江郵電報，2003 年 8 月 29 日。

7. 遼代南京港，施存龍，水運科學研究，2009 年第 2 期。

8. 北京金代中都港，施存龍，水運科學研究，2009 年第 3 期。

十五、考古

（一）綜述

1. 二十世紀遼代考古的發現與研究，彭善國，內蒙古文物考古，2006 年第 1 期。

2. 河北宋遼金時代考古簡論，郭太原、段宏振，文物春秋，2007 年第 2 期。

3. 河北宋遼金時代考古，華朋會，沙棘：科教縱橫，2010 年第 12 期。

4. 承德遼金元時代考古簡論，田淑華，文物春秋，2008 年第 6 期。

5. 內蒙古考古發現不斷，秦立鳳，（臺灣）典藏古美術（第 135 期），2003 年 12 月。

6. 建國以來遼寧地區遼代考古發現與研究，李宇峰，遼文化・遼寧省調查報告書：京都大學大學院文學研究科 21 世紀 COE プログラム「グローバル時代の多元的人文學の拠點形成」，京都大學大學院文學研究科，2006 年。

7. 新世紀頭十年遼代考古發現與認識，李宇峰，東北史研究，2010 年第 4 期。

8. 新世紀以來瀋陽地區遼代考古概述，張樹范，遼金歷史與考古（第二輯），遼寧教育出版社，2010 年。

9. 北鎮遼代考古的重要發現及研究，趙傑，遼代北鎮，北鎮市文化體育局，2009 年。

10. 女眞の考古學，臼杵勳，北東アジアの歷史と文化，北海道大學出版會，2010 年 12 月。

（二）帝陵

1. 說遼代五州和五陵，于志剛、于九江，遼代北鎮，北鎮市文化體育局，2009年。

2. 遼代祖陵考古調查推進遼代陵寢制度研究，董新林、王青煜、康立君、王未想，中國文物報，2003 年 12 月 12 日總第 1172 期第 1 版。

3. 遼代祖陵陵寢建築初現端倪，董新林、肖淮雁、康立君，中國文物報，2004年 11 月 26 日總第 1270 期第 1 版。

4. 遼代祖陵考古發掘取得重要收穫，董新林、塔拉、康立君，中國文物報，2007 年 11 月 28 日總第 1575 期第 2 版。

5. 遼祖陵考古發掘又有新收穫，白鍼鍼、陳國民，赤峰日報，2007 年 10 月23 日。

6. 內蒙古巴林左旗遼代祖陵考古發掘的新收穫，中國社會科學院考古研究所、內蒙古第二工作隊、內蒙古文物考古研究所，考古 2008 年第 2 期。

7. 遼代祖陵陵園考古發掘取得新進展，董新林、塔拉、肖淮雁、康立君，中國文物報，2008 年 11 月 21 日總第 1676 期第 5 版。

8. 遼祖陵考古新發現　填補遼史空白，徐永升，內蒙古日報，2008 年 11 月10 日。

9. 內蒙古巴林左旗遼代祖陵陵園遺址，中國社會科學院考古研究所內蒙古第二工作隊、內蒙古文物考古研究所，考古，2009 年第 7 期。

10. 遼祖陵「黑龍門」遺址等獲重要考古發現，董新林、塔拉、肖淮雁、康立君，中國文物報，2010 年 12 月 31 日總第 1892 期第 4 版。

11. 耶律阿保機陵寢今何在，陳國明，赤峰學院學報（漢文哲學社會科學版），2005 年第 5 期。

12. 大遼祖陵探秘，董新林，中國文化遺產，2010 年第 1 期。

13. 祖州祖陵　古老塵封的記憶，李富，赤峰日報，2010 年 7 月 2 日第 2 版。

14. 遼代祖州「石房子」考，陸思賢、李迪，內蒙古師範大學學報（哲學社會科學版），2004 年第 2 期。

15. 遼祖州「軍」號及附近部分山名考，金永田，內蒙古文物考古，2008 年第 1 期。

16. 遼代皇帝陵の立地と構造，向井祐介，遼文化・慶陵一帶調查報告書：京都大學大學院文學研究科 21 世紀 COE プログラム：グローバル化時代の多元的人文學の拠點形成，京都大學大學院文學研究科，2005 年。

17. 遼慶陵東陵のコンピュータ・グラフィックス復原をめぐる考察，牟田口章人，古松崇志，遼文化・慶陵一帶調查報告書：京都大學大學院文學研究科 21 世紀 COE プログラム：グローバル化時代の多元的人文學の拠點形成，京都大學大學院文學研究科，2005 年。

18. 慶陵被葬者についての新知見，牟田口章人，遼文化・慶陵一帶調查報告書：京都大學大學院文學研究科 21 世紀 COE プログラム：グローバル化時代の多元的人文學の拠點形成，京都大學大學院文學研究科，2005 年。

19. 遼慶陵相關問題芻議，彭善國，考古與文物，2008 年第 4 期。

20. 湯玉麟之子盜掘慶陵「哀冊」揭秘，瀋陽日報，2010 年 12 月 2 日 B07 版。

21. 慶陵訪幽，張松柏，人與生物圈，2002 年第 4 期。

22. 解密遼慶陵，王德恒，知識就是力量，2010 年第 9 期。

23. 遼聖宗和永慶陵，王德恒，知識就是力量，2010 年第 10 期。

24. 遼永興陵說略，王德恒，知識就是力量，2010 年第 11 期。

25. 永福陵裏埋藏的恩怨，王德恒，知識就是力量，2010 年第 12 期。

26. 「讓國」皇帝耶律倍與顯陵，都惜青，遼瀋晚報，2007 年 8 月 22 日。

27. 金代的皇陵，未央逸民，百科知識，2007 年第 16 期。

28. 金太祖完顏阿骨打陵址，王忠山，黑龍江史志，2008 年第 15 期。

29. 完顏阿骨打寧神殿陵址初探，梁爽，哈爾濱學院學報，2002 年第 9 期。

30. 金初寧神殿陵址初探，伊葆力，遼金文物擷英，（美國）逍遙出版社，2005 年。

31. 金陵遷毀記，尚志發，奮鬥，2008 年第 7 期。

32. 2002 年北京市重大考古新發現金陵金太祖完顏阿骨打陵寢，黃秀純，北京文博，2003 年第 4 期。

33. 北京金代皇陵歷史沿革與墓主人考，黃秀純、熊永強、陳亞洲，北京文博，2006 年第 3 期。

34. 金陵遺址調查與研究，宋大川，北京文物與考古（第 6 輯），民族出版社，2004 年。

35. 金陵遺址第一階段調查報告，宋大川、黃秀純，北京文博，2001 年第 3 期。

36. 金陵遺址主陵區第二階段調查報告，宋大川、黃秀純、陳亞洲，北京文博，2002 年第 3 期。

37. 北京房山區金陵遺址的調查與發掘，北京市文物研究所金陵考古工作隊，考古，2004 年第 2 期。

38. 房山金陵諸陵考，黃秀純，北京文博，2007 年第 1 期。

39. 金陵兆域調查採集的建築構件，北京市文物研究所，北京考古（第二輯）北京燕山出版社，2008 年。

40. 金陵散記，付幸，北京文物與考古（第五輯），北京燕山出版社，2002 年。

41. 金陵的規制開啟了明陵的先河，王德恒，東北史研究，2007 年第 4 期。

42. 北京金代皇陵揭秘，東松，人民日報海外版，2003 年 9 月 8 日。

43. 北京初步揭開金代皇陵之謎，李京華、孫曉勝，新華每日電訊，2003 年 9 月 7 日。

44. 解密金皇陵（一），王德恒，知識就是力量，2010 年第 2 期。

45. 解密金皇陵（二），王德恒，知識就是力量，2010 年第 3 期。

46. 解密金皇陵（三）──睿陵中的完顏阿骨打，王德恒，知識就是力量，2010 年第 4 期。

47. 解密金皇陵（四）──阿骨打起義後的三次戰役，王德恒，知識就是力量，2010 年第 5 期。

48. 解密金皇陵（五）──金太祖睿陵的埋葬遷徙和發現發掘，王德恒，知識就是力量，2010 年第 6 期。

49. 解密金皇陵（六）──金皇陵出土文物選粹，王德恒，知識就是力量，2010 年第 7 期。

50. 解密金皇陵（七）──完顏谷神墓地探秘，王德恒，知識就是力量，2010 年第 8 期。

51. 探訪金朝皇陵遺址，祁建，中國氣象報，2003 年 11 月 22 日。

52. 探訪金朝皇陵遺址，馬莉、祁建，中國商報，2003 年 10 月 14 日。

53. 探訪金朝皇陵遺址，祁建，北京紀事，2004 年第 3 期。

54. 探訪金陵遺址，祁建，中國檔案報，2003 年 12 月 19 日。

55. 探訪房山金太祖陵，佟光英，（臺灣）歷史月刊（第 211 期），2005 年 8 月。

56. 回填前夕──探訪房山金太祖陵，佟光英，（臺灣）滿族文化（第 30 卷），2006 年 2 月。

57. 北京發現金太祖陵寢，秦立鳳，（臺灣）典藏古美術（第 133 期），2003年 10 月。

58. 金陵遺址發現四具石槨，陳漢辭，北京娛樂信報，2003 年 9 月 6 日。

59. 揭開房山金陵神秘面紗，趙婷，北京日報，2003 年 9 月 5 日。

60. 金陵巨型石坑爲完顏阿骨打陵墓，桂傑、李斌，中國青年報，2003 年 9 月 7 日。

61. 金皇陵與金中都，蘇寶敦，建築工人，2005 年第 12 期。

62. 金皇陵與金中都，蘇寶敦，北京日報，2005 年 4 月 4 日總第 18938 期。

（三）墓葬

1. 宋代仿木構墓葬形制及對遼金墓葬的影響，趙明星，邊疆考古研究（第 4 輯），科學出版社，2005 年。

2. 遼代墓葬形制與分期略論，董新林，考古，2004 年第 8 期。

3. 試談遼代墓葬的研究和對契丹文化的再認識，張帆，內蒙古文物考古，2009 年第 1 期·

4. 遼代漢人墓葬研究，劉未，漢學研究（第 24 卷第 1 期），2006 年 6 月。

5. 遼代契丹墓葬研究，劉未，考古學報，2009 年第 4 期。

6. 遼代契丹墓の研究── 分佈・立地・構造について，今野春樹，考古學雜誌（87－3），日本考古學會，2003 年 3 月。

7. 遼代契丹墓葬飾品研究，王永娜，遼寧大學碩士學位論文，2010 年。

8. 遼代壁畫墓的發現與研究，李清泉，東方考古（第 2 集），科學出版社，2006 年。

9. 燕雲地區遼代墓葬研究，霍傑娜，北京大學碩士學位論文，2003 年。

10. 瀋陽市區遼墓研究，沈彤林，吉林大學碩士學位論文，2008 年。

11. 關於遼代契丹墓出土葬具，今野春樹，物質文化（75），2003 年。

12. 金代墓葬探究，盧青，鄭州大學碩士學位論文，2007 年。

13. 金代墓葬研究，趙永軍，吉林大學博士學位論文，2010 年。

14. 金代墓の分佈・立地と空間利用，中澤寬將，白門考古（8 號），2008 年。

15. 金代墓葬壁面裝飾與相關問題研究，曲岩，遼寧大學碩士學位論文，2008 年。

16. 晉南地區宋金墓葬研究，劉耀輝，北京大學碩士學位論文，2002 年。

17. 宋金墓葬「貓雀」題材考，袁泉，考古與文物，2008 年第 4 期。

18. 試論燕雲地區金代墓葬，盧青峰、張永清，文物世界，2008 年第 6 期。

19. 北宋金元墓葬壁飾所見「二十四孝」故事與高麗《孝行錄》，董新林，華夏考古，2009 年第 2 期。

20. 淺析宋遼金元墓葬孝子圖像區域分佈與盛行的原因，萬彥，美術大觀，2009 年第 8 期。

21. 宋遼金元墓葬中女孝子圖像的解讀，萬彥，藝術探索，2009 年第 5 期，

22. 北京發現遼金時期古墓群——千年芝麻保存完好粒粒可數，杜弋鵬，光明日報，2008 年 6 月 21 日。

23. 北京大興遼金墓葬發掘取得重要收穫，于璞、王煒、朱志剛、李春山，中國文物報，2009 年 4 月 8 日總第 1714 期第 2 版。

24. 北京延慶發現遼金時期壁畫墓，范學新，中國文物報，2005 年 5 月 20 日總第 1319 期。

25. 豐臺路口南出土遼墓清理簡報，王清林、王朱、周宇，北京文博，2002 年第 2 期。

26. 海淀中國工運學院遼墓及其墓誌，朱志剛，北京文物與考古（第 6 輯），民族出版社，2004 年。

27. 北京大興區青雲店遼墓，北京市文物研究所，考古，2004 年第 2 期。

28. 北京大興新城北區 12 號地發現唐至遼金墓葬，馮雙元、朱志剛、李春山、王冠群，中國文物報，2009 年 7 月 10 日總第 1741 期第 4 版。

29. 大興團河農場三號地遼代窯址和墓葬，北京市文物研究所，北京文博，2010 年第 1 期。

30. 北京大興區楊各莊墓地發掘簡報，北京市文物研究所，文物春秋，2010 年第 3 期。

31. 豐臺雲崗遼墓 07FHM1 發掘簡報，周宇，北京考古（第一輯），北京燕山出版社，2008 年。

32. 北京馬駒橋物流基地 E－04 地塊發掘簡報，山西大學，文物春秋，2010 年第 5 期。

33. 北京地區金代墓葬概述，丁利娜，文物春秋，2009 年第 4 期。

34. 北京石景山發現罕見金代壁畫墓，北京市文物研究所，中國文物報，2002 年 4 月 26 日。

35. 大興區小營出土金代墓葬，王清林、朱志剛、劉風亮，北京文物與考古（第 6 輯），民族出版社，2004 年。

36. 磁器口出土的金代石槨墓，王清林、王策，北京文物與考古（第 5 輯），北京燕山出版社，2002 年。

37. 北京地區發現首例金代家族墓葬，張亞萌，中國藝術報，2007 年 10 月 12 日。

38. 廊坊市和平麗景小區遼代墓群，李明琴，文物春秋，2006 年第 6 期。

39. 廊坊市和平麗景小區遼代墓群，廊坊市文物管理處，河北省考古文集（三），科學出版社，2007 年。

40. 廊坊市馨鑽界小區遼代墓群發掘報告，廊坊市文物管理處，文物春秋，2009 年第 2 期。

41. 天津薊縣彌勒院村遼墓，天津歷博考古隊，文物春秋，2001 年第 6 期。

42. 平泉縣姜家北溝遼墓，張翠榮、李素靜、李劍，文物春秋，2008 年第 3 期。

43. 懷安縣發現遼代墓葬，徐建中，文物春秋，2002 年第 1 期。

44. 隆化縣廠溝門遼墓，陶敏，文物春秋，2003 年第 3 期。

45. 邢臺旅館唐、金墓葬，李軍，文物春秋，2006 年第 6 期。

46. 樂亭縣前炕各莊墓群發掘報告，徐永江、張曉崢、張兆峰，文物春秋，2007 年第 1 期。

47. 宣化遼墓に描かれた文房具，惠二，國學院大學考古學資料館紀要（20 號），2004 年 3 月。

48. 遼代張世卿墓——歷史的瑰寶，牛連成，老人世界，2007 年第 1 期。

49. 河北廊坊發現遼代墓群，付豔華，中國文物報，2008 年 6 月 27 日總第 1635 期第 2 版。

50. 河北宣化發現金代石棺墓，顏誠，中國文物報，2005 年 11 月 25 日。

51. 河北內丘胡里村金代壁畫墓，賈成惠，文物春秋，2002 年第 4 期。

52. 河北省遷安市開發區金代墓葬發掘清理報告，唐山市文物管理處、遷安市文物管理所，北方文物，2002 年第 4 期。

53. 遷安小王莊金代墓葬清理簡報，尹曉燕、王興明、郎秀枝，文物春秋，2006 年第 3 期。

54. 河北涉縣南崗墓地考古發掘有重要收穫，黃信，中國文物報，2008 年 6 月 27 日總第 1635 期第 5 版。

55. 河北徐水金元時期墓地首次清理出祭臺和墳丘，董新林，中國文物報，2006 年 10 月 20 日總第 1463 期第 2 版。

56. 古墓縱跨漢、宋、金三個時期——唐縣都亭考古取得重要發現，保定日報，2006 年 6 月 6 日。

57. 唐縣都亭考古取得重要發現——古墓縱跨漢宋金發現西漢「對窯」窯爐，趙世強、李聖哲、高志順，河北日報，2006 年 6 月 1 日。

58. 黃金貴族——內蒙古三大遼墓及其黃金陪葬品，周維強，（臺灣）故宮文物月刊（第 324 期），2010 年 3 月。

59. 2009 年呼和浩特市腦包溝遼墓發掘簡報，內蒙古文物考古研究所，內蒙古文物考古，2010 年第 1 期。

60. 赤峰市敖漢旗白塔村遼代墓葬，內蒙古文物考古研究所，內蒙古文物考古，2010 年第 1 期。

61. 赤峰市哈喇海溝遼墓清理報告，赤峰市博物館、松山區文物管理所，內蒙古文物考古，2008 年第 2 期。

62. 赤峰市松山區老府西山遼墓清理簡報，李術學、黃莉，內蒙古文物考古，2007 年第 2 期。

63. 內蒙古札魯特旗哲北遼代墓葬群，貢鶴齡、王崇存、哈日呼，北方文物，2002 年第 4 期。

64. 內蒙古札魯特旗浩特花遼代壁畫墓，中國社科院內蒙古工作隊、內蒙古文物考古研究所，考古，2003 年第 1 期。

65. 位於遼上京周邊的遼代多位重要人物墓地淺探，葛華廷，宋史研究論叢（第十一輯），河北大學出版社，2010 年。

66. 遼弘法寺僧志柔壁畫墓，金永田，北方文物，2008 年第 4 期。

67. 巴林右旗床金溝 5 號遼墓發掘簡報，內蒙古文物考古研究所，文物，2002 年第 3 期。

68. 巴林右旗昭胡都格遼墓，劉志安，中國古都研究（第 18 輯上冊）——中國古都學會 2001 年年會暨赤峰遼王朝故都歷史文化研討會論文集，國際華文出版社，2002 年。

69. 罕大壩遼「迴紇國國信使」壁畫墓的搶救清理報告，韓仁信，內蒙古文物考古，2001 年第 1 期。

70. 林西縣五間房遼墓清理簡報，王剛、呂清，內蒙古文物考古，2001 年第 1 期。

71. 內蒙古林西縣小哈達遼墓，王剛，考古，2004 年第 1 期。

72. 白音罕山遼代韓氏家族墓地發掘報告，塔拉、馬鳳磊、張亞強、王青煜，內蒙古文物考古，2002 年第 2 期。

73. 白音罕山遼代韓氏家族墓地發掘報告，內蒙古文物考古研究所、赤峰博物館、巴林左旗博物館，內蒙古文物考古，2002 年第 2 期。

74. 內蒙古阿魯科爾沁旗遼代耶律羽之墓地人骨研究，周蜜，邊疆考古研究（第 4 輯），科學出版社，2005 年。

75. 古代契丹的漢族貴婦壁畫墓，王大方，中國民族報，2004 年 3 月 5 日。

76. 遼代大貴族墓葬在通遼發現，王大方、柴海亮，人民日報海外版，2003 年 6 月 11 日。

77. 內蒙古發現一人型遼代墓葬，尚平，光明日報，2003 年 6 月 13 日。

78. 內蒙古通遼市吐爾基山遼代墓葬，內蒙古文物考古研究所，考古，2004 年第 7 期。

79. 通遼市吐爾基山遼代大貴族墓葬考古獲重大發現，王大方、柴海亮，蒙古學信息，2003 年第 3 期。

80. 穿越千年——內蒙古吐爾基山遼墓開棺紀實，王大方，內蒙古文化，2003 年第 2 期。

81. 解開墓主身份之謎——吐爾基山遼墓發掘紀實，塔拉、張亞強，中國國家地理，2004 年第 9 期。

82. 鳳凰彩棺神秘女屍——吐爾基山契丹墓，董仕傑，章回小說（下半月），2009 年第 8 期。

83. 吐爾基山遼墓到底埋的是哪一位公主，王德恒，知識就是力量，2004 年第 7 期。

84. 吐爾基山遼墓墓主身份的推測兼述契丹古代社會的奧姑，王大方，中國文物報，2004 年 1 月 30 日第 7 版。

85. 吐爾基山遼墓墓主身份商榷，李宇峰，中國文物報，2004 年 9 月 3 日。

86. 吐爾基山遼墓墓主身份商榷，李宇峰，遼金史研究，吉林大學出版社，2005年。
87. 吐爾基山遼墓主人究竟是誰？張立峰，內蒙古日報，2004 年 9 月 10 日。
88. 吐爾基山遼墓墓主身份解讀，馮恩學，民族研究，2006 年第 3 期。
89. 內蒙古遼墓彩棺發現珍貴文物，高平，光明日報，2003 年 6 月 13 日。
90. 再解吐爾基山遼墓墓主人身份之謎，王大方，內蒙古日報（漢），2008 年3 月 17 日。
91. 吐爾基山遼墓主人身份辨析，王大方，內蒙古社會科學（漢文版），2008年第 3 期。
92. 關於內蒙古吐爾基山遼墓墓主人身份的推測，王大方，東北史地，2010年第 2 期。
93. 走近神秘的千年女神——吐爾基山遼墓墓主人身份猜想，王大方，絲綢之路，2010 年第 15 期。
94. 吐爾基山遼墓墓主人及其相關問題再探討，都興智，東北史地，2010 年第 2 期。
95. 契丹女屍疑雲，科學與文化，2006 年第 8 期。
96. 內蒙古遼墓彩棺 12 日開棺，王大方、柴海亮，中國文化報，2003 年 6 月13 日。
97. 千年遼墓迷霧嬝繞，胡左，科技日報，2003 年 6 月 25 日。
98. 千年古墓展現契丹文明，任彥賓，中國青年報，2003 年 6 月 19 日。
99. 內蒙古遼墓發現千年彩棺，張鵬，（臺灣）藝術家（第 57 卷 2 期），2003年 8 月。
100. 大遼鳳棺之謎，文明，2004 年第 8 期。
101. 吐爾基山遼代貴族墓葬人骨遺骸線粒體 DNA 多態性分析，許月、張小雷、張全超、崔銀秋、周慧、朱泓，吉林大學學報（醫學版），2006 年第 2 期。
102. 吐爾基山遼墓墓主人骨骼的穩定同位素分析，張全超，內蒙古文物考古，2006 年第 1 期。
103. 吐爾基山遼墓・集寧路窖藏元瓷，春秋，內蒙古日報（漢），2004 年 4月 16 日。

104. 內蒙古吐爾基山遼墓彩棺又發現珍貴文物，柴海亮、張雲龍，人民日報，2003 年 6 月 16 日。

105. 內蒙古吐爾基山遼墓驚現「珠光寶氣」，柴海亮，新華每日電訊，2005 年 8 月 27 日。

106. 遼代雕龍彩繪木棺——民族融合的見證，李富，內蒙古日報，2007 年 5 月 21 日。

107. 科左後旗白音塔拉契丹墓葬，賈鶴齡，內蒙古文物考古，2002 年第 2 期。

108. 赤峰市元寶山區大營子遼墓，劉偉東，內蒙古文物考古，2004 年第 2 期。

109. 阿魯科爾沁旗罕蘇木遼墓考述，占·達木林斯榮，赤峰日報，2005 年 3 月 14 日。

110. 喀喇沁旗二道溝遼墓清理簡報，李鳳舉，北方文物，2009 年第 1 期。

111. 內蒙古陳巴爾虎旗巴彥庫仁遼代墓葬清理簡報，呼倫貝爾盟文物工作站、陳巴爾虎旗文物管理所，考古學集刊（14），文物出版社，2004 年。

112. 陶瓷器具保存完好壁畫再現當時生活——和林縣發現一座遼代完整古墓，張文強，內蒙古日報（漢），2006 年 7 月 11 日。

113. 和林縣發現遼代古墓壁畫，杜江，呼和浩特日報（漢），2006 年 7 月 8 日。

114. 黑龍江省西部的遼代墓葬，喬梁、楊晶，北方文物，2001 年第 4 期。

115. 黑龍江地區的金墓，趙永軍、姜玉珂，黑龍江省文物博物館學會第五屆年會論文集，黑龍江人民出版社，2008 年。

116. 卡倫山遼代墓地考，孟文柱，黑河學刊，2006 年第 6 期。

117. 卡倫山遼代墓葬地，柳邦坤，黑龍江日報，2006 年 7 月 3 日。

118. 黑龍江省肇東市澇洲鎮安業村發現的遼代墓葬，張傑、朱濤，北方文物，2004 年第 1 期。

119. 齊齊哈爾富拉爾基遼代磚室墓，齊齊哈爾市文物管理站，北方文物，2003 年第 3 期。

120. 黑龍江發現大型金代墓葬群，朱偉光、齊光瑞，光明日報，2002 年 6 月 9 日。

121. 黑龍江地區金墓述略，趙永軍、姜玉珂，邊疆考古研究（第 6 輯），科學出版社，2007 年。

122. 尋找粘罕——拉林河流域考古研究新發現，黃澄，東北史研究動態，2002 年第 1 期。

123. 「粘罕古墓」究在何方，紀鳳輝，學術交流，2002 年第 6 期。

124. 關於粘罕家族墓地有關「十項依據」的考辨，鄒尊興，東北史研究，2004 年第 2 期。

125. 黑龍江發現金開國元勳撒改墓地，郭強，工人日報，2002 年 5 月 21 日。

126. 關於金代完顏宗翰家族墓地的研究報告，王禹浪，滿族研究，2003 年第 1 期。

127. 完顏宗翰及其家族墓地考，王禹浪，東北史研究動態，2002 年第 1 期。

128. 1979～1980 年間完顏希尹家族墓地的調查與發掘，龐志國，東北史地，2010 年第 4 期。

129. 對完顏希尹墓地出土「鐵券」性質的新認識，馮恩學，邊疆考古研究（第 9 輯），科學出版社，2010 年。

130. 寧安市蓮花村金代墓葬清理簡報，張慶國，北方文物，2004 年第 4 期。

131. 林甸縣四合漁場金代墓葬，馬麗雙，大慶社會科學，2007 年第 2 期。

132. 關於金齊國王墓的考古發掘，朱忱，東北史地，2008 年第 2 期。

133. 金代武官「現身」賓縣，專家稱爲墓葬「地標」，張翹楚、叢明宇，哈爾濱日報，2009 年 7 月 18 日第 3 版。

134. 吉林省公主嶺市永青遼墓清理報告，吉林省文物考古研究所、公主嶺市文物管理所，北方文物，2006 年第 3 期。

135. 吉林前郭查干吐莫遼墓發掘，吉林省文物考古研究所，邊疆考古研究（第 4 輯），科學出版社，2005 年。

136. 完顏希尹家族墓地，馬洪，人民日報海外版，2002 年 12 月 9 日。

137. 試論完顏希尹墓地神道石雕的淵源，陳相偉，遼金史論叢——紀念張博泉教授逝世三週年論文集，吉林人民出版社，2003 年。

138. 石碑嶺之謎，劉紅宇，吉林日報，2006 年 1 月 5 日。

139. 碑殘石像在，古冢草萋萋——長春地區金代女眞貴族墓群調查，劉紅宇，吉林日報，2005 年 12 月 23 日。

140. 婆盧火墓地考，宋德輝，博物館研究，2006 年第 3 期。

141. 婆盧火墓地考，宋德輝，遼金史論集（第 10 輯），中國社會科學出版社，2007 年。

142. 淺談遼寧西部地區遼墓發掘及葬俗特徵，胡建，首屆遼上京契丹・遼文化學術研討會論文集，內蒙古文化出版社，2009 年。

143. 遼寧大學院內遼墓的發掘，瀋陽市文物考古研究所，邊疆考古研究（第5 輯），科學出版社，2006 年。

144. 瀋陽挖到遼代磚室墓 疑是家族墓葬群，姚劍鋒，新華每日電訊，2002年 11 月 28 日。

145. 八王寺鏟出第 9 座遼代墓葬，王研，遼寧日報，2004 年 8 月 24 日。

146. 瀋陽新樂遺址遼墓發掘簡報，瀋陽市文物考古研究所，瀋陽考古文集（第2 集），科學出版社，2009 年。

147. 瀋陽廣宜街遼代石棺墓發掘報告，瀋陽市文物考古研究所，瀋陽考古文集（第 2 集），科學出版社，2009 年。

148. 瀋陽地區遼墓初探，瀋陽市文物考古研究所，瀋陽考古文集（第 2 集），科學出版社，2009 年。

149. 瀋陽市小北街金代墓葬發掘簡報，瀋陽市文物考古研究所，考古，2006年第 11 期。

150. 遼寧朝陽發現兩座遼墓，遼西博物館，北方文物，2008 年第 3 期。

151. 遼寧朝陽重型機器廠遼金墓，朝陽市博物館，北方文物，2003 年第 4 期。

152. 近年來朝陽市區及近郊遼、金墓葬考古的主要收穫，韓國祥，遼金史研究，吉林大學出版社，2005 年。

153. 朝陽發現遼代古墓，孫宏義、王少華、張輝，遼寧日報，2002 年 3 月 25日。

154. 遼寧朝陽召都巴遼壁畫墓，朝陽市博物館、朝陽市龍城區博物館，北方文物，2004 年第 2 期。

155. 遼寧朝陽召都巴金墓質疑，李宇峰，李宇峰考古文集，中國社會出版社，2006 年。

156. 朝陽出土兩座遼墓壁畫管窺，孫國龍，北方文物，2005 年第 4 期。

157. 遼寧省朝陽召都巴金墓，朝陽市博物館、朝陽市龍城區博物館，北方文物，2005 年第 3 期。

158. 朝陽市西三家遼墓發掘簡報，遼寧省文物考古研究所，文物春秋，2010年第 1 期。

159. 法庫李貝堡遼墓，林茂雨、佡俊岩，北方文物，2001 年第 3 期。

160. 法庫縣李貝堡遼墓群 2007 年度搶救性考古發掘報告，瀋陽市文物考古研究所，瀋陽考古文集（第 2 集），科學出版社，2009 年。

161. 法庫縣小房身村南溝遼代墓葬，瀋陽市文物考古研究所，瀋陽考古文集（第 2 集），科學出版社，2009 年。

162. 法庫縣孤家子遼墓發掘報告，瀋陽市文物考古研究所，瀋陽考古文集（第 2 集），科學出版社，2009 年。

163. 遼寧法庫縣葉茂臺 23 號遼墓發掘簡報，遼寧省文物考古研究所、瀋陽市文物考古研究所，考古，2010 年第 1 期。

164. 法庫秋皮溝遼墓發掘報告，瀋陽市文物考古研究所，瀋陽考古文集（第 1 集），科學出版社，2007 年。

165. 法庫紅花嶺遼墓，瀋陽市文物考古研究所，瀋陽考古文集（第 1 集），科學出版社，2007 年。

166. 遼寧北票市下瓦房溝發現一座遼墓，陳金梅，北方文物，2002 年第 4 期。

167. 遼寧北票白家窩鋪遼代墓葬，遼西博物館、北票市博物館，北方文物，2008 年第 4 期。

168. 遼寧省北寧市鮑家鄉桃園村大平灘遼墓，遼寧省文物考古研究所，北方文物，2002 年第 1 期。

169. 北寧龍崗遼墓，張克舉，遼寧考古文集，遼寧民族出版社，2003 年。

170. 凌源馬家溝遼墓清理簡報，呂學明、朱達，遼寧考古文集，遼寧民族出版社，2003 年。

171. 建昌發現遼代高僧墓，趙普光、胡小芸，遼寧日報，2003 年 3 月 28 日。

172. 遼寧建平縣豐山村遼耶律霞茲墓地發掘簡報，韓寶興、李宇峰，遼金歷史與考古（第一輯），遼寧教育出版社，2009 年。

173. 遼寧建平縣古山子遼墓，楊東昕，考古，2001 年第 5 期。

174. 建平縣青松嶺鄉發現一遼墓，龍山，遼瀋晚報，2002 年 4 月 13 日。

175. 阜新地區遼墓發掘與喪葬習俗淺議，胡健、王義、張焱，阜新遼金史研究（第五輯），中國社會出版社，2002 年。

176. 阜新驚現遼代名將耶律休哥家族墓群，陳琦岩、李紅鑫，遼瀋晚報，2002 年 8 月 12 日。

177. 阜新發現遼代大型古墓群 九座蕭氏後族墓葬相繼出土，苗家生、張正、梁楓，光明日報，2001 年 12 月 14 日。

178. 阜新遼蕭和墓發掘簡報，萬雄飛、郭天剛、海勇，文物，2005 年第 1 期。

179. 阜新遼代蕭和家庭墓地發掘出土精美壁畫及墓誌，華玉冰、萬雄飛，中國文物報，2002 年 5 月 3 日。

180. 遼寧阜新遼代蕭和家族墓地發掘出土精美壁畫及墓誌，華玉冰、萬雄飛，阜新遼金史研究（第五輯），中國社會出版社，2002 年。

181. 遼代蕭氏后族墓地出土人骨的研究，顧玉才、陳山、張全超，邊疆考古研究（第 4 輯），科學出版社，2005 年。

182. 遼寧阜新梯子廟二、三號遼墓發掘簡報，遼寧省文物考古研究所、阜新市文物管理辦公室，北方文物，2004 年第 1 期。

183. 阜新梯子廟二、三號遼墓，王義、崔嵩，遼金史研究，吉林大學出版社，2005 年。

184. 遼寧省阜新縣遼蕭旻墓發掘簡報，穆啓文、李宇峰，遼金歷史與考古（第二輯），遼寧教育出版社，2010 年。

185. 從關山遼墓看遼代后族歷史活動，佟寶山，阜新遼金史研究（第五輯），中國社會出版社，2002 年。

186. 關山遼墓的發現與研究，萬雄飛，吉林大學碩士學位論文，2007 年。

187. 關山遼墓探秘，劉抒華，阜新遼金史研究（第五輯），中國社會出版社，2002 年。

188. 關山遼墓探源，張九成，阜新遼金史研究（第五輯），中國社會出版社，2002 年。

189. 關山遼墓發掘概況，郭天剛，阜新遼金史研究（第五輯），中國社會出版社，2002 年。

190. 阜新四家子遼墓發掘簡報，梁振晶，遼寧考古文集，遼寧民族出版社，2003 年。

191. 阜新縣大板鎮腰衙門耶律奴墓葬發掘，崔嵩、王義，遼金史研究，中國文化出版社，2003 年。

192. 遼寧阜新市發現一座金代墓葬，梁姝丹、趙振生，考古，2004 年第 9 期。

193. 遼寧彰武朝陽溝遼墓發掘概況，李宇峰，阜新遼金史研究（第五輯），中國社會出版社，2002 年。

194. 彰武朝陽溝遼代墓地，李宇峰、韓寶興、郭添剛、張春字、王慶宇，遼寧考古文集，遼寧民族出版社，2003 年。

195. 葫蘆島市連山區鋼屯鎮發現遼金時代墓葬，趙普光，遼瀋晚報，2002 年 4 月 17 日。

196. 黑山縣八道壕鎮紅石槽子村發現遼代早期墓葬，張繼鋒，遼寧日報，2002 年 9 月 13 日。

197. 遼寧義縣頭臺鄉亮甲山遼墓清理簡報，義縣文物保管所，北方文物，2007 年第 3 期。

198. 遼寧省調兵山市城子村兩座遼墓清理，許志國，北方文物，2008 年第 3 期。

199. 西夏王陵鎏金銅牛石馬和遼興平公主墓葬考，黃震雲，東北史地，2010 年第 5 期。

200. 山西宋金墓葬考古取得重要發現，馬升、王俊，中國文物報，2008 年 11 月 19 日總第 1675 期第 2 版。

201. 大同遼代墓葬中的佛教因素，王銀田，而立集──山西大學考古專業成立 30 週年紀念文集，科學出版社，2009 年。

202. 山西大同市遼墓的發掘，解廷琦、周雪松，考古，2007 年第 8 期。

203. 山西大同市東郊馬家堡遼墓，曹臣明，考古，2005 年第 11 期。

204. 山西大同市遼代軍節度使許從贇夫婦壁畫墓，王銀田、解廷琦，考古，2005 年第 8 期。

205. 山西大同市金代徐龜墓，大同市博物館，考古，2004 年第 9 期。

206. 山西孝義市發現一座金墓，康孝紅，考古，2001 年第 4 期。

207. 多姿多彩的金墓磚雕──聞喜中莊金墓，楊及耘、王迎澤，文物世界，2001 年第 6 期。

208. 山西金代壁畫墓初步研究，馬金花，文物春秋，2002 年第 5 期。

209. 長治市北郊安昌村出土金代墓葬，商彤流、楊林中、李永傑，文物世界，2003 年第 1 期。

210. 長治市安昌村出土的金代墓葬，商彤流，藝術史研究（第六輯），中山大學出版社，2004 年。

211. 山西長治市魏村金代紀年彩繪磚雕墓，長治市博物館，考古，2009 年第 1 期。

212. 山西長子縣小關村金代紀年壁畫墓，長治市博物館，文物，2008 年第 10 期。

213. 山西屯留宋村金代壁畫墓，山西省考古研究所、長治市博物館，文物，
     2008 年第 8 期。

214. 屯留宋村金代壁畫墓考論，董新林，新果集——慶祝林澐先生七十華誕
     論文集，科學出版社，2009 年。

215. 山西屯留宋村金代壁畫墓題記考釋，李浩楠，北方文物，2010 年第 3 期。

216. 山西曲沃西南街發現金代安法師墓，孫永和、孫麗萍，中國文物報，2005
     年 2 月 9 日總第 1291 期。

217. 2008 年山西汾陽東龍觀宋金墓地發掘簡報，山西省考古研究所、汾陽市
     文物旅遊局，文物，2010 年第 2 期。

218. 山西襄汾侯村金代紀年磚雕墓，李慧，文物，2008 年第 2 期。

219. 一種文化和一個家族——對稷山馬村段氏磚雕墓的再認識，王媛、楊霜
     葦，山西經濟日報，2005 年 2 月 7 日。

220. 稷山馬村磚雕墓年代的重新判定——兼談諸宮調與宋金雜劇，田建文，
     中華戲曲（第 36 輯），文化藝術出版社，2006 年。

221. 嵐縣北村金墓發掘簡報，劉古祥，文物世界，2010 年第 5 期。

222. 契丹王墓驚現古長安，馮國，人民日報海外版，2001 年 11 月 24 日。

223. 西安發現契丹王墓，科學發現報，2001 年 11 月 27 日。

224. 咸陽瑞祥小區發現的金墓，咸陽市文物考古研究所，文博，2004 年第 5
     期。

225. 陝西甘泉金代壁畫墓，甘泉縣博物館，文物，2009 年第 7 期。

226. 富縣發掘一座金代磚砌八角頂墓葬，王芳蘭、樊寶峰，延安日報，2010
     年 6 月 27 日第 1 版。

227. 西安南郊夏殿村金代墓葬發掘簡報，陝西省考古研究院，考古與文物，
     2010 年第 5 期。

228. 西安南郊孟村宋金墓發掘簡報，陝西省考古研究院，考古與文物，2010
     年第 5 期。

229. 石家莊搶救發掘兩座金代墓葬，劉成群，河北日報，2008 年 6 月 3 日。

230. 河北涉縣臺村宋金及清代墓葬發掘簡報，河北省文物研究所、邯鄲市文
     物研究所、涉縣文物保護管理所，河北省考古文集（三），科學出版社，
     2007 年。

231. 井陘金代壁畫墓，郝建文，當代人，2010 年第 2 期。

232. 鄭州高新區賈莊宋金墓葬發掘簡報，鄭州市文物考古研究院，中原文物，2009 年第 4 期。

233. 河南中博股份有限公司宋金墓發掘簡報，鄭州市文物考古研究院，中原文物，2009 年第 6 期。

234. 河南滎陽市關帝廟遺址唐、金墓葬發掘簡報，河南省文物考古研究所，華夏考古，2008 年第 4 期。

235. 金代壁畫墓現身宜陽，河南日報，2003 年 7 月 1 日。

236. 宜陽發現一座金代紀年壁畫墓，洛陽市第二文物工作隊，中原文物，2008 年第 4 期。

237. 三門峽搬遷一座金代僧人墓葬，孟國棟、王旭國，中國文物報，2004 年 12 月 22 日總第 1277 期。

238. 洛陽發現珍貴金代壁畫墓，張亞武、王明浩，人民日報，2003 年 6 月 30 日。

239. 洛陽道北金代磚雕墓，洛陽市第二文物工作隊，文物，2002 年第 9 期。

240. 河南焦作金代鄒瑣墓復原及線刻「溫酒圖」詮釋，徐嬋菲，河洛春秋，2002 年第 4 期。

241. 許昌文峰路金墓發掘簡報，許昌市文物工作隊，中原文物，2010 年第 1 期。

242. 濟南市宋金磚雕壁畫墓，濟南市博物館、濟南市考古所，文物，2008 年第 8 期。

243. 山東淄博市臨淄宋金壁畫墓，許淑珍，華夏考古，2003 年第 1 期。

244. 徐州戶部山東漢至金代墓葬發掘簡報，徐州博物館，考古與文物，2009 年第 2 期。

245. 安徽省濉溪縣周大莊宋金墓葬，安徽省文物考古研究所、濉溪縣文物保護管理所，東南文化，2002 年第 1 期。

246. 甘肅省清水縣賈川鄉董灣村金墓，北京大學中國考古學研究中心、甘肅省文物考古研究所，考古與文物，2008 年第 4 期。

（四）遺址

1. 北京遼金歷史遺蹟的分佈與分類，盧迎紅，北京遼金文物研究，北京燕山出版社，2005 年。

2. 遼・金王朝千年の時をこえて（20）北京に殘る金の中都遺蹟，阿南ヴァージニア史代，人民中國（684），人民中國雜誌社，2010 年 8 月。

3. 遼・金王朝千年の時をこえて（12）西京道の辺境を探訪，阿南ヴァージニア史代，人民中國（678），人民中國雜誌社，2009 年 12 月。

4. 考古學實證下的二十四塊石，王志剛，邊疆考古研究（第 8 輯），科學出版社，2009 年。

5. 走進遼契丹故地，王洪昌，歲月，2008 年第 3、4 期。

6. 2007 年赤峰、遼西遼代遺蹟考察散記，周峰，治學往事錄，中國社會科學院民族學與人類學研究所，2008 年。

7. 試論興安盟遼金代遺存，闞晚風，吉林大學碩士學位論文，2008 年。

8. 通遼地區的遼代遺存，劉曉明，吉林大學碩士學位論文，2008 年。

9. 遼中京古城遺址發掘保護始末，李富、李義，內蒙古日報（漢），2008 年 5 月 12 日。

10. 尋訪京城的遼金遺蹟，阿南史代，中國國家地理，2002 年第 5 期。

11. 昌平虎峪發現遼金遺址，李春成、張麗，北京日報，2003 年 11 月 14 日。

12. 北京發現規模最大遼金塔林，孫漪娜，中國文物報，2009 年 1 月 9 日總第 1690 期第 1 版。

13. 北京遼金時代塔林考古發掘取得重要收穫，丁璞、韓鴻業、李春山、王冠群，中國文物報，2009 年總第 1709 期第 2 版。

14. 北京市大興區遼金時代塔林考古發掘概況，北京市文物研究所、大興區文物管理所，北京文博，2009 年第 1 期。

15. 北京「嫣州古崖居」為契丹燕王家族陰宅考，黃震雲，遼金史論集（第 10 輯），中國社會科學出版社，2007 年。

16. 850 年滄桑金中都水關遺址——北京遼金城垣博物館，籍和平，建築知識，2004 年第 1 期。

17. 薊縣鼓樓遺址發掘簡報，相軍，文物春秋，2010 年第 3 期。

18. 涿州交渠遼金遺址發掘簡報，河北省文物研究所、保定市文物管理處、涿州市文物保護管理所，文物春秋，2010 年第 4 期。

19. 裴家堡遺址發掘報告，河北省文物研究所、昌黎縣文物保護管理所，文物春秋，2010 年第 3 期。

20. 廢墟的昭示——憑弔金上京遺址，楊彙泉，老年人，2006 年第 2 期。

21. 金上京遺址，段光達，文史知識，2007 年第 2 期。

22. 金上京周邊部分建築址及陵墓址概述，伊葆力，哈爾濱學院學報，2006 年第 3 期。

23. 金上京周邊部分建築址及陵墓址概述，伊葆力，遼金文物擷英，（美國）逍遙出版社，2005 年。

24. 金上京社稷遺址考，那海洲，金上京文史論叢（第二集），哈爾濱出版社，2008 年。

25. 黑龍江阿城發現金代「朝日儀」殿遺址，朱偉光、齊光瑞，光明日報，2002 年 8 月 26 日。

26. 黑龍江亞溝劉秀屯發現宋金時宮殿基址，李陳奇、趙評春，中國文物報，2002 年 12 月 27 日第 1 版。

27. 阿城劉秀屯金代皇家宮殿遺址，石岩，文史知識，2007 年第 2 期。

28. 宋金時期最大宮殿——阿城劉秀屯發掘紀錄，才大泉，金上京文史論叢（第二集），哈爾濱出版社，2008 年。

29. 我省一重要金代建築基址遭嚴重損毀，唐小清，黑龍江日報，2004 年 6 月 25 日。

30. 關於爻剌春水之地與爻剌行宮——天開殿——兼對女眞語「爻剌」的破譯，劉文生、朱國忱，東北史研究，2008 年第 1 期。

31. 發現金代古城海古寨遺址，那海州，遼金契丹女眞史研究，2007 年第 1、2 期。

32. 阿城祭天壇，才大泉，黑龍江史志，2007 年第 4 期。

33. 黑龍江省哈爾濱市阿城區趙家崴子遺址發掘報告，黑龍江省文物考古研究所，北方文物，2010 年第 2 期。

34. 黑龍江省穆棱市自平遺址調查簡報，崔豔茹、崔德文，北方文物，2002 年第 1 期。

35. 黑龍江省湯原縣復興遺址調查，鄂善君，北方文物，2001 年第 1 期。

36. 黑龍江省肇源縣大青山遺址發現一批建築構件，黑龍江大學考古學專業調查組，北方文物，2009 年第 3 期。

37. 我國首次發現遼代行宮「春捺缽」遺址群，周長慶、常亦殊，中國民族報，2009 年 12 月 18 日第 7 版。

38. 吉林考古工作者首次發現遼代行宮「春捺缽」遺址群，石明山，科學時報，2010 年 1 月 8 日 A01 版。

39. 吉林發現遼代行宮遺址群，博文，人民日報海外版，2010 年 1 月 22 日第 15 版。

40. 吉林省德惠市朱城子七隊遺址發掘簡報，吉林省文物考古研究所、德惠市文物管理所，北方文物，2009 年第 3 期。

41. 談大慶地區金代冶鐵遺址的相關問題，裕林，大慶社會科學，2007 年第 3 期。

42. 鶴崗地區發現的幾處遼金時期遺址，鄒繼和，北方文物，2006 年第 4 期。

43. 密山境內金代女真人遺址的發現與研究，羅寶才，中國民間文化藝術之鄉發展與建設初探，中國民族攝影藝術出版社，2010 年。

44. 吉林省扶餘縣西車店金代遺址的發掘，吉林省文物考古研究所、扶餘縣博物館，北方文物，2009 年第 3 期。

45. 吉林省扶餘縣陶西林場遺址發掘簡報，吉林省文物考古研究所、扶餘縣博物館，北方文物，2009 年第 3 期。

46. 吉林省德惠市李春江遺址發掘報告，吉林省文物考古研究所、德惠市文物管理所，北方文物，2009 年第 3 期。

47. 吉林省德惠市迎新遺址考古發掘報告，吉林省文物考古研究所、德惠市文物管理所，北方文物，2009 年第 4 期。

48. 吉林省梨樹縣八棵樹金代遺址發掘報告，吉林省文物考古研究所、四平市文管辦、梨樹縣文管所，北方文物，2009 年第 4 期。

49. 梨樹發掘出金代村落遺址，原麗新，四平日報，2008 年 9 月 1 日。

50. 吉林省農安草房王遺址發掘簡報，吉林省文物考古研究所、農安縣文物管理所、德惠市文物管理所，北方文物，2009 年第 4 期。

51. 吉林公主嶺市趙油坊遺址發掘簡報，吉林省文物考古研究所，北方文物，2001 年第 3 期。

52. 吉林市郊紅旗果樹場遺址發掘簡報，吉林省文物考古研究所，北方文物，2001 年第 3 期。

53. 吉林德惠市攬頭窩堡遺址六號房址的發掘，吉林省攬頭窩堡遺址考古隊，考古，2003 年第 8 期。

54. 四平市前坡林子遺址發掘簡報，吉林省文物考古研究所、四平市文物管理委員會辦公室，北方文物，2006 年第 3 期。

55. 鎮賚縣大崗林場七棵樹村東崗遼代遺址調查，劉雪山，博物館研究，2003 年第 1 期。

56. 吉林通榆發現遼金遺址，吉文，中國文化報，2008 年 12 月 14 日第 2 版。

57. 吉林省白城市孫長青遺址發掘簡報，吉林省文物考古研究所、白城市文物管理所、洮北區文物管理所，北方文物，2010 年第 4 期。

58. 吉林省白城市孫長青遺址浮選結果分析報告，楊春、徐坤、趙志軍，北方文物，2010 年第 4 期。

59. 吉林省德惠市李春江遺址浮選結果分析報告，楊春、梁會麗、孫東文、趙志軍，北方文物，2010 年第 4 期。

60. 大荒頂子古祭壇遺址考察報告，富育光、孫運來、郭俊峰、施立學、陳景河，協商新報，2008 年 8 月 19 日。

61. 遼代瀋州卓望山調查記，瀋陽市文物考古研究所，瀋陽考古文集（第 2 集），科學出版社，2009 年。

62. 北鎮遼代遺蹟述略，趙傑，遼代北鎮，北鎮市文化體育局，2009 年。

63. 遼寧朝陽新華路遼代石宮發掘簡報，遼寧省文物考古研究所，文物，2010 年第 11 期。

64. 大連西甸子遼代遺址發掘簡報，張翠敏、韓家宏、王宇、張志成，遼金歷史與考古（第一輯），遼寧教育出版社，2009 年。

65. 西甸子遼代遺址發掘報告，大連市文物考古研究所，大連土羊高速公路發掘報告集，科學出版社，2010 年。

66. 昌圖縣腰窩棚子遼金遺址試掘報告，周向永、張大爲，遼金歷史與考古（第一輯），遼寧教育出版社，2009 年。

67. 遼寧朝陽西三家遼代遺址發掘簡報，遼寧省文物考古研究所，北方文物，2009 年第 1 期。

68. 遼寧遼陽發現金元時期大型建築址，白寶玉，中國文物報，2009 年 3 月 18 日總第 1708 期第 2 版。

69. 法庫大六家子遼井發掘簡報，瀋陽市文物考古研究所，瀋陽考古文集（第 1 集），科學出版社，2007 年。

70. 遼寧岫岩鎮遼金遺址，鞍山市岫岩滿族博物館，北方文物，2004 年第 3 期。

71. 廣鹿島發現遼金時期古廟遺址，呂保宇、劉明德、修偉，大連日報，2010 年 12 月 1 日 A01 版。

72. 遼寧柳城鎮新立屯遼代遺址發掘簡報，遼寧省文物考古研究所、朝陽市博物館、朝陽縣文物管理所，遼寧省道路建設考古報告集（2003），遼寧民族出版社，2004 年。

73. 瀋陽新民遼濱塔塔宮清理簡報，李曉鐘，文物，2006 年第 4 期。

74. 失われたキタイ帝國への旅，杉山正明，遼文化・慶陵一帶調查報告書：京都大學大學院文學研究科 21 世紀 COE プログラム：グローバル化時代の多元的人文學の拠點形成，京都大學大學院文學研究科，2005 年。

75. 東蒙古遼代契丹遺址調查的歷史——1945 年「滿洲國」解體前，（日）古松崇志著，姚義田譯，遼寧省博物館館刊（第四輯），遼海出版社，2009 年。

76. 中國內蒙古自治區契丹・遼代遺蹟の調查，武田和哉、高橋學而、藤原崇人、澤本光弘，北東アジア中世遺蹟の考古學的研究 平成 15、16 年度研究成果報告書，札幌學院大學人文學部，2005 年 3 月。

77. 中國內蒙古自治區契丹・遼代遺蹟の調查，武田和哉、高橋學而、藤原崇人、澤本光弘，北東アジア中世遺蹟の考古學的研究 平成 17 年度研究成果報告書，札幌學院大學人文學部，2006 年 3 月。

78. 東モンゴリア遼代契丹遺蹟調查の歷史，古松崇志，遼文化・慶陵一帶調查報告書：京都大學大學院文學研究科 21 世紀 COE プログラム：グローバル化時代の多元的人文學の拠點形成，京都大學大學院文學研究科，2005 年。

79. チントルゴイ契丹城市遺蹟，臼杵勳，草原の古代文化－モンゴル高原の考古學，札幌學院大學總合研究所 BOOKLET NO.2，2010 年 3 月。

80. ヘルメン・デンジ城遺蹟について，エンフトゥル，日本モンゴル學會紀要（35 號），2005 年。

81. 內蒙古庫倫旗發現遼代石窟寺和寺廟遺址，賈俊海，中國文物報，2008 年 12 月 10 日總第 1681 期第 3 版。

82. 巴林左旗遼文化遺存拾零，金永田，宋史研究論叢（第十一輯），河北大學出版社，2010 年。

83. ロシア沿海地方金・東夏代城址遺蹟の調査，木山克彥、布施和洋，北東アジア中世遺蹟の考古學的研究・平成 15、16 年度研究成果報告書，札幌學院大學人文學部，2005 年 3 月。

84. ロシア沿海地方金・東夏代遺蹟の調査，木山克彥、布施和洋，北東アジア中世遺蹟の考古學的研究 平成 17 年度研究成果報告書，札幌學院大學人文學部，2006 年 3 月。

85. ロシア沿海州における金・東夏代の城郭遺蹟，木山克彥，北東アジアの中世考古學（アジア遊學 107 特集），勉誠出版，2008 年。

86. アムール流域の金・東夏遺蹟，臼杵勳，「13～19 世紀における列島北方地域史とアムール川流域文化の相互關連に關する研究」2005 年度研究成果報告書，東北學院大學，2006 年 3 月。

87. ロシア沿海地方の金・東夏代女眞關連遺蹟，臼杵勳，地域と文化の考古學（Ⅱ），六一書房，2008 年 10 月。

88. ロシア沿海地方出土文字資料の調査，井黑忍，北東アジア中世遺蹟の考古學的研究・平成 15、16 年度研究成果報告書，札幌學院大學人文學部，2005 年 3 月。

89. 女眞の城郭遺蹟，臼杵勳，中世東アジアの周緣世界，同成社，2009 年 11 月。

90. 渤海から金・東夏代における城郭遺蹟の空間構造とその特質：ロシア沿海州の中世遺蹟を中心として，中澤寬將，中央史學（30 號），2007 年 3 月。

91. 契丹國（遼朝）における宮都の基礎的考察，武田和哉，條里制・古代都市研究（2），2006 年。

92. 九層臺、日月宮與太祖廟，金永田，遼金史研究，中國文化出版社，2003 年。

93. 遼中京半截塔臺基覆土及地宮發掘簡報，馬鳳磊、李義、馬景祿、崔偉春，內蒙古文物考古，2006 年第 1 期。

94. 涼城縣吉成莊遺址發掘簡報，楊星宇，內蒙古文物考古，2006 年第 1 期。

95. 赤峰硯臺山發掘夏家店下層文化和遼金時期聚落遺址，劉文鎖，中國文物報，2006 年 1 月 4 日。

96. 和林格爾縣土城子古城考古發掘主要收穫，陳永志，內蒙古文物考古，2006年第 1 期。

97. 淺析烏蘭察布市榆樹灣遼金遺址，劉麗芳、李恩瑞，科技園地，2005 年第 2 期。

98. 通遼市孟家街遺址發掘簡報，內蒙古文物考古研究，內蒙古文物考古，2008年第 1 期。

99. 欒城南安莊金元遺址發掘簡報，石家莊市文物研究所、欒城縣文保所，河北省考古文集（三），科學出版社，2007 年。

100. 豐寧發現一處遼金時期窖藏，豐寧滿族自治縣文物保護管理所，北方文物，2008 年第 3 期。

101. 河北省定州市東沿里遺址、墓葬發掘報告，河北省文物研究所、保定市文物管理所、定州市文物管理所，文物春秋，2003 年第 2 期。

102. 宋遼「地道戰」遺址成熱點，尚超、李文輝、耿建擴，光明日報，2007年 3 月 2 日。

103. 承德遼金時期遺址調查，孫惠君、田淑華，東北史研究動態，2001 年第 3 期。

104. 河北省隆化縣土城子城址 2005 年試掘簡報，河北省隆化縣文物管理所，北方文物，2008 年第 1 期。

105. 河北發掘出罕見金元遺址，人民日報，2003 年 7 月 14 日。

106. 邢臺威縣後郭固出土漢唐至金元文物，邢臺市文物管理處、威縣文體局、威縣文物保管所，河北省考古文集（三），科學出版社，2007 年。

107. 延津沙門城址「重見天日」，陳茁，河南日報，2007 年 1 月 26 日。

108. 文集遺址發掘出金代瓷器窖藏坑，盧曉兵，平頂山日報，2007 年 1 月 21日。

109. 河南葉縣文集遺址發掘取得重要收穫，王龍正、王利彬、張明力，中國文物報，2008 年 12 月 12 日總第 1682 期第 2 版。

110. 河南滎陽市新店金元水井清理簡報，滎陽市文物保護管理所、鄭州大學歷史學院考古系，華夏考古，2009 年第 4 期。

111. 金元明三處古遺址重見天日，張連傑，天津日報，2004 年 3 月 28 日。

112. 武清驚現金元「聚落遺址」──發掘金元時期文物 1000 餘件，揭示天津境內運河文化遺產價值，程康，城市快報，2006 年 6 月 15 日。

113. 天津市寶坻區哈喇莊遺址的發掘，天津市文化遺產保護中心、寶坻區文化館，考古，2005 年第 5 期。

114. 墾利發現宋金遺址，宮振衛、王明，東營日報，2006 年 7 月 14 日。

115. 連雲港劉志洲山宋金交戰遺址調查獲重要發現，高偉，中國文物報，2004 年 8 月 6 日。

116. 遼の窯址，今野春樹，ツンドラから熱帶まで：加藤晉平先生古稀記念考古學論集（博望：東北アジア古文化研究所紀要第 2 號），東北アジア古文化研究所，2001 年。

117. 遼金龍泉務窯，吳金亮，收藏，2001 年第 8 期。

118. 山西垣曲發現金元時期陶窯，姚海河、呂東風，中國文物報，2009 年 5 月 22 日總第 1727 期第 2 版。

119. 遼陽縣小屯鎮官屯與遼金時期北方大型古窯址，鄭有勝，遼寧日報，2006 年 10 月 8 日。

120. 探訪遼金赤峰窯，錢漢東，收藏界，2006 年第 10 期。

121. 吉林東遼縣尚志金代窯址的清理，唐洪源，考古，2004 年第 6 期。

122. 登封白坪鈞瓷窯遺址調查簡報，李景洲，中原文物，2007 年第 4 期。

123. 山東墾利發現一處宋金聚落遺址，劉淑芬，中國文物報，2009 年 10 月 23 日總第 1770 期第 4 版。

124. 在蒙古國的遼代遺址研究現狀，白石典之，中國多文字時代的歷史文獻研究，社會科學文獻出版社，2010 年。

十六、文物

（一）建築、寺院、佛塔

1. 天津薊縣、遼寧義縣等地古建築遺存考察紀略（一），建築文化考察組，建築創作，2007 年第 7 期。

2. 天津薊縣、遼寧義縣等地古建築遺存考察紀略（二），溫玉清、殷力欣、劉錦標、金磊，建築創作，2007 年第 8 期。

3. 論韓匡嗣及其家族與薊縣獨樂寺重修的史實，黃立志，首屆遼上京契丹・遼文化學術研討會論文集，內蒙古文化出版社，2009 年。

4. 淺談宋式斗拱特徵——以同期遼代天津薊縣獨樂寺觀音閣與山西應縣佛宮寺釋迦木塔為例，周予希，大眾文藝，2010 年第 24 期。

5. 赤峰地區遼代建築遺存考察紀略（一），劉江峰、殷力欣、劉錦標、金磊、陳鶴，建築創作，2007 年第 11 期。

6. 庫倫：發現遼代石窟寺和寺廟遺址，賈俊海、楊衛東，通遼日報，2008 年 11 月 23 日第 1 版。

7. 山西吉縣掛甲山摩崖造像調查簡報，山西省考古研究所、吉縣文物管理所，考古，2010 年第 11 期。

8. 略論遼金佛教寺院建築特色，溫靜，法音，2009 年第 1 期。

9. 遼金佛教寺院的建築特色，溫靜，中國佛教的佛舍利崇奉和朝陽遼代北塔：中國・朝陽第二屆佛教文化論壇論文集，宗教文化出版社，2009 年。

10. 晉北遼金佛教建築巡禮，溫靜，佛教文化，2008 年第 5 期。

11. 晉北遼金佛教建築巡禮，溫靜，釋迦塔與中國佛教，宗教文化出版社，2009年。

12. 山西北部遼金建築地域特徵分析，吳曉舒，太原理工大學碩士學位論文，2010年。

13. 金元建築遺珍，張玲、柴琳，中國文化遺產，2008年第1期。

14. 試談金代宮殿廟宇類建築的風格和特徵，王忠山、關伯陽，金上京文史論叢（第二集），哈爾濱出版社，2008年。

15. 試探金代宮殿廟宇類建築的風格和特徵，關伯陽，東北史研究，2009 年第4期。

16. 試探金代宮殿廟宇類建築的風格和特徵，關伯陽，遼金史研究通訊，2009年第1、2期。

17. 懷慶府金元木構建築研究，張高嶺，河南大學碩士學位論文，2008年。

18. 雲岡第9、10窟窟前遼代建築原狀探討，劉建軍，文物世界，2004年第5期。

19. 雲岡築堡與古寺衰微，張焯、崔助林，中國文物報，2006年4月14日。

20. 遼代佛寺建築大木作構造分析，趙兵兵、蔡葳蕤，山西建築，2006年第7期。

21. 淺談錦州廣濟寺古建築群及其保護，許東、裴玉屏，山西建築，2007 年第17期。

22. 晉北遼金佛教建築巡禮，溫靜，佛教文化，2008年第5期。

23. 太原宋金木結構建築特點，耿莉玲，文物世界，2007年第3期。

24. 晉東南五代、宋、金時期柱頭鋪作里跳形制分期及區域流變研究，王書林、徐怡濤，山西大同大學學報（自然科學版），2009年第4期。

25. 晉城金代古戲臺概說，劉文斌、趙建斌，天風海濤——中國‧陵川郝經暨金元文化學術研討會論文集，山西春秋電子音像出版社，2007年。

26. 北鎮市北鎮廟概述，劉述昕，遼東史地，2007年第1期。

27. 八百年風雨盧溝橋，池玉璽，中國文化報，2010年8月31日第6版。

28. 河北玉田彩亭橋，安春明，文物春秋，2009年第3期。

29. 遼西金代古橋考，宮雅宏、李仁志、黃喜多，黑龍江交通科技，2006 年第11期。

30. 遼西金代古橋考，李仁志、田月華、李訓良，東北史地，2006年第3期。

31. 興雲橋略考，李樹雲，大同日報，2003 年 11 月。

32. 大同興雲橋考釋，李樹雲、白勇，文物世界，2006 年第 5 期。

33. 大同御河興雲橋的歷史及建築形制，李樹雲，山西大同大學學報（社會科學版），2008 年第 3 期。

34. 略論金代的浮橋，周峰，博物館研究，2004 年第 2 期。

35. 有關金代黃河浮橋的幾條史料，周峰，中國科技史料，2002 年第 1 期。

36. 國內罕見之金代建築，童正家，陝西史志，2004 年第 6 期。

37. 高平遊仙寺建築現狀及毗盧殿結構特徵，李會智、李德文，文物世界，2006 年第 5 期。

38. 石經山和雲居寺，黃炳章，佛教文化，2001 年第 2 期。

39. 淺析大同地區遼金寺院建築藝術，季建樂，東方藝術，2005 年第 8 期。

40. 雕工巧細的天宮樓閣——山西應縣淨土寺，溫靜，中國民族報，2006 年 4 月 25 日。

41. 大同華嚴寺的歷史考察，楊俊芳，滄桑，2008 年第 3 期。

42. 華嚴寺，何莉莉，五臺山研究，2010 年第 3 期。

43. 佛國世界的奇葩——華嚴寺，韓心濟，文物世界，2006 年第 6 期。

44. 遼金佛教建築的空間佈局和風格特點——以大同市佛教建築華嚴寺為例，吳曉舒，科技情報開發與經濟，2010 年第 14 期。

45. 追尋遼代華嚴寺的面貌——寫在華嚴寺大雄寶殿落架大修六週年之際，齊平，大同日報，2008 年 4 月 18 日。

46. 大同華嚴寺大雄寶殿佛名考辨，曹彥玲，五臺山研究，2007 年第 2 期。

47. 華嚴寺「薄咖教藏殿壁藏」盡顯遼代藝術風格，張麗，山西政協報，2006 年 11 月 3 日。

48. 淺談山西唐、遼、元三代佛教建築——五臺山佛光寺、大同華嚴寺、洪洞廣勝寺建築結構之區別，趙婧、李瑞，科教文匯（上旬刊），2007 年第 11 期。

49. 八百年古剎名馳中外——記山西大同上華嚴寺，江峻，中國房地信息，2003 年第 7 期。

50. 大同善化寺：自成一體的古代建築形式，溫靜，中國民族報，2006 年 4 月 4 日第 7 版。

51. 大同善化寺始建年代新說（上），辛長青，大同日報，2010 年 7 月 2 日第 11 版。

52. 大同善化寺始建年代新說（下），辛長青，大同日報，2010 年 7 月 9 日第 11 版。

53. 善化寺，何莉莉，五臺山研究，2010 年第 3 期。

54. 善化寺大雄寶殿脊榑增長構造與《營造法式》制度之比較，白志宇，古建園林技術，2005 年第 2 期。

55. 女眞逝夢——崇福寺，宋慧明，中國民族報，2005 年 9 月 16 日。

56. 梁架獨特的金代朔州崇福寺觀音殿，王劍、趙兵兵，遼寧工學院學報，2007 年第 6 期。

57. 以管窺豹 猶有一得——山西朔州崇福寺彌陀殿木大作營造尺及比例初探，林哲，古建園林技術，2002 年第 3 期。

58. 山西省定襄縣關王廟大殿建築，任青田，古建園林技術，2006 第 4 期。

59. 金代石造無梁殿——清徐香岩寺，溫静，中國民族報，2006 年 6 月 13 日。

60. 晉城金代古戲臺概說，趙建斌、段文昌、任惠霞、劉文斌，文物世界，2008 年第 5 期。

61. 陵川龍岩寺金代建築及金代文物，張馭寰，文物，2007 年第 3 期。

62. 渾源荊莊大雲寺大雄寶殿勘測報告，常學文、孫書鵬，文物世界，2004 年第 6 期。

63. 山西長子慈林鎮布村玉皇廟，徐怡濤、蘇林，文物，2009 年第 6 期。

64. 從金代廟圖看中嶽廟建築佈局，王雪寶，鄭州日報，2008 年 5 月 7 日。

65. 淶源閣院寺文殊殿完好保存原貌，新華每日電訊，2003 年 4 月 27 日。

66. 閣院寺文殊殿，苗衛鍾、郭建永，河北畫報，2009 年第 3 期。

67. 世所僅見的遼代佛寺建築，周德倉，西藏日報，2002 年 8 月 1 日。

68. 遼代古剎奉國寺，今日遼寧，2005 年第 3 期。

69. 遼代藝術傑作 義縣奉國寺，王飛，中國文化遺產，2008 年第 3 期。

70. 奉國寺概述，王飛，遼東史地，2006 年第 2 期。

71. 遼代皇家寺院——奉國寺，王飛，遼金歷史與考古（第一輯），遼寧教育出版社，2009 年。

72. 義縣奉國寺，喬建國，蘭臺世界，2004 年第 2 期。

73. 義縣奉國寺：一座遼代古建築的企盼，張雙碧、陳霞，中國文物報，2008 年 6 月 6 日總第 1629 期第 3 版。

74. 奉國寺始建年代及建因芻議，張連義，東北史研究，2005 年第 4 期。

75. 義縣奉國寺始建歷史探析，邵恩庫，東北史研究，2010 年第 4 期。

76. 寶貴的文化遺產義縣奉國寺，高昱星，中國地名，2005 年第 3 期。

77. 奉國寺中軸線院落復原的空間構成，王劍、趙兵兵，華中建築，2010 年第 12 期。

78. 遼寧義縣奉國寺大雄殿建築彩畫，白鑫，中國書畫，2009 年第 3 期。

79. 天下獨絕的獨樂寺，柴福善，人民日報海外版，2006 年 12 月 1 日。

80. 「以柔克剛」的千歲獨樂寺──探尋我國現存最古老、最大的閣式木結構建築之瑰，中國經濟導報，2008 年 4 月 10 日。

81. 也談義縣奉國寺大雄殿大木尺度設計方法──與溫玉清先生討論，劉暢、孫闖，故宮博物院院刊，2009 年第 4 期。

82. 獨樂寺遼代建築結構分析及計算模型簡化，劉妍、楊軍，東南大學學報（自然科學版），2007 年第 5 期。

83. 遼代阜新佛教第一寺，暴風雨，滿族研究，2002 年第 3 期。

84. 遼代阜新佛教第一寺，暴風雨，阜新遼金史研究（第五輯），中國社會出版社，2002 年。

85. 我國唯一保存最好的遼代石窟──真寂之寺，李富，內蒙古日報（漢），2006 年 6 月 2 日。

86. 宋金時期的北石窟寺，劉治立，敦煌學輯刊，2002 年第 2 期。

87. 北石窟寺宋金遊人題記賞析，宋文玉、劉治立，絲綢之路，2003 年第 1 期。

88. 甘肅合水安定寺石窟調查簡報，董廣強、魏文斌，敦煌研究，2010 年第 4 期。

89. 合水平定川石窟群，張寶璽，隴右文博，2003 年第 1 期。

90. 香山道上話永安，陸元，中國檔案報，2005 年 12 月 2 日。

91. 金章宗的「西山八大水院」考，張寶貴，北京經濟報，2001 年 2 月 14 日。

92. 金章宗西山八大水院考，苗天娥、景愛，遼金史研究通訊，2009 年第 1、2 期。

93. 金章宗西山八大水院考（上、下），苗天娥、景愛，文物春秋，2010 年第 4、5 期。

94. 遼代建築藝術的奇葩──天寧寺塔，劉崇譽，北京檔案，2002 年第 7 期。

95. 北京天寧寺塔，李乾朗，紫禁城，2010 年第 11 期。

96. 密雲冶仙塔歷史簡記，李大儒、楊金聲，北京文史，2003 年第 2 期。

97. 靈光寺招仙塔，高繼宗，城市與減災，2007 年第 1 期。

98. 北京・八大處の諸仏塔（上）：長安寺と靈光寺，松木民雄，北海道東海大學紀要，人文社會科學系（16），北海道東海大學，2004 年 3 月。

99. 八大處遼塔刻緣起偈，趙志欣、項學志，首鋼日報，2004 年 1 月 2 日總第 3887 期。

100. 走近銀山塔林，李平，大眾科技報，2002 年 3 月 10 日。

101. 專家認為佛舍利五重寶塔的原址應在北京靈光寺，馮國，中國民族報，2008 年 1 月 29 日。

102. 佛舍利五重寶塔，專家基本認定屬遼代，馮國，新華每日電訊，2008 年 4 月 30 日。

103. 佛舍利五重寶塔身世之謎，萌萌，中國檔案報，2008 年 2 月 22 日。

104. 佛舍利五重塔回來了，魏剛，北京科技報，2008 年 2 月 18 日。

105. 五重舍利寶塔研究中的幾個問題，文軍，文博，2009 年第 1 期。

106. 河北遼代古塔建築藝術初探，田林、林秀珍，文物春秋，2003 年第 6 期。

107. 河北遼塔設計藝術特色初探，劉蘊忠、楊瑞，河北科技大學學報（社會科學版），2009 年第 4 期。

108. 從燕趙遼塔中尋覓河北的建築文化，楊瑞、劉蘊忠，工程建設與設計，2006 年第 9 期。

109. 涿州智度寺塔初探，田林、楊昌鳴，文物，2004 年第 5 期。

110. 涿州智度寺塔初探，田林、鄭利軍，古建園林技術，2005 年第 3 期。

111. 涿州智度寺塔的史源學考證，曹汛，建築師，2007 年第 2 期。

112. 智度寺塔遊人題跡，張長占、劉淑敏，文物春秋，2009 年第 5 期。

113. 涿州雲居寺初考，楊衛東，文物春秋，2007 年第 3 期。

114. 涿州雲居寺塔的年代學考證，曹汛，建築師，2007 年第 1 期。

115. 涿州永安寺遼代佛塔，黃涿生，文物春秋，2007 年第 3 期。

116. 遼代涿州地區的佛教邑會活動——永樂村石塔考略，楊衛東，文物春秋，2007 年第 3 期。

117. 易縣尋塔——尋訪河北古村古鎮（六），朱俊，當代人，2008 年第 9 期。

118. 關於塔子城塔倒始末及大安七年殘刻的補充，王坤，理論觀察，2007 年第 4 期。

119. 農安遼塔，馬洪，人民日報海外版，2002 年 9 月 5 日。

120. 巍巍遼塔屹人間 農安上下美名傳，趙翠紅，中國地名，2001 年第 3 期。

121. 遼寧遼塔概覽，遼塔，遼寧記憶，2009 年試刊號。

122. 瀋陽白塔堡白塔年代辨疑，馮永謙，北方文物，2001 年第 3 期。

123. 遼陽白塔考辯，王文軼，遼東史地，2006 年創刊號。

124. 遼陽白塔的考證，趙龍珠、王瑩，民營科技，2010 年第 3 期。

125. 遼陽白塔 千年國寶 流光碧漢，今日遼寧，2008 年第 3 期。

126. 遼寧廣祐寺與白塔，汪亞青，友報，2008 年 6 月 27 日。

127. 遼代佛教和朝陽北塔，楊曾文，中國宗教，2007 年第 10 期。

128. 遼代的佛教和朝陽北塔，楊曾文，法音，2008 年第 3 期。

129. 寺塔悠悠 于彼朝陽——遼寧朝陽佛教勝蹟記，楊君，中國宗教，2006 年第 12 期。

130. 朝陽北塔，朝陽日報，2008 年 9 月 18 日。

131. 朝陽北塔考，向井祐介，遼文化・遼寧省調查報告書：京都大學大學院文學研究科 21 世紀 COE プログラム「グローバル時代の多元的人文學の拠點形成」，京都大學大學院文學研究科，2006 年。

132. 朝陽北塔考——從佛塔和墓制看遼代的地域，（日）向井祐介著，姚義田譯，遼寧省博物館館刊（第三輯），遼海出版社，2008 年。

133. 朝陽北塔に現れた遼仏教の一側面，大原嘉豊，遼文化・遼寧省調查報告書：京都大學大學院文學研究科 21 世紀 COE プログラム「グローバル時代の多元的人文學の拠點形成」，京都大學大學院文學研究科，2006 年。

134. 朝陽遼代黃花灘塔，王劍、趙志偉，遼金歷史與考古（第二輯），遼寧教育出版社，2010 年。

135. 鞍山地區金代古塔初探，賈傑、張旗、王立偉，遼金歷史與考古（第一輯），遼寧教育出版社，2009 年。

136. 禪修寶剎藏幣迷霧 稱帝伽藍古塔疑雲，王世奎，鞍山社會科學，2004 年第 1 期。

137. 從海城三塔觀析木地區重要的歷史地位，郭東升，遼金歷史與考古（第一輯），遼寧教育出版社，2009 年。

138. 前衛歪塔傾斜度堪稱世界第一，遼商，中國礦業報，2007 年 5 月 19 日。

139. 千年八塔── 契丹人構築的壯美，周鐵鈞，民族論壇，2007 年第 3 期。

140. 北鎮遼代崇興寺雙塔述略，孫軍，遼東史地，2007 年第 1 期。

141. 崇興寺雙塔 遼代禪塔雙標，今日遼寧，2005 年第 3 期。

142. 雙塔及崇興寺，鄭景勝，遼代北鎮，北鎮市文化體育局，2009 年。

143. 關於崇興寺和崇興寺雙塔的一些問題，劉振光，遼代北鎮，北鎮市文化體育局，2009 年。

144. 千山靈巖寺考──《〈鴨江行部志〉注釋》補正，張士尊，北方文物，2010 年第 4 期。

145. 凡城雙塔研究，周向永，遼金歷史與考古（第二輯），遼寧教育出版社，2010 年。

146. 金塔與金塔寺初探，賈傑、張旗，遼金歷史與考古（第二輯），遼寧教育出版社，2010 年。

147. 喀左大城子塔，劉雅婷、王劍，遼金歷史與考古（第二輯），遼寧教育出版社，2010 年。

148. 遼中京大塔，王建國，遼東史地，2006 年第 2 期。

149. 遼中京大明塔上的密宗圖案，杭侃，宿白先生八秩華誕紀念文集，文物出版社，2002 年。

150. 契丹（遼）の立體曼荼羅──中京大塔初層壁面の語るもの，藤原崇人，仏教史學研究（52－1），仏教史學會，2009 年 10 月。

151. 遼慶州白塔，薩其拉圖，人民日報海外版，2002 年 12 月 26 日。

152. 慶州白塔，人與生物圈，2002 年第 4 期。

153. 慶州白塔建立の謎をさぐる，古松崇志，遼文化・遼寧省調查報告書：京都大學大學院文學研究科 21 世紀 COE プログラム「グローバル時代の多元的人文學の拠點形成」，京都大學大學院文學研究科，2006 年。

154. 破解慶州白塔建立之謎──11 世紀契丹皇太后奉納的佛教文物，（日）古松崇志著，姚義田譯，遼金歷史與考古（第二輯），遼寧教育出版社，2010 年。

155. 慶州城「白塔」覺書.1，上原眞人，遼文化・慶陵一帶調查報告書：京都大學大學院文學研究科 21 世紀 COE プログラム：グローバル化時代の多元的人文學の拠點形成，京都大學大學院文學研究科，2005 年。

156. 慶州の白塔とシャルトル大聖堂，川添信介，遼文化・慶陵一帶調查報告書：京都大學大學院文學研究科 21 世紀 COE プログラム：グローバル化時代の多元的人文學の拠點形成，京都大學大學院文學研究科，2005 年。

157. 莊嚴的「奉陵塔」——釋迦佛舍利塔，何天明，西部資源，2009 年第 1 期。

158. 青城白塔露「眞身」，丁銘、趙海軍，內蒙古日報，2005 年 6 月 21 日。

159. 白塔遼代、蒙元文化、及其它文化考究，文立中，（臺灣）綏遠文獻（第 33 期），2009 年 12 月。

160. 神秘野史的萬部華嚴經塔，那木斯來、何天明，內蒙古日報，2007 年 2 月 5 日。

161. 萬部華嚴經塔，李愛武、劉之遠，內蒙古畫報，2007 年第 1 期。

162. 蘊藏愛情傳說的南塔與北塔，那木斯來、何天明，內蒙古日報（漢），2006 年 12 月 30 日。

163. 現存最高的古代木結構建築——應縣木塔，楊鴻勳，科學之友，2007 年第 9 期。

164. 珍貴的歷史見證 ——略談應縣釋迦塔的歷史和文化價值，馮巧英，釋迦塔與中國佛教，宗教文化出版社，2009 年。

165. 應縣佛宮寺釋迦塔藝術探微，程乃蓮、張敏，山西大同大學學報（社會科學版），2010 年第 6 期。

166. 應縣佛宮寺釋迦塔漫說，李振明，科教文匯（中旬刊），2007 年第 3 期。

167. 山西應縣佛宮寺遼釋迦木塔，梁思成，建築創作，2006 年第 4 期。

168. 佛宮寺釋迦塔與中國樓閣建築，洪海軍，文物世界，2005 年第 2 期。

169. 應縣大木塔始建年代疑蹤補析（上），徐德富，朔州日報，2007 年 4 月 7 日。

170. 應縣木塔，科學時報，2003 年 3 月 21 日。

171. 應縣木塔，科學先驅報，2001 年 7 月 13 日。

172. 中國古代建築瑰寶——應縣木塔，築龍，重慶建築，2009 年第 7 期。

173. 中國的比塞塔——應縣木塔，淩瑩，初中生輔導，2006 年第 17 期。

174. 古塔明珠——應縣木塔，徐景達，城市開發，2004 年第 12 期。

175. 應縣木塔 經世絕倫，趙雲，建設科技，2004 年增刊第 2 期。

176. 山西應縣木塔的尺度規律，肖旻，西南交通大學學報，2004 年第 6 期。

177. 世界瑰寶——應縣釋迦塔，子欣，滄桑，2004 年第 6 期。

178. 守望應縣木塔，帥政、高寒，（香港）瞭望，2002 年第 31 期。

179. 巍巍壯觀的古老木塔，興元、曉衛，中國經濟導報，2002 年 5 月 25 日。

180. 巍峨壯觀的應縣木塔，興元、曉衛，中國民族報，2002 年 5 月 17 日。

181. 應縣木塔還要撐多久？李彬、起疊，中國旅遊報，2002 年 6 月 5 日。

182. 應縣木塔 一千年的問，施穎，風景名勝，2006 年第 11 期。

183. 千年佛塔在等待，陳芳、高風、原碧霞，中國民族報，2006 年 10 月 31 日。

184. 應縣木塔巍巍壯觀，興元、曉衛，人民日報海外版，2003 年 10 月 2 日。

185. 世界最高木塔千年不倒，鍾新，西部時報，2004 年 1 月 7 日。

186. 堪稱世界一絕的木塔，金磊，城鄉建設，2003 年第 1 期。

187. 應縣木塔七大奇觀，李世溫，釋迦塔與中國佛教，宗教文化出版社，2009 年。

188. 神奇的應縣木塔，古建，建築知識，2002 年第 1 期。

189. 梁思成林徽因與應縣木塔，祝大同，文史月刊，2002 年第 7 期。

190. 山西應縣木塔要過 950 歲生日，王保真、張玉蘭、豐科成，中國產經新聞報，2006 年 5 月 25 日。

191. 玲瓏木塔逾千秋，田瞳，絲綢之路，2002 年第 1 期。

192. 守望應縣木塔，帥政、高寒，瞭望，2002 年第 31 期。

193. 走近大木塔，文炫，文物世界，2001 年第 5 期。

194. 應縣釋迦塔的「謎」，高風、原碧霞，中國民族報，2008 年 5 月 6 日。

195. 海內浮屠第一工——應縣釋迦塔，馬良，中國民族報，2008 年 5 月 6 日。

196. 應縣木塔本名叫做釋迦塔，張世輝，中國民族報，2008 年 5 月 6 日。

197. 關於應縣木塔研究的思考，呂舟，中國文物報，2007 年 2 月 23 日總第 1498 期第 3 版。

198. 應縣木塔離世界文化遺產還有多遠？關明、趙彬花，工人日報，2010 年 5 月 30 日第 1 版。

199. 應縣木塔千年斜而不倒之謎，游雪晴，科學大觀園，2005 年第 21 期。

200. 千年木塔爲何斜而不倒？，游雪晴，科技日報，2005 年 9 月 22 日。

201. 應縣木塔千年不倒，吳若峰、侯力岩，旅遊，2006 年第 2 期。

202. 應縣木塔抗災「長壽」秘訣，本刊編輯部，中國經濟導報，2008 年 5 月 22 日。

203. 試談剛柔相濟的應縣木塔，田子俊，中國文物報，2009 年 2 月 13 日總第 1699 期第 8 版。

204. 淺談應縣木塔匾額裝飾的美學特點，楊仲文，呂梁教育學院學報，2006 年第 2 期。

205. 山西應縣木塔建於遼代的又一左證——元好問的幾首吟應縣木塔詩，杜成輝，北方文物，2005 年第 2 期。

206. 關於應縣釋迦塔的建造年代，王榮國，釋迦塔與中國佛教，宗教文化出版社，2009 年。

207. 從《登應州寶宮寺木塔》詩看木塔非建於遼清寧二年，馬永勝，朔州日報，2006 年 11 月 11 日。

208. 應縣木塔地基工程地質勘測與分析，魏劍偉、李鐵英、張善元、李世溫，工程地質學報，2003 年第 1 期。

209. 中國山西應縣木塔塔基岩土工程特徵，楊欣榮、沈可、張進軍，科學之友（B 版），2005 年增刊第 1 期。

210. 應縣木塔斗栱力學性能及簡化分析模型的研究，陳韋，揚州大學碩士學位論文，2010 年。

211. 山西應縣木塔與歷史地震，李大華、徐揚、鄭鵠，山西地震，2003 年第 1 期。

212. 應縣木塔地震影響分析，魏劍偉、李世溫，太原理工大學學報，2003 年第 5 期。

213. 山西應縣木塔在地震科學研究中的地位和意義，劉光勳，山西地震，2002 年第 4 期。

214. 應縣木塔殘損特徵的分析研究，魏德敏、李世，華南理工大學學報（自然科學版），2002 年第 11 期。

215. 應縣木塔普柏枋和梁栿節點殘損機理分析，王林安、樊承謀、付清遠，古建園林技術，2008 年第 2 期。

216. 木結構雙參數地震損壞準則及應縣木塔地震反應評價，李鐵英、魏劍偉、張善元、李世溫，建築結構學報，2004 年第 2 期。
217. 淺析天寧寺三聖塔的建築特色及人文價值，王夢林、楊衛波，科教文匯（上旬刊），2009 年第 1 期。

（二）碑刻、墓誌

1. 遼代石刻概述，景愛、孫文政，北方文物，2008 年第 1 期。
2. 遼代石刻檔案研究，趙彥昌、王紅娟，遼金歷史與考古（第二輯），遼寧教育出版社，2010 年。
3. 略述遼宋夏金元時期中國少數民族文字石刻檔案，唐雯，檔案與建設，2010 年第 11 期。
4. 遼代石刻文補議，向南，遼金契丹女真史研究（總第 34 期），2004 年。
5. 遼代石刻文淺議，向南，遼金史研究，吉林大學出版社，2005 年。
6. 遼代石刻文補議，向南，遼金史論集（第十一輯），吉林文史出版社，2008 年。
7. 契丹·遼代石刻文の調查，武田和哉、高橋學而、澤本光弘，北東アジア中世遺蹟の考古學的研究·平成 15、16 年度研究成果報告書，札幌學院大學人文學部，2005 年 3 月。
8. 北京地區的遼金石刻，伊葆力，北京遼金文物研究，北京燕山出版社，2005 年。
9. 北京地區的遼金石刻，伊葆力，金代碑石叢稿，中州古籍出版社，2004 年。
10. 北京地區的遼金石刻，伊葆力，遼金文物擷英，（美國）逍遙出版社，2005 年。
11. 奚族碑刻概說，周峰，赤峰學院學報（漢文哲學社會科學版），2009 年第 9 期。
12. 房山遼代石刻敘錄，邢景旺，北京遼金文物研究，北京燕山出版社，2005 年。
13. 遼代墓誌校勘補述四例，李宇峰，遼寧省博物館館刊（第三輯），遼海出版社，2008 年。
14. 金代石刻概述，景愛，北方文物，2009 年第 4 期。

15. 金代石刻刻工考略，王新英，博物館研究，2010 年第 1 期。

16. 北京金代石刻目錄，伊葆力，金代碑石叢稿，中州古籍出版社，2004 年。

17. 金代碑石校讀，薛瑞兆，北京遼金文物研究，北京燕山出版社，2005 年。

18. 金代碑石上的任詢書跡，伊葆力，遼金文物擷英，（美國）逍遙出版社，2005 年。

19. 北京房山雲居寺唐代古井出土千年石經及遼代碑刻，王豔華，中國文物報，2005 年 4 月 15 日總第 1309 期。

20. 雲居寺出土遼代碑刻，北京日報，2005 年 4 月 10 日。

21. 《暘臺山清水院藏經記》碑考述，孫榮芬、宣立品、張蘊芬，北京遼金文物研究，北京燕山出版社，2005 年。

22. 遼上京博物館徵集到罕見遼代殘碑，劉寶林，內蒙古日報，2008 年 9 月 24 日。

23. 遼《建冢塔記》殘碑考釋，金永田，北方文物，2010 年第 2 期。

24. 內蒙古寧城縣發現遼代《大王記結親事》碑，李義，考古，2003 年第 4 期。

25. 赤峰博物館徵集四塊金代石刻，劉冰，內蒙古文物考古，2009 年第 2 期。

26. 神池發現遼代石碑，楊峻峰，忻州日報，2007 年 10 月 7 日。

27. 神池縣遼代清寧七年《佛殿之碑》，張芯宏，五臺山，2009 年第 4 期。

28. 遼大安七年刻石，劉德珍，黑龍江科技信息，2010 年第 36 期。

29. 門頭溝出土金代墓碑，周光軍、姚寶良、詹京建，北京娛樂信報，2001 年 7 月 9 日。

30. 金元昌平崔村鑼鈸邑碑考釋，楊廣文、邢軍、周峰，中國歷史文物，2004 年第 1 期。

31. 金昊天寺妙行大師行狀碑考，郝武華，遼金歷史與考古（第二輯），遼寧教育出版社 2010 年。

32. 金代《圓通全行大師碑》文考——兼論遼金時代的昌平劉氏，齊偉，遼金歷史與考古（第二輯），遼寧教育出版社，2010 年。

33. 金史五則，周峰，黑龍江社會科學，2002 年第 2 期。

34. 阿骨打與「大金碑」，李信，吉林日報，2005 年 11 月 4 日。

35. 吉林省扶餘金代「得勝陀碑」立石原委初探，周平，博物館研究，2007 年第 4 期。

36. 「大金得勝陀頌」碑考據，孟凡明，山東大學碩士學位論文，2009 年。

37. 雙城縣劉氏明堂碑考略，伊葆力，遼金文物摭英，（美國）逍遙出版社，2005 年。

38. 雙城縣劉氏明堂碑考略，伊葆力，金代碑石叢稿，中州古籍出版社，2004 年。

39. 完顏翰魯神道碑殘石考略，伊葆力，哈爾濱學院學報，2005 年第 6 期。

40. 完顏斡魯神道碑殘石考略，伊葆力，遼金文物摭英，（美國）逍遙出版社，2005 年。

41. 完顏斡魯神道碑殘石考略，伊葆力，金代碑石叢稿，中州古籍出版社，2004 年。

42. 阿城金代貴族墓碑的發現和考證，王久宇、王錯，北方文物，2007 年第 4 期。

43. 黑龍江省阿城市發現金源郡王完顏公神道殘碑，栗楊，黑龍江民族叢刊，2004 年第 1 期。

44. 阿城金源郡王神道殘碑的初步研究，張泰湘、仇偉，黑龍江民族叢刊，2004 年第 4 期。

45. 完顏斡魯墓碑史事考述，王久宇、李衛星，哈爾濱學院學報，2007 年第 3 期。

46. 完顏斡魯墓碑碑額考釋，王久宇，哈爾濱學院學報，2008 年第 4 期。

47. 完顏斡魯墓碑碑額考釋，王久宇，金上京文史論叢（第二集），哈爾濱出版社，2008 年。

48. 康泰眞墓碑，武麗青，蘭臺世界，2004 年第 3 期。

49. 《大遼興中府安德州創建靈巖寺碑銘並序》與遼代朝陽禪宗，徐效慧，遼金歷史與考古（第二輯），遼寧教育出版社，2010 年。

50. 金明昌三年《宜州大奉國寺續裝兩洞賢聖題名記》碑考，孫軍，遼東史地，2006 年第 2 期。

51. 奉國寺金明昌碑考釋，劉儉、邵恩庫，遼金歷史與考古（第二輯），遼寧教育出版社，2010 年。

52. 淺釋遼寧北票出土的四方金元墓碑，陳金梅，遼寧省博物館館刊（第四輯），遼海出版社，2009 年。

53. 凡河新城區建設工地發現金代石碑，周向永，鐵嶺日報，2007 年 7 月 21 日。

54. 巴林右旗發現金代《儀制》碑，朝格巴圖，北方文物，2005 年第 4 期。

55. 滎陽、沁縣、交城現存確認金元碑目錄，舩田善之、井黑忍、飯山知保，（日本）13、14 世紀東アジア史料通信（第 2 號），2004 年。

56. 陝西・山西訪碑行報告（附：陝西・山西訪碑行現存確認金元碑目錄），飯山知保、井黑忍、舩田善之，史滴（第 24 號），2002 年 12 月。

57. 2003 年河南・山西訪碑行報告，舩田善之，13、14 世紀東アジア史料通信（2），2004 年 12 月。

58. 山西・河南訪碑行報告，舩田善之、井黑忍、飯山知保，大谷大學史學論究（11 號），2005 年 3 月。

59. 北鎮訪碑行報告，飯山知保、井黑忍、船田善之，史滴（第 28 號），2006 年 12 月。

60. 中國山西省北部における金元石刻の調查・整理と研究，舩田善之、井黑忍、飯山知保，三島海雲記念財團研究報告書（第 45 號），2008 年。

61. 河東訪碑行報告（含河東訪碑行現存確認金元碑目錄），井黑忍、舩田善之、飯山知保、小林隆道，九州大學東洋史論集（38 卷），2010 年 4 月。

62. 金元代石刻史料集——靈巖寺碑刻，桂華淳祥，眞宗總合研究所研究紀要（23 號），2006 年。

63. 山西省潞城縣李莊文廟金元三碑，高橋文治，大阪大學大學院文學研究科紀要（44 號），2004 年 3 月。

64. 《大金西京武州山重修大石窟寺碑》小議，張焯，中國文物報，2005 年 4 月 1 日總第 1305 期。

65. 雲岡「十寺」的興廢沿革——金・「曹衍碑」對遼金寺廟文化的啓迪，趙一德，遼金史研究，中國文化出版社，2003 年。

66. 遼金西京善化寺「金碑」的文化研究，王建舜，山西大同大學學報（社會科學版），2008 年第 5 期。

67. 千古流芳朱弁碑，叢燕麗，山西日報，2005 年 9 月 20 日。

68. 大同善化寺「朱弁碑」及其相關的幾個問題，李振明，山西大同大學學報（社會科學版），2010 年第 4 期。

69. 一座不容忽視的出版史料碑——從《雕藏經主重修大陰寺碑》看《金藏》募刻的主要人物，咸增強，運城學院學報，2010 年第 3 期。

70. 大同金代張澄石棺銘跋，劉未，山西大同大學學報（社會科學版），2009 年第 3 期。

71. 解州版《金藏》募刻的重要文獻——雕藏經主重修大陰寺碑碑考釋，王澤慶，文物世界，2003 年第 4 期。

72. 山西洪洞縣水利碑考—金天眷二年都總管鎮國定兩縣水碑の事例，井黑忍，史林（第 87 卷第 1 號），2004 年。

73. 「閒田」的現代啓沃——金史天驥《虞芮二君讓德記》碑探，馬重陽，運城學院學報，2003 年第 1 期。

74. 山西省潞城縣李莊文廟金元三碑，高橋文治，大阪大學大學院文學研究科紀要（44），2004 年。

75. 關於陝北金代界碑，王達津，東北史研究動態，2001 年第 2 期。

76. 法門寺出土金代香雪堂碑，張恩賢，文博，2001 年第 2 期。

77. 新發現的固縣村金代牒文碑，秦鳳嵐，銅川日報，2008 年 5 月 13 日。

78. 洛河流域發現金代石刻題記，原建軍、張平、呼延朔璟，西安日報，2008 年 7 月 29 日。

79. 隴西西關坪出土金代郭氏地券，張紅霞，隴右文博，2001 年第 2 期。

80. 河北磁縣發現金代鴻儒趙秉文撰並書題額碑，徐繼紅、王榮清、王永亮，中國文物報，2008 年 7 月 16 日總第 1640 期第 5 版。

81. 神聖化與世俗化——以《大金沃州柏林禪院三千邑眾碑》為例，王雷泉，中國禪學（第 1 卷），中華書局，2003 年。

82. 大塢發現金代石刻，李娜、呂文兵，滕州日報，2010 年 12 月 23 日 A05 版。

83. 金完顏希尹神道碑研究述略，穆崟臣、穆鴻利，北方文物，2010 年第 2 期。

84. 淺議「貞憲王完顏公神道碑」撰文之特點，姚媛、熊藝鈞，黑河學刊，2010 年第 6 期。

85. 金《完顏希尹神道碑》拓本考略，秦明，故宮博物院院刊，2007 年第 4 期。

86. 對《吉林省文物志》收載的《完顏婁室神道碑文》的幾點訂補評論推薦，張建宇，博物館研究，2009 年第 4 期。

87. 關於金刻金拓《重修蜀先主廟碑》冊，陶喻之，碑林集刊（七），陝西人民美術出版社，2001 年。

88. 對西安市東郊唐墓出土契丹王墓誌的解讀，葛承雍，考古，2003 年第 9 期。

89. 後晉石重貴石延煦墓誌銘考，都興智、田立坤，文物，2004 年第 11 期。

90.《大契丹國東京太傅相公墓誌銘並序》考釋，梁萬龍，中國古都研究（第 18 輯上冊），國際華文出版社，2002 年。

91.《大契丹國東京太傅相公墓誌銘並序》考釋，梁萬龍，內蒙古大學學報（人文社會科學版），2002 年第 3 期。

92. 耶律羽之墓誌銘考證，蓋之庸，北方文物，2001 年第 1 期。

93. 耶律羽之墓誌銘文釋譯，建宇、中澍，北方民族，2005 年第 3 期。

94. 遼代蕭烏盧本等三人的墓誌銘考釋，劉鳳翥、唐彩蘭、高娃，文史，2004 年第 2 期。

95. 遼秦國人妃晉國王妃墓誌考，萬雄飛，文物，2005 年第 1 期。

96. 遼《蕭興言墓誌》和《永寧郡公主墓誌》考釋，劉鳳翥、唐彩蘭，燕京學報（新第 14 期），北京大學出版社，2003 年。

97. 遼代漢文《永清公主墓誌》考釋，袁海波、李宇峰，中國歷史文物，2004 年第 5 期。

98. 遼《故聖宗皇帝淑儀贈寂善大師墓誌銘》考釋，郝維彬，考古學集刊（14），文物出版社，2004 年。

99. 遼寧朝陽縣發現遼代茹雄文墓誌，杜曉紅，遼寧省博物館館刊（第二輯），遼海出版社，2007 年。

100. 遼代漢文《耶律仁先墓誌》考釋，李宇峰，遼寧省博物館館刊（第五輯），遼海出版社，2010 年。

101. 近年慶陵出土遼代墓誌補證，蓋之庸，內蒙古文物考古，2002 年第 1 期。

102. 遼《耶律元寧墓誌銘》考釋，劉浦江，考古，2006 年第 1 期。

103.《耶律元寧墓誌》補正，唐玉萍，北方文物，2005 年第 4 期。

104. 耶律宗福墓誌淺探，王青煜，遼上京研究論文選，政協巴林左旗委員會，2007 年。

105. 耶律宗福墓誌淺談，王青煜，首屆遼上京契丹・遼文化學術研討會論文集，內蒙古文化出版社，2009 年。

106. 遼耶律宗願墓誌釋文商榷，王昕，中國歷史文物，2004 年第 5 期。

107. 遼蕭孝恭蕭孝資墓誌銘考釋，賈鴻恩、李俊義，北方文物，2006 年第 1 期。

108. 蕭琳墓誌銘考釋，關麗娟，內蒙古民族大學學報（社會科學版），2007 年第 4 期。

109. 平泉縣馬架子發現的遼代墓誌，張守義，文物春秋，2006 年第 3 期。

110. 奚王蕭福延墓誌三題，陳曉偉，宋史研究論叢（第十一輯），河北大學出版社，2010 年。

111. 遼《耿崇美墓誌考》，張力、韓國祥，遼寧省博物館館刊（第一輯），遼海出版社，2006 年。

112. 《遼興軍衙內馬步軍都指揮使韓府君墓誌銘》的史學價值，劉建國、羅炳良，中國少數民族史學研究，北京圖書館出版社，2008 年。

113. 北京地區遼金墓誌研究，魏婧，中國人民大學博士學位論文，2008 年。

114. 讀遼《王師儒墓誌》札記——兼話耶律儼《實錄》，趙其昌，首都博物館叢刊（2008 年），北京燕山出版社，2008 年。

115. 遼《王師儒墓誌》考釋，李宇峰，遼金歷史與考古（第二輯），遼寧教育出版社，2010 年。

116. 遼代《李繼成暨妻馬氏墓誌銘》考釋，周峰，北京文博，2002 年第 3 期。

117. 遼代杜悆墓誌銘考釋，周峰，博物館研究，2003 年第 1 期。

118. 遼杜悆墓誌考，陳康，北京文物與考古（第五輯），北京燕山出版社，2002 年。

119. 杜悆與韓氏家族，陳康，首都博物館叢刊（16 輯），北京燕山出版社，2002 年。

120. 遼孟初墓誌考，邢景旺，北京遼金文物研究，北京燕山出版社 2005 年。

121. 遼孟初墓誌考補正，李宇峰，遼金歷史與考古（第一輯），遼寧教育出版社，2009 年。

122. 垃圾堆裏埋著遼代墓碑，郭志霞，北京娛樂信報，2003 年 5 月 21 日。

123. 鄭頡墓誌考，任秀俠，北京文博，2003 年第 4 期。

124. 遼代李文貞墓誌初考，王玉亭，東北史研究，2007 年第 4 期。

125. 李文貞墓誌初考，王玉亭，首屆遼上京契丹・遼文化學術研討會論文集，內蒙古文化出版社，2009 年。

126. 《耿崇美墓誌銘》校勘，劉鳳翥，遼金歷史與考古（第二輯），遼寧教育出版社，2010 年。

127. 遼代康文成墓誌再考，王玉亭，北京文博，2008 年第 3 期。

128. 契丹丁求謹墓誌及相關問題略考，焦晉林，北京文博，2009 年第 1 期。

129. 遼許從贇墓誌略考，曹彥玲、王銀田，文物世界，2009 年第 6 期。

130. 遼許從贇墓誌銘考釈－燕雲地域獲得直後における雲州の樣相を考察する手掛かりとして，工藤壽晴，白山史學（第四十五號），2009 年。

131. 庫倫旗出土一方遼代墓誌，武亞琴、孟祥昆，北方文物，2005 年第 1 期。

132. 關於圓慧大師玄福墓誌之淺見，葛華廷，赤峰日報，2006 年 2 月 18 日。

133. 劉從信墓誌考釋，都興智，中國歷史文物，2006 年第 1 期。

134. 《遼寧碑誌》所述遼代墓誌補正，李宇峰，遼寧省博物館館刊（第二輯），遼海出版社，2007 年。

135. 王敦裕墓誌重校，向南，遼金契丹女真史研究（總第 34 期），2004 年。

136. 王敦裕墓誌重校，向南，遼金史論集（第十一輯），吉林文史出版社，2008 年。

137. 《宣以迴紇國國信使墓誌》考釋，都興智，北方文物，2010 年第 3 期。

138. 五塔寺藏《大金故金紫光祿大夫烏古論公墓誌銘》小考，王興家，中國藝術報，2005 年 8 月 5 日。

139. 金代蕭公建家族兩方墓誌銘考釋，周峰，北京遼金文物研究，北京燕山出版社，2005 年。

140. 金代《崔憲墓誌銘》考，陳亞洲，北京遼金文物研究，北京燕山出版社，2005 年。

141. 崔憲墓誌銘考，伊葆力，金代碑石叢稿，中州古籍出版社，2004 年。

142. 金代《崔憲墓誌銘》考，伊葆力，遼金文物擷英，（美國）逍遙出版社，2005 年。

143. 石景山八角村金趙勵墓墓誌與壁畫，王清林、周宇，北京文物與考古（第五輯），北京燕山出版社，2002 年。

144. 金代趙公墓誌考，陳康，北京文博，2002 年第 4 期。

145. 北京出土金代東平縣君韓氏墓誌考釋，孫猛，中國歷史文物，2008 年第 4 期。

146. 北京石景山出土金代呂嗣延墓誌考釋，孫猛，北方文物，2009 年第 3 期。

147. 朔州出土金代墓誌，高士英，考古與文物，2001 年第 2 期。

148. 關於《朔州出土金代墓誌》的兩點看法，周錚，考古與文物，2001 年第 3 期。

149. 從朔州出土金代李汝爲墓誌談正隆年號問題，周峰，考古與文物，2003 年第 1 期。

150. 金代張子行墓誌初探，賀勇、劉海文，文物春秋，2002 年第 3 期。

151. 金代張子行墓誌三題，周峰，文物春秋，2002 年第 5 期。

152. 金《周倫墓誌》考證，王鋒鈞、翟春玲，碑林集刊（九），陝西人民美術出版社，2003 年。

153. 遼寧阜新發現金代石氏墓誌，郭添剛、崔嵩、王義，遼寧省博物館館刊（第五輯），遼海出版社，2010 年。

154. 完顏璹佚文《龍泉禪寺言禪師塔銘》，伊葆力，遼金文物擷英，（美國）逍遙出版社，2005 年。

155. 完顏璹佚文《龍泉禪寺言禪師塔銘》，伊葆力，金代碑石叢稿，中州古籍出版社，2004 年。

156. 完顏璹佚文《龍泉禪寺言禪師塔銘》，李速達、矯石，北京遼金文物研究，北京燕山出版社，2005 年。

157. 從朱顏軒冕到雲水高僧——《大金故慧聚寺嚴行大德閒公塔銘》考，伊葆力、盧迎紅、孟一楠，北京文博，2004 年第 1 期。

158. 從紅顏軒冕到雲水高僧——《大金故慧聚寺嚴行大德閒公塔銘》考，伊葆力，金代碑石叢稿，中州古籍出版社，2004 年。

159. 從紅顏軒冕到雲水高僧——《大金故慧聚寺嚴行大德閒公塔銘》考，伊葆力，遼金文物擷英，（美國）逍遙出版社，2005 年。

160. 金代《通慧圓明大師塔銘》再證，方殿春，北方文物，2007 年第 1 期。

161. 金代碑記引出絕世高僧，李晶，西安日報，2006 年 8 月 21 日。

162. 金大定七年瀋州雙城縣北范家莊西山道院宗主禪師石塔考略，許志國，北方文物，2004 年第 3 期。

163. 與《契丹藏》有關的一件石刻——讀遼咸雍四年刊《新贖大藏經建立香幢記》，楊衛東，文物春秋，2007 年第 3 期。

164. 一方金代摹刻的隆興寺千手觀音刻石，杜平、王巧蓮，文物春秋，2003年第 6 期。

165. 金中都梵漢合璧二幢考，吳夢麟、張永強，遼金歷史與考古（第二輯），遼寧教育出版社，2010 年。

166. 雲居寺後院的經幢，張玉泉，北京文物，2003 年第 11 期。

167. 北京雲居寺喜得佛教寶幢，續小玉，中國文物報，2005 年 6 月 3 日總第 1323 期。

168. 遼代經幢現身遷安，陳儒、鐵良，唐山勞動日報，2006 年 11 月 10 日。

169. 固安王龍金代陀羅尼經幢，張曉峰、陳卓然，北京文博，2002 年第 2 期。

170. 定州出土一件金代經幢，楊夢來、閆韶紅，河北日報，2007 年 8 月 9 日。

171. 山西省朔州市敗虎堡發現遼代經幢殘件，翟禹，中國長城博物館，2010年第 4 期。

172. 對錦州市博物館館藏的一件遼代石刻的研究，劉鱺，遼金歷史與考古（第二輯），遼寧教育出版社，2010 年。

173. 遼代朝陽北塔出土的經幢研究，周炅美，東嶽美學史學（韓國），2009年。

174. 遼寧朝陽發現金泰和三年石經幢，李宇峰，博物館研究，2001 年第 1 期。

175. 遼寧凌源發現「大金中都天宮院法師幢記」經幢，馮文學、李宇峰，博物館研究，2003 年第 4 期。

176. 「大金中都天宮院法師幢記」經幢辨，周峰，博物館研究，2004 年第 3 期。

177. 赤峰博物館館藏遼代石幢淺析，劉冰，內蒙古文物考古，2008 年第 2 期。

178. 內蒙古巴林左旗發現遼代殘經幢，張興國，遼寧省博物館館刊（第四輯），遼海出版社，2009 年。

179. 內蒙古巴林左旗發現的金代明堂石銘文試析，張興國，遼寧省博物館館刊（第五輯），遼海出版社，2010 年。

180. 遼上京松山州劉氏家族墓地經幢殘文考釋，李俊義、龐昊，北方文物，2010 年 第 3 期。

181. 對「乾統十年雲門寺經幢記」和「平頂山雲門寺石窟群」考證的補充意見，王未想，首屆遼上京契丹·遼文化學術研討會論文集，內蒙古文化出版社，2009 年。

182. 洪洞縣金代石經幢，張聚林、范忠義、張寶年、劉中平，山西省考古學會論文集（四），山西人民出版社，2006 年。

183. 四面雕菩薩石經幢，劉汝國、張超，中國文物報，2010 年 5 月 5 日總第 1824 期第 3 版。

184. 遼寧朝陽縣石匠山遼、金、元時期的摩崖石刻，遼寧省文物考古研究所，考古，2004 年第 11 期。

185. 寧城縣福峰山「天谷五年」石刻文解讀，胡廷榮、李文，中國歷史文物，2007 年第 4 期。

186. 亞溝摩崖石刻新考，郭長海、趙人，遼金契丹女真史研究，2007 年第 1、2 期。

187. 亞溝摩崖石刻族屬考釋，李秀蓮，北方文物，2010 年第 4 期。

188. 金代呂貞幹摩崖題記考釋，周峰，北京文博，2003 年第 6 期。

189. 昌平金代摩崖石刻考，郭聰、穆長青，北京遼金文物研究，北京燕山出版社，2005 年。

190. 昌平佛岩寺呂貞幹摩崖題記考，伊葆力，遼金文物擷英，（美國）逍遙出版社，2005 年。

191. 昌平佛岩寺呂貞幹摩崖題記考，伊葆力，金代碑石叢稿，中州古籍出版社，2004 年。

192. 北京金代石刻考釋二則，周峰，文物春秋，2003 年第 6 期。

193. 房山孔水洞金代題刻淺析，鮑理、徐佩仁，北京文博，2004 年第 3 期。

194. 房山孔水洞金代摩崖石刻探賾，伊葆力，遼金文物擷英，（美國）逍遙出版社，2005 年。

195. 房山孔水洞金代摩崖石刻探賾，伊葆力，金代碑石叢稿，中州古籍出版社，2004 年。

196. 元好問《御史程君墓表》若干問題考辨，李峰，文物世界，2004 年第 3 期。

197. 呂徵墓表考釋，任秀俠，北京文博，2001 年第 4 期。

198. 阜新縣三塔溝出土紀年刻石，霍玉斌，阜新遼金史研究（第五輯），中國社會出版社，2002 年。

199. 專家論定：「龍脈」刻石對研究金代堪輿學有重要意義，陰祖峰，中華建築報，2007 年 7 月 17 日。

200. 鄧州發現金代末年石刻，秦立鳳，（臺灣）典藏古美術（第 137 期），2004 年 2 月。

201. 趙秉文書《般若波羅密多心經》石刻，許滿貴，中國文物報，2003 年 11 月 26 日總第 1168 期第 7 版。

202. 山西榆社崇勝寺《施地狀刻石》的繫年問題，公維章，晉陽學刊，2009 年第 1 期。

203. 新出金代驛站石刻題記初釋，杜立暉，河北新發現石刻題記與隋唐史研究，河北人民出版社，2006 年。

204. 隴西西關坪出土金代郭氏地券，張紅霞，隴右文博，2001 年第 2 期。

205. 遼陽金正隆五年瓷質「明堂之券」，彭善國、徐戎戎，文物，2010 年第 12 期。

206. 兩篇清初《御製金太祖、世宗陵碑文》考釋，何冠彪，（香港）中國文化研究所學報（第 44 期新第 13 期），2004 年。

207. 說阜昌石刻《禹蹟圖》與《華夷圖》，辛德勇，燕京學報（新二十八期），北京大學出版社，2010 年。

（三）官印、印章

1. 東北地區金代以前古璽印綜考，劉婉，遼寧師範大學碩士論文，2009 年。

2. 北東アジア出土官印集成表（稿），井黑忍，北東アジア中世遺蹟の考古學的研究・平成 15、16 年度研究成果報告書，札幌學院大學人文學部，2005 年 3 月。

3. 兩方遼金官印，李德利，東北史研究動態，2003 年第 1 期。

4. 歸德軍節度印，唐國文、曹英慧，文物，2004 年第 5 期。

5. 「歸德軍節度印」考，唐國文，大慶社會科學，2007 年第 2 期。

6. 遼代「臨潢府軍器庫之印」考，辛蔚，北方文物，2008 年第 1 期。

7. 「契丹節度使印」的年代，葉其峰，中國文物報，2003 年 12 月 3 日 7 版總第 1170 期。

8. 再論「契丹節度使印」的年代，辛蔚，中國文物報，2004 年 8 月 25 日。

9. 中書門下之印，馬洪，人民日報海外版，2003 年 1 月 23 日。

10. 遼代人紐押印管見，王青煜，遼上京研究論文選，政協巴林左旗委員會，2007 年。

11. 遼上京地區出土的印章「高氏之寶」考釋，辛蔚，首屆遼上京契丹・遼文化學術研討會論文集，內蒙古文化出版社，2009 年。

12. 金代遺址出土的雙面官印，李德利，東北史研究動態，2002 年第 2 期。

13. 黑龍江雞東發現的兩方金代官印，孫麗萍，收藏，2007 年第 6 期。

14. 治中之印及賽金古城址行政級別考，A.Л.伊夫里耶夫著，蓋莉萍譯，北方文物，2009 年第 4 期。

15. 近年發現的一些金代官印，伊葆力，遼金文物擷英，（美國）逍遙出版社，2005 年。

16. 金代官印的特徵，穆長青，東北史研究，2009 年第 2 期。

17. 一枚殘印上的「阿骨打花押」，伊葆力，遼金文物擷英，（美國）逍遙出版社，2005 年。

18. 金代殘印上的「御押」，李德利，東北史研究動態，2001 年第 3 期。

19. 金初「登聞檢院」之印，伊葆力，遼金文物擷英，（美國）逍遙出版社，2005 年。

20. 「登聞檢院之印」與金初監察制度，張曉梅，薊門集——北京建都 850 週年論文集，北京燕山出版社，2005 年。

21. 淺論金長城線出土之官印，彭占傑，遼金契丹女真史研究，2007 年第 1、2 期。

22. 金代官印考證，伊葆力，哈爾濱學院學報，2003 年第 1 期。

23. 金上京博物館館藏的金代官印，才大泉，黑龍江史志，2006 年第 11 期。

24. 介紹金上京博物館館藏的幾枚金代官印，周紅，黑龍江省文物博物館學會第五屆年會論文集，黑龍江人民出版社，2008 年。

25. 山東高密出土金代銅印，張曉光、葛培謙，文物，2004 年第 5 期。

26. 鄭州地區出土金末官印考，湯威，華夏考古，2004 年第 1 期。

27. 阜陽博物館收藏的一件金代官印，楊玉彬，文物，2005 年第 2 期。

28. 三枚金代官印，崔巧玲，中國文物報，2010 年 2 日 4 日總第 1804 期第 3 版。

29. 金代「上京路軍馬提控木字號之印」考述，劉長海，黑龍江社會科學，2001年第 3 期。

30. 齊齊哈爾境內發現的兩顆金代官印「椀都河謀克印」和「上京路都提控印」，傅惟光、霍曉東，東北史研究，2006 年第 1 期。

31. 「椀都河謀克印」和「上京路都提控所印」，鄒向前，遼金契丹女眞史研究（總第 34 期），2004 年。

32. 補議《金代猛安謀克官印的研究》，林秀貞，21 世紀中國考古學與世界考古學──紀念中國社會科學院考古研究所成立 50 週年大會暨 21 世紀中國考古學與世界考古學國際學術研討會論文集，中國社會科學出版社，2002年。

33. 東夏國銅官印初探，張麗萍，博物館研究，2010 年第 1 期。

34. 淺析《北京勸農使印》的重要歷史價值，閏星光，黑龍江科技信息，2007年第 10 期。

35. 淺析《北京勸農使印》的歷史價值，果瑩，黑龍江史志，2010 年第 1 期。

36. 金代都統所印，韓鋒，北方文物，2001 年第 3 期。

37. 金代銅印，尹改運、李紅梅，檔案管理，2005 年第 2 期。

38. 一方金代銅印，劉建愛，中國文物報，2009 年 11 月 25 日總第 1779 期第 8 版。

39. 黑龍江省肇東市出土的「漢軍萬戶之印」，單麗麗、王大爲，北方文物，2003 年第 1 期。

40. 錦州市博物館收藏的金代銅印及初探，劉鱷，遼金歷史與考古（第一輯），遼寧教育出版社，2009 年。

41. 「瓦里馬等柴倉之記」淺釋，叢國安，東北史研究動態，2002 年第 1 期。

42. 「壹錢合同」官印與金代「天興寶會」紙幣，孫家潭，收藏，2006 年第 11期。

43. 「隆安府合同」印章的發現與金代「合同交鈔」問題，徐立亭，東北史地，2008 年第 2 期。

44. 金代「北庫合同」印考，辛蔚，北方文物，2010 年第 3 期。

45. 隆化出土的古代印章考釋，姜振利、宮豔軍，東北史研究動態，2002 年第 1 期。

46. 元帥左（右）監軍印考，趙華錫、欒鳳功，中國歷史文物，2002 年第 1 期。

47. 諸城博物館藏金代監軍印釋文小考，王寧，中國歷史文物，2005 年第 4 期。

48. 山東諸城博物館藏監軍印考辨，趙文坦、邢同衛，蒙古史研究（第十輯），內蒙古大學出版社，2010 年。

49. 洛陽出土「黃神」、「治都總攝」道教法印考，趙振華，中原文物，2007 年第 1 期。

50. 試論新出土金代道教印的藝術特色，葛冰華，中國書法，2006 年第 1 期。

51. 「高氏之寶」印章考釋，辛蔚，內蒙古文物考古，2009 年第 1 期。

52. 官印資料に見る金代北東アジアの「周辺」，井黑忍，北東アジアの中世考古學（アジア遊學 107 特集，勉誠出版，2008 年。

（四）銅鏡

1. 宋遼金時期銅鏡發展狀況初探，楊海霞，美與時代（上半月），2009 年第 11 期。

2. 銅鑒今古知興替，邊麗豔、楊興文、王作龍，哈爾濱日報，2005 年 10 月 24 日。

3. 天津地區出土的古代銅鏡，天津市歷史博物館，北方文物，2006 年第 1 期。

4. 遼寧鳳城出土的幾面遼金銅鏡，崔玉寬，東北史研究動態，2001 年第 3 期。

5. 涅槃中的宋遼金銅鏡，李建廷，藝術市場，2008 年第 1 期。

6. 平泉縣博物館藏遼金時期銅鏡，王燁，文物春秋，2010 年第 4 期。

7. 遼代銅鏡淺議，李學良，遼上京研究論文選，政協巴林左旗委員會，2007 年。

8. 彰武出土的遼代銅鏡，張春宇、羅桂賢，阜新遼金史研究（第五輯），中國社會出版社，2002 年。

9. 朝陽市博物館收藏的幾件遼代銅鏡，陳金梅，遼金歷史與考古（第二輯），遼寧教育出版社，2010 年。

10. 遼契丹文八角銅鏡，王沫，吉林日報，2005 年 1 月 4 日。

11. 遼契丹文八角銅鏡，曹明，吉林日報，2006 年 6 月 13 日。

12. 珍貴的契丹文銅鏡，馬洪，人民日報海外版，2006 年 3 月 24 日。

13. 遼代雙龍紋鏡，李建廷，收藏，2010 年第 8 期。

14. 遼代龍紋鏡上的蓮花形刻記，劉國仁，東北史研究動態，2002 年第 1 期。

15. 千元撿得罕見遼代銅鏡，李岩，北京商報，2008 年 4 月 17 日。

16. 朝陽市博物館館藏金代銅鏡，張桂鳳，遼金史研究，吉林大學出版社，2005年。

17. 哈爾濱市博物館收藏的金代銅鏡，曲豔麗，北方文物，2008 年第 3 期。

18. 淺談泰來縣博物館收藏的金代銅鏡，鞠桂玲，黑龍江科技信息，2009 第33 期。

19. 金代銅鏡製作的成就與問題，徐英，陰山學刊，2005 年第 6 期。

20. 金代銅鏡紋飾之文化習俗考，姜宏宇，哈爾濱學院學報，2006 年第 5 期。

21. 淺析金代銅鏡的裝飾紋飾特點，白波，藝術研究，2007 年第 1 期。

22. 談金代銅鏡紋飾造型的形成，董晶晶、宋魁彥，关與時代（上），2010 年第 10 期。

23. 館藏宋金人物故事鏡，龐文龍，收藏，2010 年第 8 期。

24. 我所收藏的金代銅鏡，村彥，檔案春秋，2007 年第 10 期。

25. 金代的銅鏡藝術，伊葆力，遼金文物摭英，（美國）逍遙出版社，2005 年。

26.「上京鞋火千戶銅牌」質疑，伊葆力，北方文物，2003 年第 1 期。

27.「上京鞋火千戶銅牌」質疑，伊葆力，遼金文物摭英，（美國）逍遙出版社，2005 年。

28. 一面金代銅鏡──兼談金代銅禁，榮子錄，中國文物報，2006 年 9 月 27日。

29. 一面金代銅鏡──兼談金代銅禁，榮子錄，中國文物報，2007 年 8 月 1日總第 1542 期第 5 版。

30. 金代銅鏡，吳麗茗，活力，2004 年第 1 期。

31. 阿城市雙城村出土銅鏡，韓鋒、高鐵民，黑龍江史志，2006 年第 4 期。

32. 阿城市雙城村出土銅鏡，韓鋒，東北史研究，2005 年第 4 期。

33. 金人物故事鏡透視女眞族對中原文化的認同，賀亮、高鐵民，東北史研究，2006 年第 2 期。

34. 淺談金代人物故事鏡，李速達，東北史研究，2004 年第 4 期。

35. 淺談金代人物故事鏡，伊學傑，東北史研究動態，2001 年第 3 期。

36. 金代三國人物故事鏡，王趁意，收藏，2007 年第 12 期。

37. 孫吳出土許由巢父故事鏡，楊柏林，東北史研究，2006 年第 1 期。

38. 金上京博物館藏宋金人物紋飾銅鏡，王春雷，北方文物，2003 年第 1 期。

39. 金祝壽人物故事鏡考釋，王可賓，北方文物，2001 年第 4 期。

40. 談金代童子鏡，于力帆，首都博物館叢刊（總第 24 輯），北京燕山出版社，2010 年。

41. 金代的魚紋和花卉紋鏡，張傑，遼金契丹女真史研究，2007 年第 1、2 期。

42. 金代的魚紋和花卉紋鏡，張傑，東北史研究，2005 年第 1 期。

43. 金代魚龍變化鏡賞析，叢國安、高大鵬，東北史研究動態，2002 年第 2 期。

44. 金代雙魚鏡，裴淑蘭、冀豔坤，中國文化報，2002 年 3 月 7 日。

45. 雙魚鏡：女真生活的寫照，吳文清，中國商報，2002 年 12 月 5 日。

46. 雙魚鏡 先祖遺風，趙春安，中國商報，2007 年 8 月 30 日。

47. 金代魚紋鏡，楊衛東，文物春秋，2007 年第 3 期。

48. 鏡中觀史——金代雙魚鏡與女真社會生活，吳文清，收藏界，2003 年第 2 期。

49. 金代魚紋銅鏡與女真人社會生活，張帆，哈爾濱學院學報，2009 年第 9 期。

50. 德惠市迎新遺址金代雙魚鏡的檢測與研究，張玉春、王志剛，北方文物，2009 年第 4 期。

51. 齊齊哈爾發現鸞鳥海獸葡萄鏡，金鑄，北方文物，2001 年第 3 期。

52. 金代風箏鏡，馬洪，人民日報海外版，2002 年 4 月 9 日。

53. 金代雙鳳紋鏡，馬洪，人民日報海外版，2003 年 11 月 3 日。

54. 金代摩竭戲珠鏡，祝中熹，甘肅日報，2001 年 2 月 22 日。

55. 金代龍紋鏡管窺，李速達，東北史研究，2005 年第 3 期。

56. 張揚個性女真人，反樸歸真秘戲鏡，張傑，東北史研究，2005 年第 3 期。

57. 金代狩獵紋葵邊鏡，李速達，東北史研究，2004 年第 2 期。

58. 金代瑞獸紋及銘文鏡，矯石，東北史研究，2005 年第 1 期。

59. 吳牛喘月鏡深藏家國天下大命題？，張狪，藝術市場，2009 年第 2 期。

60. 一件金代「吳牛喘月」鏡考，李菲，文博，2009 年第 5 期。

61. 宋金之際的「弗劍安明」鏡，陶相助，東北史研究動態，2002 年第 1 期。

62. 女眞字銘文鏡，關升春，東北史研究動態，2002 年第 1 期。

63. 錦州市發現古錢紋銅鏡，魯寶林、張仲華，北方文物，2006 年第 1 期。

64. 「渤海縣官□」鏡及「毫古猛安□」鏡小記，彭善國，北方文物，2005 年第 1 期。

65. 淺析金代後期銅鏡的紋飾，李麗華，東北史研究，2010 年第 4 期。

66. 金鏡紋飾中的馬、夏畫風，劉秉鴻、張傑，北京遼金文物研究，北京燕山出版社，2005 年。

67. 金鏡紋飾中的馬、夏畫風，張傑，金上京文史論叢（第二集），哈爾濱出版社，2008 年。

68. 金代銅鏡上的翼龍、魚龍和螭龍，高國軍，東北史研究動態，2002 年第 1 期。

69. 一面誤定爲宋代的銅鏡辨析，盧岩，故宮博物院院刊，2007 年第 4 期。

70. 照人也折射歷史——介紹滄州博物館館藏宋金銅鏡，劉金霞，中國文物報，2009 年 10 月 4 日總第 1767 期第 7 版。

71. 塔虎城出土「泰州錄司」款銅鏡年代析略，郭瑨、蘇曉東，博物館研究，2003 年第 1 期。

72. 銅器刻文——「泰州主簿記」詮釋，郭瑨，北方文物，2007 年第 1 期。

73. 遼上京故地發現一面金代刻款銅鏡，王玉亭，東北史研究，2009 年第 4 期。

74. 旅順博物館藏金代刻款銅鏡考略，劉俊勇，旅順博物館學苑，吉林文史出版社，2008 年。

75. 一面「官」字款素面鏡，高鐵民，活力，2006 年第 4 期。

76. 金代大型撫琴銅鏡賞析，劉國仁，金上京文史論叢（第二集），哈爾濱出版社，2008 年。

77. 罕見的提線木偶戲紋銅鏡，賈文忠，中國文物報，2009 年 7 月 29 日總第 1746 期第 5 版。

78. 烏蘇里斯克地區新發現的銘文資料，（俄）H·J 阿勒傑米耶娃、A·II·伊弗里耶夫著，孫危譯，北方文物，2007 年第 1 期。

79. 波克羅夫卡村 1 號遺址出土的銅鏡，（俄）克拉明采夫、伊夫里耶夫著，王孝華譯，北方文物，2004 年第 3 期。

80. 兩個假說——對兩面中世紀銅鏡的分析，（俄）沙夫庫諾夫著，楊振福譯，北方文物，2004 年第 1 期。

81. ロシア極東ウスリー川右岸パクロフカ 1 遺蹟出土の銅鏡，枡本哲，古代文化（53 卷 9 號），2001 年。

（五）陶瓷

1. 遼金元瓷器整合研究獲新推進，郭瀟雅，中國社會科學報，2010 年 8 月 12 日第 2 版。

2. 遼代陶瓷研究綜述，董健麗、董學增，遼金史論集（第十一輯），內蒙古大學出版社，2009 年。

3. 遼代陶瓷的文化內涵研究，李聲能、趙菊梅，遼金歷史與考古（第二輯），遼寧教育出版社，2010 年。

4. 呈現草原民族特色的遼代陶瓷藝術，盧泰康，（臺灣）故宮文物月刊（第 324 期），2010 年 3 月。

5. 鴻禧美術館藏遼代陶瓷器，舒佩琦，中國古陶瓷研究（第 11 輯），紫禁城出版社，2005 年。

6. 「景德鎮磁器から Meissen 磁器へ」の補遺として／遼、宋、元の雕りを見る，橫地清，數學教育學會誌 臨時增刊，數學教育學會發表論文集，2004—1，數學教育學會，2004 年 3 月。

7. 宋遼金陶瓷研究中的若干問題，劉濤，中國文物報，2004 年 9 月 1 日。

8. 宋遼金元窖藏瓷器研究，劉淼，南開大學碩士學位論文，2003 年。

9. 宋金遼時代北方剔花瓷器賞析，矯石，華章，2009 年第 10 期。

10. 遼金彩瓷‧草原之嵐——鴻禧美術館 93 年新春陶瓷大展，舒佩琦，（臺灣）典藏古美術（第 138 期），2004 年 3 月。

11. 本溪市博物館藏遼金瓷器精品選介，郭晶，遼金歷史與考古（第一輯），遼寧教育出版社，2009 年。

12. 遼寧省博物館藏遼金瓷器集萃，李慧淨，收藏，2010 年第 8 期。

13. 北京出土的遼金陶瓷器，吳明娣，收藏，2010 年第 8 期。

14. 遼陶瓷形制因素論稿，彭善國，內蒙古文物考古，2004 年第 1 期。

15. 遼境出土陶瓷研究，彭善國，吉林大學博士學位論文，2001 年。

16. 試論 4～11 世紀越窯青瓷在東北地區的流佈，彭善國，中國・越窯高峰論壇論文集（2007），文物出版社，2008 年。

17. 遼代早期紀年瓷器研究的幾個問題，李豔陽，遼寧師範大學碩士學位論文，2008 年。

18. 契丹國（遼朝）の窯業關連遺跡について──2008～2009 年現狀視察の概要報告，町田吉隆、武田和哉、高橋學而，遼金西夏研究の現在（3），東京外國語大學アジア・アフリカ言語文化研究所，2010 年。

19. 契丹陶磁の「周緣性」に關する檢討──唾壺と陶枕を例に，町田吉隆，神戶市立工業高等專門學校研究紀要（48），神戶市立工業高等專門學校，2010 年 3 月。

20. 遼上京城內瓷窯址的年代問題，彭善國，首屆遼上京契丹・遼文化學術研討會論文集，內蒙古文化出版社，2009 年。

21. 內蒙古阿魯科爾沁旗遼代窯址的調查，彭善國、周興啓，邊疆考古研究（第 8 輯），科學出版社，2009 年。

22. 遼寧阜新關山遼墓出土瓷器的窯口與年代，萬雄飛，邊疆考古研究（第 8 輯），科學出版社，2009 年。

23. 赤峰北部遼代窯址出土陶瓷殘片及窯具的成分分析，崔劍鋒、劉爽、彭善國、吳小紅，邊疆考古研究（第 8 輯），科學出版社，2009 年。

24. 遼墓新出陶瓷的探討──兼論「官」款瓷器問題，彭善國，博物館研究，2004 年第 3 期。

25. 遼・金代土城出土の陶瓷器の組成──付・農安遼塔出土絞胎盒，龜井明德，アジア遊學（107）（特集 北東アジアの中世考古學），勉誠出版，2008 年。

26. 中世北東アジアにおける窯業生產・物流システムの變遷と構造，中澤寬將，考古學研究（54 卷 4 號），2008 年 3 月。

27. 土器生產とその組織化，中澤寬將，北東アジアの中世考古學（アジア遊學 107 特集），勉誠出版，2008 年。

28. 金・東夏代の食器樣式と地域性，中澤寬將，白門考古論叢（II），中央大學考古學研究會，2008 年 11 月。

29. 渤海滅亡後の女眞社會と地域間關係：「ニコラエフカ文化」の格子目狀叩き土器をめぐって，中澤寬將，中央史學（32 號），2009 年 3 月。

30. 契丹陶器的編年，喬梁，北方文物，2007 年第 1 期。

31. 遼代契丹墓出土陶器の研究，今野春樹，（日本）物質文化（72），2002 年。

32. 試析北京地區發現的遼代廣口重唇罐，孫建國，文物春秋，2009 年第 3 期。

33. 遼瓷鑒別略說，邵國田，檢察風雲，2008 年第 13 期。

34. 遼代宗教瓷器述論，董健麗，北方文物，2009 年第 2 期。

35. 牧情古樸話遼瓷，羽洛、木蓉，藝術市場，2007 年第 10 期。

36. 赤峰覓遼瓷，曲陽，陶瓷研究，2010 年第 1 期。

37. 曼妙遼瓷「朝陽古事展」之遼瓷，林冠男，收藏，2010 年第 8 期。

38. 遼境出土越窯瓷器初探，彭善國，博物館研究，2001 年第 3 期。

39. 法庫葉茂臺 23 號遼墓出土陶瓷器初探，彭善國，邊疆考古研究（第 9 輯），科學出版社，2010 年。

40. 金代陶瓷述論，董學增、董健麗，遼金史論集（第 10 輯），中國社會科學出版社，2007 年。

41. アムール女眞文化の土器に關する基礎的整理と編年について，木山克彥，北東アジア中世遺蹟の考古學的研究 平成 17 年度研究成果報告書，札幌學院大學人文學部，2007 年。

42. 黑龍江泰來發現的幾件遼代陶器，陰淑梅，北方文物，2008 年第 1 期。

43. 遼代把杯、折肩罐，周衛星，裝飾，2008 年第 5 期。

44. 關於遼三彩的幾個問題，喬繼濤，遼寧師範大學碩士學位論文，2009 年。

45. 遼三彩的分區與分期初探，張隨芳，中國體衛藝教育論壇，2007 年第 5 期。

46. 遼三彩藝術設計初探，王慶傑，蘇州大學碩士學位論文，2007 年。

47. 略論遼三彩與唐、宋三彩的異同，孫新民，內蒙古文物考古，2006 年第 2 期。

48. 遼、金三彩與素三彩的比較──對一件「遼三彩」時代的修定，歐陽希君，收藏，2008 年第 6 期。

49. 中國彩瓷的發展時期──遼代白釉加彩與遼三彩，葉佩蘭，藝術與投資，2007 年第 5 期。

50. 遼代低火度燒成陶器の研究——遼三彩の成立過程，淺沼桂子，鹿島美術財團年報（22），鹿島美術財團，2004 年。

51. 遼の陶磁の生產と消費の實體——喫茶を中心に，淺沼桂子，史友（33號），2001 年。

52. 大同博物館館藏遼代三彩器，李樹雲，文物世界，2007 年第 3 期。

53. 簡約質樸遼三彩，王沫，吉林日報，2005 年 11 月 15 日。

54. 別具特色的遼三彩，矯石，華章，2009 年第 11 期。

55. 遼代三彩印花牡丹盤，張建民，中原文物，2002 年第 5 期。

56. 遼三彩海棠盤，李泗，中國商報，2004 年 6 月 24 日。

57. 遼三彩魚形壺，徐巍，中國商報，2002 年 5 月 16 日。

58. 內蒙古赤峰缸瓦窯燒造的遼三彩器，蘇東，中國歷史文物，2002 年第 3 期。

59. 遼三彩皮囊壺「打草穀」紋淺讀，陶禪，中國文物報，2008 年 10 月 8 日總第 1663 期第 7 版。

60. 易縣婁亭龍門寺・睒子洞調查記，張洪印，文物春秋，2003 年第 2 期。

61. 談河北易縣八佛窪遼代三彩陶羅漢，金申，文物春秋，2003 年第 2 期。

62. 河北易縣遼三彩大羅漢流失海外的故事，東方收藏，2010 年增刊。

63. 關於原屬直隸省易縣的陶羅漢，（日）原出淑人著，金申譯，文物春秋，2003 年第 2 期。

64. 加拿大安河皇家博物館的遼三彩羅漢塑像，李復，藝術市場，2009 年第 1 期。

65. 賓夕法尼亞大學收藏的一尊易州羅漢造像，（瑞士）史密斯伊司・理查德著，張金穎譯，文物春秋，2003 年第 2 期。

66. 關於易縣羅漢的研究，（英）史密斯伊司・瑞查德著，劉衛華、張景華譯，文物春秋，2005 年第 5 期。

67. 河北省易縣「八佛窪」遼代三彩羅漢造像，孫迪，（臺灣）國立歷史博物館館刊（第 15 卷 9 期），2005 年 9 月。

68. 神容畢眞——河北易縣八佛窪遼代三彩羅漢坐像瑰寶，孫迪，（臺灣）故宮文物月刊（第 21 卷 3 期），2003 年 6 月。

69. 中國彩瓷的發展時期——金代低溫鉛釉三彩和釉上彩，葉佩蘭，藝術與投資，2007 年第 6 期。

70. 介紹兩件金三彩器物，夏曦，北方文物，2008 年第 2 期。

71. 山東淄博窯金代三彩陶器欣賞，魏傳來，陶瓷科學與藝術，2009 年第 9 期。

72. 宋金元三彩研究，王衛丹，吉林大學碩士學位論文，2009 年。

73. 龍泉務窯址遼代瓷器造型及裝飾工藝，黃秀純，首都博物館叢刊（第 15 輯），北京燕山出版社，2001 年。

74. 記一件龍泉務窯遺址採集的瓷俑標本，羅飛，東北史研究，2008 年第 2 期。

75. 遼瓷造型及其裝飾藝術──兼北京遼金城垣博物館藏品介紹，盧迎紅、高繼祥、黃秀純，北京文博，2001 年第 4 期。

76. 遼代青白瓷器初探，彭善國，考古，2002 年第 12 期。

77. 遼代雞冠壺研究綜述，王純婧，遼寧省博物館館刊（第三輯），遼海出版社，2008 年。

78. 遼代雞冠壺：中國陶瓷的草原奇葩，李宏坤，藝術市場，2008 年第 7 期。

79. 遼西博物館藏遼代雞冠壺，周穎，遼金歷史與考古（第一輯），遼寧教育出版社，2009 年。

80. 論遼代雞冠壺的分期演變及其相關問題，馬沙，北方文物，2001 年第 1 期。

81. 試論遼瓷雞冠壺是否實用的問題，王胤卿，北方文物，2005 年第 2 期。

82. 論遼代陶瓷雞冠壺的實用性，劉輝、劉丹，北方文物，2010 年第 3 期。

83. 論雞冠壺上塑猴習俗，趙明星，北方文物，2004 年第 3 期。

84. 遼褐釉雞冠壺，姚芳，唐山勞動日報，2008 年 1 月 18 日。

85. 遼綠釉雞冠壺，曹明，吉林日報，2006 年 6 月 22 日。

86. 淺談遼代皮囊壺，宮劍硯，中國藝術報，2004 年 4 月 2 日。

87. 「砸碎」的遼瓷期待復興，鴻鳴，赤峰日報，2005 年 6 月 16 日。

88. 遼代白瓷刻花牡丹紋梅瓶，楊光，中國文物報，2004 年 5 月 19 日總第 1216 期第 8 版。

89. 遼白釉內管倒流葫蘆瓶與瑪瑙圍棋子，黃秀純、識丁，收藏家，2007 年第 6 期。

90. 香河遼代地宮發現的白瓷貢具，張兆祥，收藏界，2004 年第 10 期。

91. 所謂遼代釉下黑花器的年代問題，彭善國，文物春秋，2003 年第 5 期。

92. 稀世珍寶遼代黃釉陶器，胡健、張桂華，遼金史研究，中國文化出版社，2003 年。

93. 稀世珍寶遼代黃釉陶器，胡健、張桂華，（臺灣）歷史月刊（第 178 期），2002 年 11 月。

94. 低溫彩鉛釉刻花鳳首瓶，王建國，遼東史地，2007 年第 1 期。

95. 遼桔紅釉鳳首瓶賞析，馬廣彥，收藏家，2008 年第 12 期。

96. 遼代絞胎瓷缽，周穎，朝陽日報，2008 年 12 月 10 日第 2 版。

97. 遼代溫碗，張興國，中國文物報，2007 年 5 月 23 日總第 1522 期第 8 版。

98. 宋遼高麗人形注子探析，劉毅，中原文物，2005 年第 6 期。

99. 遼代「官」字款盤口穿帶瓶，張興國，中國文物報，2007 年 12 月 12 日總第 1579 期第 8 版。

100. 遼代梅瓶，周穎，朝陽日報，2008 年 12 月 5 日第 4 版。

101. 遼代白釉貼花蓮生貴子雙榴聯體筆洗，王爲群，文物春秋，2009 年第 1 期。

102. 巴林右旗博物館收藏的幾件遼代石枕和瓷枕，烏力基德力根，北方文物，2006 年第 3 期。

103. 大同出土的兩件塔式陶器，石紅，文物世界，2004 年第 3 期。

104. 三江平原北部女眞陶器的編年研究，喬梁，北方文物，2010 年第 1 期。

105. 試述東北地區出土的金代瓷器，彭善國，北方文物，2010 年第 1 期。

106. 山西地區宋金時期瓷器研究，王純婧，吉林大學碩士學位論文，2009 年。

107. 宋金元三彩研究，王衛丹，吉林大學碩士學位論文，2009 年。

108. 論金代磁州窯，（日）長谷部樂爾著，劉志國譯，陶瓷研究，2001 年第 2 期。

109. 磁州窯窯址考察與初步研究，王建保，中國古陶瓷研究（第 16 輯），紫禁城出版社，2010 年。

110. 峰峰礦區臨水古瓷窯遺址調查，龐洪奇，中國古陶瓷研究（第 16 輯），紫禁城出版社，2010 年。

111. 關於磁州窯幾個問題的探討，周麗麗，中國古陶瓷研究（第 16 輯），紫禁城出版社，2010 年。

112. 磁州窯瓷器燒造相關問題的認識，陸明華，中國古陶瓷研究（第 16 輯），紫禁城出版社，2010 年。

113. 磁州彭城窯創燒年代初探，郝良眞，中國古陶瓷研究（第 16 輯），紫禁城出版社，2010 年。

114. 磁州窯的生產方式初探——考古發現的窯業遺蹟所體現的生產方式，秦大樹，中國占陶瓷研究（第 16 輯），紫禁城出版社，2010 年。

115. 從文字裝飾看古代磁州窯產品的生產和銷售，黃曉蕙，中國古陶瓷研究（第 16 輯），紫禁城出版社，2010 年。

116. 磁州窯裝飾藝術，王莉英，中國古陶瓷研究（第 16 輯），紫禁城出版社，2010 年。

117. 觀臺磁州窯白地黑花瓷器研究，胡朝暉，中國古陶瓷研究（第 16 輯），紫禁城出版社，2010 年。

118. 磁州窯爐上村窯址白地黑花、醬花瓷的初步的分析，李融武、趙學鋒、李江、張麗萍、李國霞、承煥生、趙維娟、張林堂、劉建立，中國古陶瓷研究（第 16 輯），紫禁城出版社，2010 年。

119. 宋金元磁州窯白地黑花瓷枕的發展演變，馬小青，中國古陶瓷研究（第 16 輯），紫禁城出版社，2010 年。

120. 論磁州窯白地黑彩長方形畫枕開光的起源——兼談該類瓷枕的年代上限問題，胡聽汀、甘霏，中國古陶瓷研究（第 16 輯），紫禁城出版社，2010 年。

121. 磁州窯系嬰戲圖枕及臥童形象枕研究，劉渤，中國古陶瓷研究（第 16 輯），紫禁城出版社，2010 年。

122. 論宋元磁州窯瓷畫藝術及其流變，沈芯嶼，中國古陶瓷研究（第 16 輯），紫禁城出版社，2010 年。

123. 鴻禧美術館藏磁州窯瓷器，舒佩琦，中國古陶瓷研究（第 16 輯），紫禁城出版社，2010 年。

124. 析北京藝術博物館藏磁州窯風格的瓷器，楊俊豔，中國古陶瓷研究（第 16 輯），紫禁城出版社，2010 年。

125. 河南林州館藏磁州窯瓷枕及年代，張增午、張振海，中國古陶瓷研究（第 16 輯），紫禁城出版社，2010 年。

126. 鎮江出土磁州窯系瓷器研究，劉麗文、劉敏，中國古陶瓷研究（第 16 輯），紫禁城出版社，2010 年。

127. 淺析寧波出土的磁州窯（系）製品，林浩，中國古陶瓷研究（第 16 輯），紫禁城出版社，2010 年。

128. 修武當陽峪窯考古發掘與初步研究，趙志文，中國古陶瓷研究（第 16 輯），紫禁城出版社，2010 年。

129. 磁州窯系之河南諸窯，王少宇，中國古陶瓷研究（第 16 輯），紫禁城出版社，2010 年。

130. 磁州窯白地黑花與景德鎮元青花──從紋飾細節的對比看二者之間的關係，穆青、穆俏言，中國古陶瓷研究（第 16 輯），紫禁城出版社，2010 年。

131. 磁州窯與雷州窯瓷器比較與賞析，馮素閣，中國古陶瓷研究（第 16 輯），紫禁城出版社，2010 年。

132. 金代磁州窯的繁榮及其原因探討，秦大樹，考古學研究（五‧下冊），文物出版社，2003 年。

133. 別具特色的磁州窯瓷器，榮子錄，中國文物報，2007 年 10 月 10 日總第 1561 期第 5 版。

134. 試論觀臺金代磁州窯，張子英，華夏考古，2001 年第 2 期。

135. 磁州窯瓷器的鑒定與鑒賞，劉志國，文物天地，2010 年第 12 期。

136. 從故宮藏瓷漫談磁州窯陶瓷，楊靜榮，文物天地，2010 年第 12 期。

137. 淺談女眞文化對磁州窯的衝擊和影響，趙學峰，中國古陶瓷研究（第 16 輯），紫禁城出版社，2010 年。

138. 磁州窯瓷器裝飾之美，趙學峰，文物天地，2010 年第 12 期。

139. 金代磁州窯雕塑藝術，劉志國，陶瓷科學與藝術，2009 年第 6 期。

140. 磁州窯書法藝術欣賞，葉喆民，中國古陶瓷研究（第 16 輯），紫禁城出版社，2010 年。

141. 大英博物館收藏的磁州窯系瓷器，霍吉淑，文物天地，2010 年第 12 期。

142. 磁州窯的兩件紀年枕，張子英，中國文物報，2004 年 12 月 1 日總第 1271 期。

143. 金元磁州窯瓷枕花鳥裝飾淺析作者，張麗萍，收藏，2009 年第 1 期。

144. 從幾件珍瓷看磁州窯的裝飾技法，賴金明，南方文物，2003 年第 3 期。

145. 不施丹青也動人，俎少英，收藏，2009 年第 1 期。

146. 磁州窯瓷器上的詩詞曲賦，王興、李寒梅，文物天地，2010 年第 12 期。

147. 冀南出土磁窯器物上的金元詞曲，楊棟，文藝研究，2004 年第 1 期。

148. 磁州窯的白地黑花嬰戲枕，王興、王時磊，收藏家，2007 年第 1 期。

149. 磁州窯嬰戲圖枕，焦晉林，北京日報，2010 年 8 月 8 日第 8 版。

150. 人生長夢孩兒枕，送巧迎財「磨喝樂」，王志軍，中國文物報，2010 年 9 月 22 日總第 1864 期第 3 版。

151. 金代磁州窯文字紋虎形枕，侯馨，中國文物報，2009 年 4 月 8 日總第 1714 期第 2 版。

152. 生動威猛的金代陶瓷虎形枕，何伯陽，收藏，2010 年第 10 期。

153. 金代三彩折枝海棠紋陶枕，王勇剛，收藏，2010 年第 10 期。

154. 北宋、金、元鈞窯瓷器的特徵，保新民，大公報，2006 年 2 月 22 日。

155. 入窯一色 出窯萬彩——金代鈞瓷，馬廣彥，收藏，2009 年第 5 期。

156. 金代鈞窯瓷器探討，李雷，文物鑒定與鑒賞，2010 年第 3 期。

157. 記一組早期鈞窯瓷器及相關問題探討，秦大樹、王曉軍，文物，2002 年第 11 期。

158. 金代鑒賞鈞瓷碗，李偉男，收藏界，2008 年第 4 期。

159. 河南南召高莊金代鈞瓷窖藏，李偉男、范雲剛，收藏界，2009 年第 2 期。

160. 河南南召高莊金代鈞瓷窖藏，李偉男、范雲剛，中國文物報，2009 年 3 月 11 日總第 1706 期第 5 版。

161. 許昌金墓出土的鈞窯大盤，張廣東，收藏，2010 年第 11 期。

162. 金代遺珍葉縣文集出土瓷器，劉曉紅、王利彬，收藏，2010 年第 11 期。

163. 金代瓷枕詩詞文輯錄，沈天鷹，文獻，2001 年第 1 期。

164. 金代陶瓷、飾品及建築的地域藝術特色，于良文，劇作家，2008 年第 4 期。

165. 山西金代陶瓷藝術，雅君，文物世界，2003 年第 3 期。

166. 山西金代陶瓷藝術，李雅君，人民代表報，2002 年 6 月 6 日。

167. 山西長治市博物館收藏的金代虎形瓷枕，崔利民，考古，2006 年第 11 期。

168. 縛取南山白額兒金代長治窯虎枕，孟耀虎，收藏，2010 年第 8 期。

169. 以南越王博物館藏枕為例細說虎枕，陳馨，收藏，2010 年第 8 期。

170. 長治出土金代紀年三彩虎枕，崔利民，文博，2003 年第 6 期。

171. 山西博物院收藏部分金代瓷枕淺析，胡文英，山西財經大學學報（高等教育版），2008 年增刊第 2 期。

172. 河南新密窯溝窯白地黑花瓷初探，李慧明、郭木森、趙宏，中國古陶瓷研究（第 16 輯），紫禁城出版社，2010 年。

173. 定窯燕川古窯址調查，田寶玉，中國古陶瓷研究（第 16 輯），紫禁城出版社，2010 年。

174. 北方遼金遺址出土定窯平底碟初探，劉淼，北方文物，2007 年第 4 期。

175. 淺析定窯、邢窯與遼白瓷的特點，李理，藝術市場，2007 年第 12 期。

176. 定窯瓷器分期新探──以遼墓、遼塔出土資料爲中心，彭善國，內蒙古文物考古，2008 年第 2 期。

177. 金代定窯瓷器的初步研究，劉淼，文物春秋，2006 年第 2 期。

178. 疑定窯的錯誤定性──定窯應爲遼金官窯，王治國、賀福，文物鑒定與鑒賞，2010 年第 2 期。

179. 定窯遺址考古發掘取得重要成果，韓立森、秦大樹、黃信、劉未，中國文物報，2010 年 1 月 22 日總第 1796 期第 7 版。

180. 考古發現的金代定窯瓷器初步探討，劉淼，考古，2008 年第 9 期。

181. 金代定窯的印花技藝，胡義河，中國商報，2007 年 11 月 1 日。

182. 上海博物館藏宋金定窯白瓷及相關問題，李仲謀，中國古代白瓷國際學術研討會論文集，上海書畫出版社，2005 年。

183. 金定窯白釉龍紋盤，黃嵐、張桂元，中國文物報，2005 年 3 月 23 日總第 1302 期。

184. 從定瓷銘文看定窯生產與宋金宮廷用瓷，劉淼，文博，2006 年第 2 期。

185. 淺談紅綠彩裝飾的藝術表現，孫立豐，佛山陶瓷，2007 年第 12 期。

186. 一件罕見的八方折釉紅綠彩瓷枕，蔣炳昌，收藏家，2009 年第 11 期。

187. 金紅綠彩白釉瓷碗，張靖，文博，2007 年第 1 期。

188. 宋金紅綠彩俑審美解讀，王悅勤、張俊梅，中國文物報，2007 年 12 月 5 日總第 1577 期第 5 版。

189. 金代紅綠彩瓷器中的道教神祇，郭學雷，文物天地，2010 年第 12 期。

190. 望野博物館藏紅綠彩瓷擷英，望野博物館，收藏，2010 年第 8 期。

191. 窯址採集紅綠彩標本及紅綠彩瓷對比研究，劉偉，文物世界，2010 年第 4 期。
192. 磁州窯紅綠彩瓷鑒識，劉志國，當代人，2010 年第 4 期。
193. 關於紅綠彩「持荷童子」的幾點認識，李達、李六存，中國古陶瓷研究（第 16 輯），紫禁城出版社，2010 年。
194. 議磁州窯童子持蓮紋，霍華、劉金祥，中國古陶瓷研究（第 16 輯），紫禁城出版社，2010 年。
195. 淮北柳孜隋唐運河遺址出土的紅綠彩瓷，楊忠文，中國文物報，2005 年 11 月 23 日。
196. 山東廣饒出土的宋金瓷器選介，趙金，中國文物報，2008 年 1 月 30 日總第 1593 期第 5 版。
197. 柳孜運河遺址出土「仁和館」銘四系瓶及相關問題，彭善國，中原文物，2004 年第 6 期。
198. 從「仁和館」銘四系瓶談起，陳傑，北方文物，2003 年第 3 期。
199. 白釉褐字四系瓶，呂淑華、李伯權，北方文物，2004 年第 2 期。
200. 河南淅川沉船瓷器及其相關問題，楊愛玲，中原文物，2004 年第 4 期。
201. 上店耀州窯場場坡燒造點金代古瓷的 XRF 分析研究，馮松林、汪燕青、馮向前、朱繼浩、徐清、禚振西、薛東星，理化檢驗——化學分冊，2005 年第 41 卷增刊。
202. 金代耀州窯陶瓷文獻新讀，杜文，收藏界，2006 年第 9 期。
203. 金代耀州窯青瓷刻蓮紋梅瓶，禚振西、杜文，收藏，2007 年第 4 期。
204. 鳳翔出土金代刻字梅瓶爲全眞教重要文物——兼談戶縣新發現的幾件與馬鈺相關石刻，杜文，東方收藏，2010 年第 1 期。
205. 西安出土的金元時期耀州窯青釉瓷，王冬華，收藏界，2009 年第 8 期。
206. 一場關於「犀牛望月」的美麗誤會——由一件金代耀州窯綠釉盤談耀州窯瓷基本鑒定法（上、下），林亦秋，藝術市場，2005 年第 3、4 期。
207. 大美無言——耀州窯金代月白釉瓷，黨燕寧，收藏界，2008 年第 10 期。
208. 金元耀州窯·風格漸變月白如玉，收藏，2008 年第 9 期。
209. 山西地區宋金時期瓷器研究，王純婧，吉林大學碩士學位論文，2009 年。
210. 關於山西金代黑瓷的若干思考，趙美燕、王欣，山西廣播電視大學學報，2009 年第 4 期。
211. 淄博老窯的黑釉瓷，賈斌、張海寧，收藏界，2010 年第 10 期。

212. 宋金介休窯瓷器裝飾——以畫、剔、劃、戳、刻、印爲中心，孟耀虎，中國古陶瓷研究（第 16 輯），紫禁城出版社，2010 年。

213. 山西介休窯出土的宋金時期印花模範，孟耀虎，文物，2005 年第 5 期。

214. 試論金代扒村窯白地黑花瓷人物圖案，傅瀛瑩，華夏考古，2006 年第 1 期。

215. 談宋金時期的蕭窯瓷器，王丹丹，中國古陶瓷研究（第八輯），紫禁城出版社，2002 年。

216. 論金代鶴壁窯，王文強，中國古陶瓷研究（第八輯），紫禁城出版社，2002 年。

217. 金代鶴壁窯和觀臺窯的比較研究，王文強，中國古陶瓷研究（第 16 輯），紫禁城出版社，2010 年。

218. 介紹兩件正定館藏文物珍品，陳銀鳳、郭玲娣、樊瑞平，文物春秋，2007 年第 6 期。

219. 藍釉開光紋蓮花圖方爐，李曉宏、李多才，中國文物報，2005 年 3 月 23 日總第 1302 期。

220. 錫林浩特出土一件金元時期巨型陶甕，阿斯鋼，人民日報，2003 年 6 月 11 日。

221. 遼韓佚墓出土越窯青瓷，黃繡純、收藏家，2006 年第 9 期。

222. 略論金代內鄉窯青瓷的藝術成就——從河南淅川沉船青瓷談起，楊愛玲，中原文物，2006 年第 6 期。

223. 河北滄州出土的金代瓷器，盧瑞芳、盧河亭，收藏家，2004 年第 2 期。

224. 河南鄧窯宋金時期青瓷器，李桂閣，收藏家，2008 年第 1 期。

225. 當陽峪窯群宋金釉下絞彩藝術，原雪輝，收藏，2008 年第 3 期。

226. 論宋金孩兒枕，王珺英，裝飾，2008 年第 2 期。

227. 從吉林省白城境內遼金時期的窯址看當時社會生產力的發展狀況，王仙波、劉桂紅，博物館研究，2007 年第 1 期。

228. 江官屯 遼金窯址，在水一方，今日遼寧，2008 年第 3 期。

（六）玉器

1. 大可汗的玉傳承與發展——唐、遼玉器例說，華慈祥，（臺灣）典藏古美術（第 118 期），2002 年 7 月。

2. 唐遼代玉器：漱玉樓特展，鄭又嘉，（臺灣）典藏古美術（第 118 期），2002
   年 7 月。

3. 宋遼金時代玉器與銀器的發展略論，李速達，華章，2009 年第 10 期。

4. 兩宋遼金玉器比較研究，云希正、徐春苓，中國隋唐至清代玉器學術研討
   會論文集，上海古籍出版社，2002 年。

5. 中國遼金元玉器的民族風格與文化藝術特徵，何松，超硬材料工程，2009
   年第 1 期。

6. 熙墀藏玉之遼金元篇，姜濤、李秀萍，收藏家，2007 年第 2 期。

7. 極富游牧民族氣息與自然情趣的遼代玉器，孫建華，中國寶石，2004 年
   第 3 期。

8. 獨具匠心的遼代玉器，周曉晶，中國隋唐至清代玉器學術研討會論文集，
   上海古籍出版社，2002 年。

9. 遼代玉器賞析，哈斯，收藏家，2010 年第 6 期。

10. 遼代玉器文化因素分析，于寶東，內蒙古大學學報（人文社會科學版），
    2006 年第 3 期。

11. 契丹民族玉器述論，于寶東，內蒙古大學學報（人文社會科學版），2006
    年第 6 期。

12. 契丹玉和琥珀雕飾初論，蘇芳淑，中國隋唐至清代玉器學術研討會論文
    集，上海古籍出版社，2002 年。

13. 內蒙古地區出土的遼代玉器，烏蘭托婭，內蒙古畫報，2008 年第 4 期。

14. 遼代佛教用玉器研究，云希正、袁偉，如玉人生——慶祝楊伯達先生八十
    華誕文集，科學出版社，2006 年。

15. 朝陽北塔天宮發現的遼代玉器，董高，中國隋唐至清代玉器學術研討會論
    文集，上海古籍出版社，2002 年。

16. 淺析遼陳國公主墓出土的玉器，丁哲，收藏界，2010 年第 10 期。

17. 遼代玉盒佩之我見，許曉東，故宮博物院院刊，2003 年第 4 期。

18. 遼代摩竭鳳魚形玉組佩，李毅君，中國博物館，2010 年第 3 期。

19. 一件罕見的鏤空心形佩，張大爲，鐵嶺文博（創刊號），2002 年。

20. 遼代鏤空心形佩，張大爲，收藏，2006 年第 7 期。

21. 遼代玉魁考，徐琳，考古與文物，2006 第 4 期。

22. 遼代玉魁——一件清宮流失的國寶，徐琳，紫禁城，2008 年第 2 期。

23. 遼代玉帶初步研究，王斌，滄桑，2009 年第 1 期。

24. 一組遼代嵌金玉帶板，陳炎青，中國藝術報，2008 年 3 月 18 日。

25. 兩件遼代大雁紋飾春水飾品，張興國，遼上京研究論文選，政協巴林左旗委員會，2007 年。

26.「春水玉」賞析（上、下），楊玉彬、施慶，收藏界，2009 年第 9、10 期。

27. 契丹春水玉及相關問題，林秀珍，海峽兩岸古玉學會議論文集，國立臺灣大學出版委員會，2001 年。

28. 兩宋遼金玉器，曲石，中原文物，2001 年第 6 期。

29. 遼金民族特色玉器，張蘭香，大美術，2007 年第 5 期。

30. 遼金花鳥玉器，崔智博，中國文物報，2009 年 2 月 25 日總第 1702 期第 5 版。

31. 遼金時期的交頸鳥類佩飾，楊海鵬，中國文物報，2006 年 2 月 1 日。

32. 契丹人的金玉首飾，許曉東，故宮博物院院刊，2007 年第 6 期。

33. 遼代琥珀來源的探討，許曉東，北方文物，2007 年第 3 期。

34. 遼代的琥珀工藝，許曉東，北方文物，2003 年第 4 期。

35. 契丹玉和琥珀雕飾初論，蘇芳淑，中國隋唐至清代玉器學術研討會論文集，上海古籍出版社，2001 年。

36. 遼代水晶瑪瑙 ——10 世紀工藝精華，林國卿，（臺灣）典藏古美術（第 147 期），2004 年 12 月。

37. 內蒙古淘寶喜得遼代瑪瑙臂韝，利瓦伊翰，東方收藏，2010 年第 1 期。

38. 宋金時代花鳥玉雕藝術——中國古代玉器藝術鑒賞，倪建林，中國美術教書，2003 年第 6 期。

39. 金代皇后的「花株冠」與「納言」，伊葆力、郭聰，北京文博，2003 年第 6 期。

40. 金代皇后的「花株冠」與「納言」——房山金太祖陵出土文物管窺，伊葆力，遼金文物擷英，（美國）逍遙出版社，2005 年。

41. 長安發現的金代皇后冠飾玉練鵲「納言」，劉雲輝，收藏，2009 年第 3 期。

42. 一脈相承話玉銙，伊葆力，遼金文物擷英，（美國）逍遙出版社，2005 年。

43. 玉屏花與玉逍遙，孫機，文物，2006 年第 10 期。

44. 金代的春水玉及天鵝玉佩，王禹浪，玉石研究，2005 年第 1 期。

45. 再談「春水」玉，徐琳，紫禁城，2008 年第 8 期。

46. 「秋山洗馬」圖玉山子，東旭，中國文物報，2005 年 3 月 9 日總第 1298 期。

47. 金代「秋山」紋玉飾件，李德利，東北史研究動態，2002 年第 1 期。

48. 吉林省金代完顏婁室墓出土的玉器研究，孫傳波，中國隋唐至清代玉器學術研討會論文集，上海古籍出版社，2002 年。

49. 俄羅斯沙伊金古城出土的金代玉石器，楊海鵬，北方文物，2005 年第 4 期。

50. 談朝陽北塔出土的古代玻璃，郎成剛，遼金史研究，吉林大學出版社，2005 年。

（七）石雕、石棺、石函

1. 遼祖陵最新發現「上馬石」，金永田，赤峰日報，2005 年 6 月 27 日第 3 版。

2. 鎮墓石犬，左利軍，中國文物報，2007 年 2 月 14 日總第 1496 期第 8 版。

3. 契丹人忠誠的夥伴——獵犬，金永田，赤峰日報，2005 年 7 月 19 日第 3 版。

4. 狻猊茵鎮，許秋豔，遼上京研究論文選，政協巴林左旗委員會，2007 年。

5. 遼墓誌蓋的十二生肖神像，張九成，遼金史研究，吉林大學出版社，2005 年。

6. 對北京地區發現的石翁仲的考證，邢鵬，中國文物報，2007 年 7 月 4 日總第 1534 期第 6 版。

7. 遼上京附近的兩處遼代神道石象生，張興國、李學良，宋史研究論叢（第十一輯），河北大學出版社，2010 年。

8. 房山金陵阿骨打地宮出土的龍、鳳紋石槨，陳亞洲，北京遼金文物研究，北京燕山出版社，2005 年。

9. 房山金太祖陵出土的龍、鳳紋石槨，伊葆力，遼金文物擷英，（美國）逍遙出版社，2005 年。

10. 遼代舍利石棺上的涅槃圖，金申，中原文物，2004 年第 1 期。

11. 遼寧北票坤頭波羅村發現一遼代石棺，陳金梅，北方文物，2003 年第 2 期。

12. 遼代石棺入藏旅順博物館，唐紅、宋傑，遼寧日報，2003 年 6 月 26 日。

13. 阜新大板寶力根寺藏遼代石槨刻畫像石，梁姝丹，遼金歷史與考古（第一輯），遼寧教育出版社，2009 年。

14. 阜蒙縣發現遼代四神像圖案石函，姚崇，遼金史研究，吉林大學出版社，2005 年。

15. 出土的遼代四神圖像的時代及相關問題，李宇峰，東北史研究，2008 年第 2 期。

16. 遼代四神圖像的時代及相關問題，王莉，遼金歷史與考古（第一輯），遼寧教育出版社，2009 年。

17. 遼代石棺四神圖像簡析，許志國，遼寧省博物館館刊（第一輯），遼海出版社，2006 年。

18. 宮殿石舍利函與遼國國教，邢軍濤，鑒寶，2009 年第 6 期。

19. 稷山縣博物館收藏的幾方宋金石、陶棺，張國維，文物世界，2007 年第 3 期。

20. 金代「建元收國」石尊考略，王禹浪、王宏北，黑龍江民族叢刊，2009 年第 6 期，

21. 巨源古鎮地卜挖出神秘石柱，叢明宇，哈爾濱日報，2010 年 7 月 13 日第 4 版。

22. 灤南縣出土金代石函，李樹偉、杜志軍，文物春秋，2001 年第 2 期。

（八）木器

1. 宋、遼、金、西夏桌案研究，劉剛，上海博物館集刊（第 9 期），2002 年。

2. 遼代木器小考，邵國田，內蒙古文物考古，2001 年第 2 期。

3. 北京房山區出土的遼代木桌椅，白雲燕，北京文物與考古（第五輯），北京燕山出版社，2002 年。

4. 北京遼金城垣博物館收藏的一套遼代彩繪木槨，盧迎紅、任秀俠，北京文物與考古（第五輯），北京燕山出版社，2002 年。

5. 內蒙古巴林左旗出土彩繪木棺，張興國，文物，2009 年第 3 期。

6. 吐爾基山遼墓彩繪木棺具，鄭承燕，中國博物館，2010 年第 3 期。

7. 遼代皇族墓首次發現小型木雕，烏力吉，中國古都研究（第 18 輯上冊）——中國古都學會 2001 年年會暨赤峰遼王朝故都歷史文化研討會論文集，國際華文出版社，2002 年。

8. 遼代慶陵皇族墓發現小型木雕件，烏力基德力根，北方文物，2005 年第 1 期。

9. 遼上京城址周圍出土的墨書銘文骨灰匣，王未想，北方文物，2002 年第 1 期。

10. 一件馬球彩繪木雕屏風，付紅領，中國文物報，2007 年 5 月 9 日總第 1518 期第 6 版。

11. 觀金代像具工巧風貌 品八百年前榫卯古韻，張麗，收藏界，2006 年第 7 期。

（九）絲綢

1. 遼代絲織物研究——耶律羽之墓出土絲織物研究，尹豔梅，浙江工程學院碩士學位論文，2003 年。

2. 遼金元時期織繡鹿紋研究，茅惠偉，內蒙古大學藝術學院學報，2006 年第 2 期。

3. 契丹人的絲綢服飾，趙豐，松漠風華：契丹藝術與文化，香港中文大學文物館，2004 年。

4. 內蒙古興安盟代欽塔拉遼墓出土絲綢服飾，內蒙古博物館，文物，2002 年第 4 期。

5. 淺析遼代水波地荷花摩羯紋綿帽的緙絲工藝，沈國慶、黃俐君，絲綢，2003 年第 3 期。

6. 從遼代綿帽談緙絲的織造工藝，宮豔君、黃俐君，承德民族職業技術學院學報，2004 年第 1 期。

7. 雁銜綬帶錦袍研究，趙豐，文物，2002 年第 4 期。

8. 遼代絲綢彩繪的技法與藝術，趙豐、袁宣萍，文博，2009 年第 6 期。

9. 遼代緙絲荷花摩羯紋綿帽，其木格，內蒙古文物考古，2001 年第 2 期。

10. 遼代方勝蜂花飛雁錦襪的修復，黃俐君，文物保護與考古科學，2002 年第 1 期。

11. 香港夢蝶軒向中國絲綢博物館捐贈遼代絲綢文物，方同，中國文物報，2010 年 9 月 24 日總第 1865 期第 2 版。

12. 運用傳統工藝修復遼代絲織品，寧雄斌、黃俐君，松漠風華：契丹藝術與文化，香港中文大學文物館，2004 年。

13. 論金代金錦紋樣特徵與服裝排料技藝，顧韻芬、劉國聯，絲綢，2007 年第 9 期。

14. 金齊國王墓影金繡碧羅鞋的修復，李秀蘭、王美娜，北方文物，2001 年第 1 期。

15. 金代齊國王墓出土的絲質鞋襪，林笑濱，中國文物報，2006 年 4 月 5 日。

（十）金屬器物

1. 黃金藝術的高峰：遼，陳啓正，（臺灣）逍遙（第 2 期），2006 年 8 月。

2. 論遼代金銀器，張景明、趙愛軍，考古與文物，2001 年第 2 期。

3. 遼代金銀器，烏蘭圖雅、孔群，內蒙古畫報，2008 年第 1 期。

4. 遼代金銀器中的漢風，揚之水，收藏家，2010 年第 11 期。

5. 遼代金銀器的特徵及造型藝術，張景明，大連大學學報，2006 年第 1 期。

6. 繼承優秀傳統，突出民族特徵——考古發現的絢爛多姿遼代金銀玉器考察，馮永謙，遼金歷史與考古（第二輯），遼寧教育出版社，2010 年。

7. 唐代金銀工藝對遼代金銀器的影響，趙瑞廷，內蒙古師範大學學報（哲學社會科學版），2008 年第 5 期。

8. 遼代金銀器中之西方文化和宋文化的因素，張景明，內蒙古大學藝術學院學報，2006 年第 1 期。

9. 北亞草原民族金銀器藝術——以契丹民族爲主，李建緯，（臺灣）故宮文物月刊（第 324 期），2010 年 3 月。

10. 從考古發現看絢爛多姿的遼代金玉器，馮永謙，文明，2008 年特刊。

11. 從契丹墓葬金銀器看古代北方草原金飾藝術，黃雪寅，收藏家，2008 年第 11 期。

12. 吐爾基山墓金銀器的紋飾和成分，王志強，中國文物保護技術協會第四次學術年會論文集，科學出版社，2007 年。

13. 契丹王朝的金銀器，孫建華，中國寶石，2002 年第 3 期。

14. 契丹的黃金時代，陶晉生，黃金旺族——內蒙古博物院大遼文物展，（臺灣）時藝多媒體傳播股份有限公司，2010 年。

15. 多元風貌的遼代工藝，蔡政芬，黃金旺族——內蒙古博物院大遼文物展，（臺灣）時藝多媒體傳播股份有限公司，2010 年。

16. 甘肅省博物館收藏的遼代鎏金銀冠，李永平，絲綢之路民族古文字與文化學術討論會論文集（下），三秦出版社，2007 年。

17. 從唐宋遼出土金銀器實例看鏨刻工藝技法，黃璧珍，（臺灣）國立歷史博物館學報（第 41 卷），2010 年 5 月。

18. 契丹族金銀器的動物紋飾，黃雪寅，北方文物，2003 年第 3 期。

19. 遼代朝廷傳令的金銀牌，崔永超，收藏家，2008 年第 3 期。

20. 陳國公主的金帶，李衛，人民日報海外版，2002 年 9 月 17 日。

21. 契丹金冠型式研究，盧昉、王江鵬，四川文物，2010 年第 5 期。

22. 遼代駙馬鎏金銀冠，馬穎，收藏，2008 年第 9 期。

23. 敖漢旗英鳳溝 7 號遼墓出土的銀質文具考，邵國田，內蒙古文物考古，2003 年第 2 期。

24. 遼代雙鳳紋銀鎏金臂韝淺析，邵國田，檢察風雲，2008 年第 9 期。

25. 淺談幾副遼代銅鎏金帶銙的鑒定，賈文熙，東方收藏，2010 年第 7 期。

26. 遼代娛樂活動的珍貴資料，楊鐵男，朝陽日報，2008 年 9 月 6 日。

27. 龍城國寶：鎏金銀塔，視宣，朝陽日報，2008 年 8 月 20 日。

28. 朝陽北塔天宮發現的「七寶塔」初探，劉大志、王志華，遼金歷史與考古（第一輯），遼寧教育出版社，2009 年。

29. 解讀朝陽北塔遼代舍利銀棺上的涅槃圖，王志華，遼金歷史與考古（第一輯），遼寧教育出版社，2009 年。

30. 黑龍江省博物館藏金代金銀器，楊永琴、佟強、靳紅蔓，收藏，2008 年第 3 期。

31. 新香坊金墓出土的金銀器，李玲、楊海鵬，中國文物報，2007 年 6 月 20 日總第 1530 期第 8 版。

32. 金代齊國王墓發現的金銀飾品，林笑濱，中國文物報，2006 年 2 月 8 日。

33. 別樣風情的女真金耳飾，楊海鵬，收藏家，2009 年第 4 期。

34. 黑龍江省雙城市金代銀器窖藏，姜勇，北方文物，2010 年第 3 期。

35. 黃龍府發現的宋代銀器，段一平，紫禁城，2005 年第 2 期。

36. 黑龍江省阿城市金上京城址出土的武士像銅掛件，陰淑梅，北方文物，2006 年第 3 期。

37. 黑龍江省阿城市金上京出土的青銅童子佩飾，陰淑梅，博物館研究，2007 年第 4 期。

38. 金中都遺址出土的銅坐龍，王曉穎，北京遼金文物研究，北京燕山出版社，2005 年。

39. 阿城出土的金代小銅龍，李珍，北方文物，2002 年第 3 期。

40. 金上京遺址出土的銅坐龍，王世杰，中國文物報，2008 年 11 月 12 日總第 1673 期第 5 版。

41. 黑龍江省博物館藏金代銅坐龍，孫立萍、齊月，收藏家，2008 年第 9 期。

42. 龍騰金源，韓鋒，黑龍江史志，2010 年第 17 期。

43. 金源文物的驚世發現，孟祥華、關伯陽，東北史研究，2010 年第 4 期。

44. 試論金代銅座龍的雕塑造型及飾紋特色，陳雷，中華文化論壇，2003 年第 1 期。

45. 黑龍江出土金代銅座龍的雕塑藝術特色，陳雷，北方文物，2002 年第 4 期。

46. 金代銅龍鑒識——黑龍江大學博物館收藏文物研究系列之一，姚玉成，中國文物報，2008 年 6 月 11 日總第 1630 期第 7 版。

47. 金代坐龍的民族文化淵源探微，李秀蓮，多維視野中的黑龍江流域文明，黑龍江人民出版社，2006 年。

48. 金代坐龍的民族文化淵源探微，李秀蓮，遼金史論集（第 10 輯），中國社會科學出版社，2007 年。

49. 金代銅坐龍的發現與研究，楊海鵬，北方文物，2009 年第 1 期。

50. 銅玉壺春瓶芻議，楊海鵬，北方文物，2003 年第 2 期。

51. 玉壺春銅瓶，王春雷、趙國華，中國文物報，2001 年 11 月 14 日。

52. 泰來文物新考，鞠桂玲，黑河學刊，2010 年第 1 期。

53. 克東縣出土金代銅犁鏵和鐵車轄，辛健、張松，齊齊哈爾大學學報（哲學社會科學版），2001 年第 6 期。

54. 河北出土金元時期銅權的分析與研究，鄭紹宗，文物春秋，2004 年第 3 期。

55. 同心發現金代小鐵權，牛達生、孟建民，收藏，2006 年第 7 期。

56. 我區發現一枚罕見金代鐵權，張瑩，寧夏日報，2006 年 10 月 22 日。

57. 晉南古鐘，解小敏，文物世界，2007 年第 1 期。

58. 金陵遺址出土鐵器，黃秀純，北京文物與考古（第 6 輯），民族出版社，2004 年。

59. 北京金陵遺址出土鐵器的金相學分析，黃秀純、宋大川、陳亞洲，北京文物與考古（第 6 輯），民族出版社，2004 年。
60. 我市發現遼代鐵器窖藏和陶範，劉子龍，承德日報，2008 年 8 月 27 日。
61. 阜新縣文管所藏遼代鐵器簡述，黃仕梅，阜新遼金史研究（第五輯），中國社會出版社，2002 年。
62. 遼・金代における金屬製煮炊具の流通と消費，中澤寬將，博望（第 7 號），東北アジア古文化研究所，2009 年。
63. 遼契丹龍首鐵刀的養護處理，張曉嵐、張恒金，內蒙古文物考古，2004 年第 1 期。
64. 遼代八角鐵爐，劉玉鳳，中國文物報，2005 年 6 月 1 日總第 1322 期。
65. 金上京馬鐙，韓鋒，中國文物報，2002 年 7 月 10 日。
66. 阿城小嶺發現金代夔紋鐵鬹，振瑜，北方文物，2003 年第 4 期。
67. 敦化新發現一金代銅鍋，高峰、王波，東北史地，2008 年第 4 期。
68. 罕見金代六耳銅釜入藏現代博物館，李天然，大連日報，2008 年 7 月 30 日。
69. 神秘鍬頭現水面 當頭「王」字引爭議，張翹楚、叢明宇，哈爾濱日報，2009 年 7 月 24 日第 4 版。

（十一）其它文物

1. 蘇黎世的遼代寶藏，郭力，世界博覽，2007 年第 9 期。
2. 一個神秘來去的王朝——大遼國與它的美麗，收藏家，2007 年第 10 期。
3. 遼代香爐的初步研究，冉萬里，文博，2002 年第 4 期。
4. 淺談梅瓶的源流（上篇），杜文，收藏界，2003 年第 2 期。
5. 遼金城垣博物館收藏的金代鴟吻，郭聰，北京遼金文物研究，北京燕山出版社，2005 年。
6. 金上京文物拾零，伊葆力，遼金文物摭英，（美國）逍遙出版社，2005 年。
7. 金上京發現開國慶典所獻禮器——人面犁頭，郭長海，北方文物，2006 年第 3 期。
8.「大金會寧」信牌考，李歐，博物館研究，2001 年第 2 期。
9. 哈爾濱新香坊墓地出土的金代文物，黑龍江省博物館，北方文物，2007 年第 3 期。

10. 黑龍江省雙城市前對面古城的文物，雙城市文物管理站，北方文物，2002年第 2 期。

11. 黑龍江雙城出土金代珍貴文物，朱偉光、齊光瑞，光明日報，2002 年 7 月 28 日。

12. 寧安市沙蘭鎮發現的女真族遺物，王鑫，北方文物，2008 年第 4 期。

13. 黑龍江省博物館徵集的二件石碾輪，勾海燕，北方文物，2005 年第 2 期。

14. 佳木斯市黎明村遼金墓群出土的文物，佳木斯市博物館，北方文物，2004年第 4 期。

15. 富錦市出土的金代文物，張亞平，北方文物，2006 年第 3 期。

16. 湯原縣振豐村遺址出土金代文物初探，錢霞，絲綢之路，2010 年第 18 期。

17. 獨具特色，綻放異彩——吉林省博物館藏遼金精品文物選介，田麗梅，遼金歷史與考古（第二輯），遼寧教育出版社，2010 年。

18. 吉林出土的多孔器及相關問題，張淑華、李成、張璐，北方文物，2004年第 1 期。

19. 旅順博物館藏金代完顏裏室墓出土的部分文物，孫傳波，北方文物，2001年第 2 期。

20. 金代阜新歷史文物綜述，張桂華，魅力中國，2010 年第 12 期。

21. 東夏遺寶，吉林電視臺，收藏界，2004 年第 9 期。

22. 遼寧朝陽南塔街出土的金代窖藏文物，朝陽市博物館，北方文物，2005年第 2 期。

23. 彰武西太平溝發現金代窖藏，彰武縣文物管理所，阜新遼金史研究（第五輯），中國社會出版社，2002 年。

24. 遼寧省本溪市二道溝村金代窖藏文物調查整理簡報，本溪市博物館考古隊，北方文物，2002 年第 3 期。

25. 我區遼代文物精品將「出訪」美國，博爾姬·塔娜，內蒙古日報（漢），2004 年 5 月 13 日。

26. 遼耶律羽之墓「海東青」飾片的定名問題，彭善國，文物春秋，2005 年第 1 期。

27. 遼上京出土的「塔範」，金永田，赤峰日報，2005 年 4 月 4 日第 3 版。

28. 內蒙古巴林右旗博物館收藏的一件遼代骨魚，烏力吉，北方文物，2007年第 4 期。

29. 克什克騰旗發現遼代骨雕鞍飾，韓立新，內蒙古文物考古，2009 年第 2 期。

30. 遼陳國公主與駙馬合葬墓文物，索秀芬，榮寶齋，2004 年第 3 期。

31. 遼代玻璃高足杯，鄭承燕，中國博物館，2010 年第 3 期。

32. 花根塔拉遼墓出土文物及其族屬和年代，叢豔雙、劉冰、周興啓、白音查干，中國古都研究（第 18 輯上冊）——中國古都學會 2001 年年會暨赤峰遼王朝故都歷史文化研討會論文集，國際華文出版社，2002 年。

33. 札魯特旗出土遼代器物，武雅琴、李鐵軍，內蒙古文物考古，2001 年第 2 期。

34. 河北省承德縣發現遼代窖藏，劉樸，北方文物，2002 年第 3 期。

35. 廊坊廣陽區馬坊村出土的遼代遺物，劉化成，文物春秋，2005 年第 5 期。

36. 甘肅出土金代文物略述，盧冬，隴右文博，2002 年第 2 期。

37. 宋遼金出土硯研究，華慈祥，上海博物館集刊（第十期），上海書畫出版社，2005 年。

38. 千年遼硯，王金梅，蘭臺世界，2001 年第 10 期。

39. 文房首寶話遼硯，楊麗娟，蘭臺世界，2010 年第 19 期。

40. 遼代金花銀龍紋「萬歲臺」硯，鄭承燕，中國博物館，2010 年第 3 期。

41. 山西大同出土的遼代陶硯，江偉偉，中國文物報，2008 年 9 月 24 日總第 1660 期第 5 版。

42. 水晶嵌金硯，陳炎青，中國商報，2008 年 1 月 3 日。

43. 文化交融的個案：遼代風字連臺硯簡析，劉蘊蓬、程歊，中國文物報，2004 年 3 月 17 日總第 1199 期第 7 版。

44. 從吐爾基山遼墓看遼代漆器，張亞強，（臺灣）故宮文物月刊（第 324 期），2010 年 3 月。

45. 宋金古藥方方磚稷山露面，賈秦武、楊霜葦，山西日報，2004 年 12 月 3 日。

46. 馬村磚雕墓與段氏刻銘磚，田建文、李永敏，文物世界，2005 年第 1 期。

47. 「段氏刻銘磚」解讀，田建文，尋根，2004 年第 6 期。

48. 彰武出土的遼磚研究，張春宇、劉俊玉、齊福林，遼金史研究，吉林大學出版社，2005 年。

49. 「半拉城子」出土完整「金代青磚」，叢明宇，哈爾濱日報，2006 年 5 月 18 日。

50. 中國農業博物館新徵集一組宋金時期彩繪磚雕，曹建強、陳紅琳，中原文物，2008 年第 6 期。

51. 金代早期瓦當探究，呂志斌，藝術研究，2009 年第 1 期。

52. 遼代契丹人飾品述論，都惜青，遼寧省博物館館刊（第二輯），遼海出版社，2007 年。

53. 兩件金代閨房文物，伊葆力，遼金文物摭英，（美國）逍遙出版社，2005 年。

54. 周家璧收藏的金代文物，伊葆力，遼金文物摭英，（美國）逍遙出版社，2005 年。

55. 淺議「扁方」式頭釵，叢國安，東北史研究動態，2001 年第 2 期。

56. 金代耳飾述略，楊海鵬，遼金史論集（第十一輯），內蒙古大學出版社，2009 年。

57. 玉丁寧館捐贈宋、遼、金、元時期的牙梳，嵇若昕，（臺灣）故宮文物月刊（第 305 期），2008 年 8 月。

58. 金代兒童馭鹿紋印模，范翠蓮，中國文物報，2009 年 6 月 17 日總第 1734 期第 8 版。

59. 對遼代器物裝飾紋樣研究的幾點認識，劉寧，遼金歷史與考古（第一輯），遼寧教育出版社，2009 年。

60. 淺析遼代文物上的龍鳳紋飾，張正旭，宋史研究論叢（第十一輯），河北大學出版社，2010 年。

61. 遼代瓔珞及其盛行原因的探討，許曉東，遼金歷史與考古（第一輯），遼寧教育出版社，2009 年。

62. 遼代摩羯紋器物及相關問題研究，齊偉，遼寧省博物館館刊（第三輯），遼海出版社，2008 年。

63. 中國獅雕藝術審美與遼金元獅雕收藏前景，韓佳欣，商業文化（學術版），2009 年第 8 期。

64. 遼代植毛骨質牙刷與古代植毛牙刷考證，肖興義，文物鑒定與鑒賞，2010 年第 3 期。

（十二）博物館

1. 《內蒙古遼代文物精華展》再現契丹文化的輝煌，王大方，中國民族報，2002 年 6 月 21 日。

2. 內蒙古遼代文物展 2002 年亮相京城，金瑞，內蒙古社會科學（漢文版），2002 年第 2 期。

3. 內蒙古博物院大遼文物展在臺揭幕，劉剛、徐群，中國文物報，2010 年 2 月 10 日第 1 版。

4. 黃金旺族——內蒙古博物院大遼文物展，張彤、杜漢超，中國博物館，2010 年第 3 期。

5. 「草原華章」——契丹文物精品展在山西博物院開展，蒙文，中國文物報，2010 年 12 月 31 日總第 1892 期第 2 版。

6. 我市建設我國首家遼墓博物館，李富，赤峰日報，2005 年 3 月 14 日。

7. 建立遼文化博物館與遼墓陳列館之我見，郭康松、郭清霞，遼金史研究，中國文化出版社，2003 年。

8. 遼中京博物館實現文物保護與旅遊雙贏，李富，赤峰日報，2008 年 11 月 14 日。

9. 金上京博物館改造後特色突出——訪東北師大教授、遼金史專家穆鴻利，何建民、楊興文，哈爾濱日報，2006 年 1 月 7 日。

10. 金上京博物館更新陳列重新開館，唐小清、孫利，黑龍江日報，2006 年 1 月 9 日。

11. 金上京歷史博物館「三位一體」效益，穆成林，黑龍江農墾師專學報，2001 年第 2 期。

12. 試論博物館與現代城市形象職能——金上京歷史博物館建設的幾點啟示，韓鋒，黑龍江史志，2005 年第 10 期。

13. 淺談金上京歷史博物館在城市職能中的地位，高松，東北史研究，2009 年第 1 期。

14. 建築與歷史文化相融合的十大景觀詮釋，那國安，黑龍江農墾師專學報，2001 年第 4 期。

15. 尋根之旅——金上京博物館，粘龍音，（臺灣）滿族文化（第 30 卷），2006 年 2 月。

16. 山西建成金墓博物館，衛軍，中國旅遊報，2002 年 3 月 18 日。

17. 遼金城垣博物館──北京城溯源，江夏，（臺灣）典藏古美術（第 127 期），
    2003 年 4 月。

18. 遼金城垣博物館：風從北方來，鄭漁，中華遺產，2008 年第 10 期。

19. 遼寧省博物館にて，上原眞人，遼文化・遼寧省調查報告書：京都大學大
    學院文學研究科 21 世紀 COE プログラム「グローバル時代の多元的人文
    學の拠點形成」，京都大學大學院文學研究科，2006 年。

20. 京都大學總合博物館所藏の遼代數據，阪口英毅，遼文化・遼寧省調查報
    告書：京都大學大學院文學研究科 21 世紀 COE プログラム「グローバル
    時代の多元的人文學の拠點形成」，京都大學大學院文學研究科，2006 年。

21. 把博物館搬到紐約展出──禮瀛推出學術色彩濃厚的遼代藝術，陳啓正，
    （臺灣）典藏古美術（第 102 期），2001 年 3 月。

22. 領略馬背風情 感受契丹神韻 草原牧歌・契丹文物精華展巡禮，鄭曙斌，
    收藏家，2010 年第 9 期。

（十三）文物保護

1. 遼王朝故都──赤峰市的歷史文化與文物保護，李㫤峰，中國古都研究（第
   18 輯上冊）──中國古都學會 2001 年年會暨赤峰遼王朝故都歷史文化研
   討會論文集，國際華义出版社，2002 年。

2. 遼上京遺址保護將借鑒「大明宮遺址模式」，龐博，中國文物報，2010 年
   3 月 24 日總第 1812 期第 2 版。

3. 黑龍江阿城──八百年文物當成破石爛瓦「金上京」宮殿遺址險遭噩運，
   曹霽陽，人民日報，2004 年 5 月 12 日。

4.「金上京」宮殿遺址在黑龍江險遭厄運，曹霽陽，中國改革報，2004 年 5
   月 13 日。

5. 金上京會寧府遺址城牆被扒出大口子，叢明宇，哈爾濱日報，2010 年 11
   月 5 日第 4 版。

6. 魚藻池 亟待保護的金中都城宮苑遺址，尹玉，北京觀察，2010 年第 9 期。

7. 金中都水關遺址木構件保護階段性成果報告，金中都水關遺址木構件保護
   課題組，北京文博，2002 年第 4 期。

8. 北京金中都水關遺址「關鍵柱」保護報告，王丹、盧迎紅、董玉剛，北京
   文博，2002 年第 1 期。

9. 北京房山金陵碑亭原狀推測，王世仁，北京文博，2005 年第 4 期。

10. 金陵遺址石質文物風化及保護研究，劉乃濤，北京文物與考古（第 6 輯），民族出版社，2004 年。

11. 雲居寺地宮滲漏治理技術，葉林標、曹徵富，中國建築防水，2009 年第 11 期。

12. 應縣木塔漸入暮年「骨病」嚴重，王飛航，新華每日電訊，2010 年 5 月 23 日第 2 版。

13. 應縣木塔現狀結構殘損要點及機理分析，李鐵英，太原理工大學博士學位論文，2004 年。

14. 應縣木塔殘損狀態實錄與分析，張建麗，太原理工大學碩士學位論文，2007 年。

15. 山西應縣木塔修繕中的問題及對策，李大華、徐揚、鄭鵠，山西地震，2002 年第 2 期。

16. 應縣木塔該如何挽救，李玶、楚全芝、楊美娥、趙東芝，中國文物報，2008 年 1 月 25 日總第 1592 期第 3 版。

17. 「天下第一塔」如何拯救，萬潤龍，浙江科技報，2002 年 7 月 13 日。

18. 應縣木塔應重振雄風，安玉，山西日報，2002 年 12 月 11 日。

19. 應縣木塔維修保護工作的回顧與反思，張偉，中國文物報，2006 年 11 月 10 日總第 1469 期第 5 版。

20. 應縣木塔維修加固的歷史經驗，孟繁興、張暢耕，古建園林技術，2001 年第 4 期。

21. 千年應縣木塔遭遇保護難題，王文華、楊社生，中國旅遊報，2010 年 7 月 5 日第 13 版。

22. 應縣木塔周邊拆遷：「文保」贏了，民生也贏了，郭力群、王照坤、原碧霞，新華每日電訊，2006 年 9 月 6 日。

23. 應縣木塔 年過九百五 能否度千年，郭力群、李建敏、高風，人民日報海外版，2006 年 9 月 6 日。

24. 應縣僧人：放心吧，這木塔倒不了，原碧霞、吳瓊，新華每日電訊，2006 年 9 月 5 日。

25. 應縣木塔千年難蛀，誰在護體？，原碧霞、吳瓊，新華每日電訊，2006 年 9 月 1 日。

26. 山西應縣木塔非修不可了，羅哲文、鄭孝燮、王世仁、郭黛姮，科學發現報，2001 年 12 月 18 日。

27. 應縣木塔現狀結構殘損分析及修繕探討，李鐵英、秦慧敏，工程力學，2005年第 3 期。

28. 應縣木塔現狀結構殘損分析及保護探析，李鐵英、魏劍偉、李世溫，釋迦塔與中國佛教，宗教文化出版社，2009 年。

29. 應縣木塔的保護歷程，沈陽，中國文物報，2008 年 5 月 30 日總第 1627期第 5 版。

30. 應縣木塔的保養養護方案談，沈陽，中國文物報，2008 年 5 月 30 日總第1627 期第 5 版。

31. 2007 年應縣木塔穩定性監測，王林安，中國文物報，2008 年 5 月 30 日總第 1627 期第 5 版。

32. 從險情檢測看應縣木塔殘損變化，常亞平、栗淑萍，中國文物報，2008年 6 月 20 日總第 1633 期第 8 版。

33. 艱難的起步——2008 年度應縣木塔保養維修工程，顏華，中國文物報，2009 年 6 月 5 日總第 1731 期第 8 版。

34. 應縣木塔 2008 年度安全監測新成果，王林安，中國文物報，2009 年 6 月5 日總第 1731 期第 8 版。

35. 應縣木塔信息採集系統的建設，張爽，中國文物報，2009 年 6 月 5 日總第 1731 期第 8 版。

36. 遼寧的遼塔保護迫在眉睫，高凡，僑園，2006 年第 4 期。

37. （中意合作）遼代廣勝寺塔的保護與修復，建築與文化，2010 年第 10 期。

38. 舍利塔地區將變遼城文化園，孟岩、金曉玲，遼寧日報，2005 年 4 月 8日。

39. 90 萬元資金修繕海城遼代銀塔，徐天宇，鞍山日報，2009 年 5 月 14 日B1 版。

40. 天寧寺三聖塔維修工程正式開工，張紅軍，焦作日報，2006 年 10 月 16日。

41. 遼寧義縣奉國寺殿宇驅除蝙蝠紀實，劉儉，中國文物科學研究，2010 年第 4 期。

42. 從大同上華嚴寺大雄寶殿的搶修看古建築保護的現實意義，焦春蘭，城建檔案，2004 年第 4 期。

43. 新城開善寺大雄寶殿修繕原則及工程做法，劉智敏，文物春秋，2004 年第 5 期。

44. 開善寺大雄寶殿修繕工程設計深化與現場實施，劉智敏，古建園林技術，2005 年第 3 期。

45. 高平二郎廟維修，簡莉，中國文物報，2009 年 12 月 18 日總第 1786 期第 7 版。

46. 奈曼旗蕭氏家庭墓群二期安防工程通過國家驗收，耿獻鋒、文國輝，通遼日報，2008 年 4 月 29 日。

47. 廊坊將建造碑碣苑復原遼代磚室墓，高志順，河北日報，2008 年 9 月 3 日。

48. 遼金時期弧形連磚揭取墓葬壁畫的支撐保護體系研究，張蜓，西北大學碩士學位論文，2009 年。

49. 內蒙古地區壁畫保護修復的回顧與展望，杜曉黎，內蒙古文物考古，2010 年第 1 期。

50. 遼代壁畫墓群防水工程全面竣工，王齋，中國建設報，2005 年 10 月 20 日。

51. 修復庫倫遼墓壁畫，鄭姬、張淑華、劉文彬，文物修復研究（第 3 輯），民族出版社，2004 年。

52. 內蒙古對吐爾基山遼墓壁畫進行保護修復，塔拉、杜曉黎，中國文物報，2005 年 7 月 13 日總第 1334 期。

53. 吐爾基山遼墓殘損壁畫保護修復，杜曉黎，中國文物報，2007 年 8 月 3 日總第 1543 期第 8 版。

54. 延慶遼金墓葬壁畫揭取與保護，劉乃濤、董玉剛，北京文博，2005 年第 4 期。

55. 延慶遼代墓葬壁畫製作工藝及其顏料的物相鑒定，劉乃濤、凡小盼，文物保護與考古科學，2007 年第 2 期。

56. 法庫葉茂臺 23 號遼墓壁畫揭取與保護方法，孫力、劉博，中國文物保護技術協會第四次學術年會論文集，科學出版社，2007 年。

57. 志丹縣為金代磚室壁畫墓「落新家」，柴志應、曹東良、武文，延安日報，2010 年 9 月 1 日第 1 版。

58. 山西大同下華嚴寺遼代貼金泥塑病害調查，沈璐、劉成、周雪松，陝西師範大學學報（自然科學版），2008 年增刊第 1 期。

59. 元好問墓維修蒙難，劉永威、范瑨菲、王璐，山西日報，2004 年 7 月 15 日。

60. 福建石獅粘氏祖墓應保護，景愛，中國文物報，2002 年 2 月 22 日。

61. 遼寧法庫石椿子村村民集資修復遼代石經幢，馮永謙，中國文物報，2006 年 1 月 20 日。

62. 固縣村農民自籌資金保護古碑，原玉紅，銅川日報，2008 年 5 月 3 日。

63. 整治蕭太后運糧河　展示契丹民族風情，朱祖希，北京觀察，2007 年第 3 期。

64. 金代白瓷碗的修復及體會，孫海燕、呂淑玲、趙立輝、馮豔，首都博物館叢刊（第 21 期），北京燕山出版社，2007 年。

65. 遼代嵌金銀飾鐵器的保護研究，楊小林、潘路、葛麗敏，文博，2006 年第 5 期。

66. 破鏡重圓——淺談修復的吐爾基山遼墓出土大銅鏡，王赴朝，中國文物科學研究，2009 年第 3 期。

67. 從遼代服飾的修復談出土絲織品的保護，葉水芬、黃俐君，文物修復研究（第 3 輯），民族出版社，2004 年。

68. SDS—PAGE 分析遼寧法庫葉茂臺出土遼代絲綢的老化特徵，陳華鋒、龔德才、黃文川、劉博，文物保護與考古科學，2010 年第 4 期。

69. 金代齊國王墓服飾出土整體提取的技術問題，戴洪霞，邊疆經濟與文化，2007 年第 7 期。

70. 藍地菱格雁蝶紋錦的修復，陳楊，紫禁城，2008 年第 11 期。

71. 褐地翻鴻金錦綿袍的研究與仿製，韓寶鑫、沈惠、朱豔、孫曉敏，現代絲綢科學與技術，2010 年第 5 期。

72. 一頂遼代帽子的修復保護研究，Nikkibarla Calonder 著，郭金龍譯，新疆文物，2006 年第 2 期。

73. 遼代陶瓷器修復的幾點體會，惠學軍，遼寧省博物館館刊（第三輯），遼海出版社，2008 年。

74. 淺談宋金白釉碗的修復，杜建英，文物世界，2002 年第 1 期。

75. 金代齊國王墓「象牙篦」的修復，韓寶鑫，北方文物，2010 年第 3 期。

76. 內蒙古博物院藏四子王旗出土彩繪木棺的保護，張恒金、張曉嵐、恩和、劉春波、梁銘、周雙林，中國博物館，2010 年第 3 期。

77. 「金界壕」爲什麼哭泣，喬欣，中國文化報，2009 年 8 月 4 日第 5 版。

78. 保護工程反而毀了「金代長城」，曹霽陽，新華每日電訊，2009 年 7 月 10 日第 1 版。

79. 金代長城遺址遭破壞，曹紅濤，人民日報，2009 年 7 月 9 日第 11 版。

80. 北京麗澤金融商務園區規劃與金中都遺址保護，岳升陽，北京規劃建設，2010 年第 5 期。